文庫

発展する地域 衰退する地域

地域が自立するための経済学

ジェイン・ジェイコブズ
中村達也 訳

筑摩書房

本書の完成まで、ユーモアをもって、かくも長く待ってくれた
ジェイソン・エプスタインに本書を捧ぐ

日本語版への序文

経済は、従来の仕事に新しい仕事をつけ加えることによって発展する。ふり返ってみると、私自身の歩みもそういう過程をたどってきたようである。その結果、本書を書くことになったのである。

私の夫は建築家である。私は彼の仕事に関心をもつことを通じて、建築と都市計画に関心をもつようになった。そして私は建築雑誌のライターの仕事をするようになった。私たちがニューヨークで子育てをしていた頃に、私はごく自然に、都市の安全性やその他の社会状況が、都市計画によってどういう影響を受けるかに関心をもつようになった。このような疑問から、私は最初の本を書くことになったのである。

貧困が存在しているかどうか、繁栄が増大しているかどうかによっても、社会状況はちがってくる。そこで私は、停滞している都市もあれば繁栄し発展している都市もあることに関心をもつようになった。こうして都市経済の原理を分析する私の二冊目の本が出ることになったのである。

その分析の結果、私は、諸都市がその外部の世界に対していかに強力な影響を与えるかを知った。こうして本書が生まれたのである。本書では、諸都市が世界をどういうふうに形づくるか、都市が相互間で、あるいは諸国家に対して、どういう影響を与えるかを探っている。私は、国家や帝国が都市に与える影響を研究する必要のあることもわかった。従来の経済学者はこうした問題に関して非現実的なように私には思える。
一読してわかるように、私は日本の経済を高く評価している。日本経済の独自性はその文化の独自性からきている。本書の中で、ほかのことに関連して引用した梅棹忠夫氏は、鯨と魚は外見が似ていても異なるように、日本とヨーロッパの経済も異なると言っている。そうかもしれない。しかし、鯨と魚の場合と同様、日本とヨーロッパの経済は同一の生命基本法則に従っているのである。私は、経済全体を左右する現実を分析するのに全力投球したのである。

一九八六年四月

カナダ、トロントにて
ジェイン・ジェイコブズ

目次

発展する地域　衰退する地域——地域が自立するための経済学

CITIES AND THE WEALTH OF NATIONS
Principles of Economic Life
by Jane Jacobs

This translation is published by arrangement with Random House, an imprint of The Random House Publishing Group, a division of Random House, Inc. through The English Agency (Japan) Ltd.

第1章　愚者の楽園

二十世紀のなかば、つかの間のことではあるが、経済学というこの野性的で御しがたく陰気な科学は、われわれがこぞって望んできたもの、つまり繁栄を実現し維持するための教示を、ついに明らかにしたように見えた。経済学者とその助言を受け入れる支配者たちは、国民経済や国際経済の予測不可能性や災厄を取り除こうといろいろ知恵をしぼってきた。それらの理論は、合理性、予測可能性、情報に基づく統計的分析といった体裁を具えていたために、政府は、経済活動を活性化させるには、実行力と専門技術と資金がありさえすればよいと考えるようになった。

こういう思いちがいのもとで、毛沢東は中国経済が「大躍進」の道を進むよう命令を下した。国連を訪問したフルシチョフは、テーブルを靴でたたいて、ソビエト経済は一九七五年までにはアメリカに追いつき、その後は西側の「埋葬」へと邁進すると予言した。アメリカでは、ケネディ、ジョンソン両大統領と彼らの顧問たちは、アメリカ人の大部分がそうであるように、この国の生産性の高さと経済的優位がこの先ずっと保証されていると決め込んでいただけでなく、経済を微調整する財政手段によって、小刻みな経済変動すらなくなり、不況はもちろん景気後退さえじきになくなるだろうと決め込んでいた。イギリス人は、繁栄と前進を約束する福祉国家を建設中であった。あるいはそうだと思い込んでいた。それは、国民のすべてに仕事があり、一定水準の、しかもとどまることのない生活水準の向上を伴う、スカンジナビア諸国に倣った福祉国家である。EECは、大陸を統合したアメリカ経済をモデルとしていたが、その最初の加盟諸国に対しては一定の効果があった。南米の六、七カ国はEECを南米大陸のモデルとして採用する最初の手はずを整えているところだった。ヨーロッパ周辺の貧しい国々では、EEC参加の番がきて、その巨大な、統合された、豊かな市場へ供給できるようになれば、大いなる繁栄を期待できると考えていた。カナダの通貨価値と大部分の西ヨーロッパの通貨価値をアメリカのドルの岩盤に釘づけにすることになった一九四四年のブレトン・ウッズ協定と、ソビエト圏の通貨をこれまたルーブルにしっかり釘づけにしたソビエトの通貨管理技術は、貿易相手国間の通貨価値の変動――これは債務国にとっては非常な苦痛であり、多国籍企業や観光業の計算にとってはきわめて不安定なものである――がさほど複雑でなかった過去の名残りを示している。後進諸国の中には、植民地支配からの独立を獲得したばかりの国、独立を目指してまだ闘争中の国が含まれているが、それらの国民と支配層は、自分たちにも繁栄と進歩の段取りをつけてくれるような、専門家の立案になる発展計画を期待した。彼らの期待はまた、発展計画に借款や贈与を与えている国々の期待でもあった。かくして、「後進国」とか「最貧国」ということばそのものが、経済学者、役人、銀行家、編集者のボキャブラリーからぬけ落ち、それにとって代わったのが、「発展途上国（developing countries）」とか「後発発展途上国（less developed developing countries）」、略してＤＣ、ＬＤＤＣということばである。

こういったことすべて、すなわち、これまで繁栄が存在しなかったところにはそれをもたらし、繁栄が存在したところではそれを維持するための処方箋は、イデオロギーが異なれば異なってはいたが、そのちがいはさほど大きいものではなかった。たとえば、アメリカとソビエトの両政府が、経済援助によって貧しい国の忠誠を得ようとして競っていたとき、その援助競争は形の上では何ら異なるものではなかった。むしろ、二大強国は、似たりよったりのダム、道路、肥料工場、灌漑システムの供給にしのぎをけずったのである。ポーランドの経済計画に大口の融資を行ったのは、西ドイツとアメリカの銀行だった。銀行家たちは共産主義的国有を認めず、またその他多くのポーランドの制度にもおそらく反対だったと思われる。にもかかわらず、経済の拡大・発展のあり方、その目的達成に必要なもの、発展のための融資を維持・返済するのに必要な資金獲得方法についてのポーランドの考え方は、資本主義国の銀行家にもまったくなじみの、慣例的で論理にかなった考え方であった。

理論上では、あらゆるものがきわめて理にかなっていた。しかし現実には、理論の想定どおりに動くものはほとんどなかった。

現代は、発展計画が失敗をくり返す混迷の時代である。失敗の結果は、ポーランド、イラン、ウルグアイ、アルゼンチン、ブラジル、メキシコ、トルコ、アフリカの大部分のような完全な失敗例から、アイルランド、カナダ、イタリア南部、ユーゴスラビア、キューバ、インドのような、それほどでもない失敗例まであり、枚挙にいとまがない。中国は、大躍進が早々と潰滅的な失敗に終わったのち、試行錯誤をくり返し、貧困と後進性を克服するための戦略を次々と試みては、新しい戦略の始まりをそのつど革命的と称し、それらは混乱と非難の応酬の中で次々に消えていった。

ソ連は、計画化とその実績の優位性を示すにはほど遠く、自国の食糧すら自給できないだけでなく、他の面でも、地域住民と生産者のために豊富で多様な生産を行っているとはいえない。事実、一つの経済体制として、ソ連は「植民地」国に不気味なまでに似てきている。というのは、ソ連は、より高度に発展した諸国への自然資源の輸出に依存し、またその輸出向け自然資源の開発に必要な機械類まで含めて、高度な工業製品の輸入依存度をますます高めているのである。数次にわたる五カ年計画の目的は、経済植民地主義に行きつくことなどではなかったはずだが、事態はそういう方向に進んでいるのである。

イギリスは、当初、いわゆるディマンド・サイドの方策によってその衰退と腐朽からの逆転をはかったが、効果はなかった。次いでイギリスはEECに加入したが、これも効果がなかった。さらに続いてイギリスは、いわゆるサプライ・サイドの方策に切り替えたが、これまた効果がなかった。はるか昔、人々を導く経済理論や学説や統計がない時代に、弱体化し消滅した他の帝国と同じように、イギリスは、どう努力してみても衰退傾向からぬけだせなかったのである。

アメリカでは、考えられないようなことが生じていた。この国の製造業は、徐々に、しかし着実に侵蝕されつつあり、他の部門の多くも、日本やヨーロッパの活気ある地域の工業に比べて技術的に立ち遅れつつある。かつて世界をリードした偉大なアメリカ工業が、浮沈の瀬戸際にあるのである。生産性は低下している。軍事的な仕事への依存度が高い国内諸地域の経済的崩壊を防ぎ、熟練労働者に仕事を確保するには、軍需生産がますます不可欠となった。

経済的失敗と失望が生じている一方では、驚異的な経済的成功が生じている国があるのもたしかである。最も顕著な成功をおさめているのが日本、および、かつては後進地域であった国々、一括してパシフィック・リムとよばれる小規模経済グループ、すなわち香港、シンガポール、台湾、韓国である。しかし、成功は失敗の場合と同様にその解明が難しい。なぜなら、通常成功の原因とされている手段、政策、そしてそれらの組み合わせも、別の地域で同じ手段と政策を適用しては失敗に終わって帳消しになるということも間々あったからである。こうした理論的困難のために、経済学者は、文化についての常套句に頼ることになる。いわく、日本人は教育水準が高く仕事熱心で、コンセンサスのつくり方がうまい。中国人（海外の）は、並はずれた商才をもち、一門の仲間同士で資本獲得を助け合う。イギリス人は勤労の倫理を放棄してしまった、等々。こういった資質を解明するのには、経済学や経済学者は不要である。物事を見る目をもった旅行者なら誰でもわかることである。

マクロ経済学——大規模な集計量を扱う経済学——は、国民経済および国際経済を理解し改善する理論と実践を扱う学問分野である。それは、いま混乱状態にある。その零落の原因は、これまで無批判に議論を展開してきたという点にある。われわれは、素粒子物理学や宇宙開発の実験を非常に金のかかるものだと考えているし、事実そのとおりである。しかしその費用は、もろもろの銀行、産業界、政府、また世界銀行や国際通貨基金や国連のような国際組織が、マクロ経済学のテストのために注ぎ込んだ途方もない巨額の資金に比べると何ほどのものでもない。科学、あるいは科学とみなされたものが、これほど放任されてきたことはない。そして、これほど破壊、不愉快な驚き、幻滅、混乱をもたらし、その破壊の跡がはたして修復できるかどうかという深刻な問題を引き起こした実験はない。そして、もし修復できるとしても、もとのようにはならないことはたしかである。

かりに失敗したとしても、それによって現実を見る目が養われるのであれば、われわれの誤りを正す役には立つ。しかし、現実を観察することが経済発展論に役立ったことは、控え目に見ても、これまで一度もなかった。たとえば、マーシャル・プラン援助がもたらした奇妙な帰結、そして発展問題の専門家がこの計画に対して抱いた根拠のない期待について考えてみよう。

　周知のように、ある経済が、飢餓、伝染病、地震、津波、洪水、火災によって破壊されたとき、痛手を受けていない経済は、人々と企業が立ち直る手助けをすることができる。それと同じように、第二次世界大戦後のアメリカのマーシャル・プラン援助は、ヨーロッパ人とその企業が砲爆撃と戦車による破壊から立ち直る手助けをした。荒廃の程度は大きかったが、援助の規模もそれに劣らず大きかった。戦禍のなかったアメリカから送られた機関車、トラック、発電機、セメント工場、圧延設備、肥料、トラクター、工作機械、放射線設備、医薬品、教科書、電話交換台、冷蔵設備、ブルドーザーやパワーショベル、パイプ、ポンプ、ケーブル、裁断用の刃その他もろもろがなければ、経済復興はもっと長引き、戦後の困窮はもっと大きかっただろう。「マーシャル・プランの奇蹟」――そのもたらした結果がそうよばれることがあった――とは、そうした設備類が復興に役立ち効果が大きかったために、それがヨーロッパ自身の生産と結びついたときに、予想よりも早く、戦争による灰燼と潰滅状態からヨーロッパ大陸を立ち直らせたという意味である。

　しかし、ここでちょっと立ち止まって、有機体――経済という有機体を含めて――の回復は、有機体の形態変化、つまり別のものへの転換とはまったくちがうことに注意を向けなければならない。両者のちがいは、通常誰でもよく知っている。たとえば、かつてサンフランシスコが一九〇六年の潰滅的な地震と火災から回復して大いなる繁栄の道を歩み始めたとき、経済的に衰退ないし停滞中の都市に赤十字が援助に駆けつければサンフランシスコのように繁栄するから、躊躇することなく援助に駆けつけるべきだ、というような暴論をはく人はいなかった。

もちろん、マーシャル・プランは、停滞ないし衰退しつつあるヨーロッパ経済を、自立的に拡大・発展する経済へと形態変化させたわけではない。たしかに援助を受けた経済のいくつか、たとえばオランダ、西ドイツ、フランスの一部やイタリアの一部は、災害後のサンフランシスコのように、拡大・発展した。しかし、他の経済にはそういう類のことは起こらなかった。イギリスは西ドイツと同じくマーシャル・プランによる設備を受け取りはしたが、この贈与品を機としてイギリス経済が西ドイツと同じ行動をとるということはなかった。イタリア南部は北部と同じくマーシャル・プラン援助を受けたが、その結果は著しく異なっていた。以前から国内で最も繁栄し、経済的に創造的だった北部は、さらなる繁栄、拡大・発展の道をたどった。以前から後進的で貧しく、経済的に受動的だった南部は変わらなかった。マーシャル・プラン援助（さらに、のちに北部から与えられたもっと大きな援助）は南部を変えたが、それは贈与の範囲内での変化だった。というのも、南部イタリア経済は、自らの責任で、あるいは自力で拡大・発展にとりかかろうとはしなかったからである。相変わらず大量の人々が故郷を離れ、北部や、もっと遠方の、まったく異なる経済の中で仕事や収入を探さなくてはならなかった。

現実は誰の目にも明らかであった。にもかかわらず、マーシャル・プラン援助によって、停滞した経済を、自立的に発展する経済に形態変化させうると考えられたのである。まさにそういうことを約束しつつ、国内的、国際的援助開発機関が驚くほど増え、それらは第三世界向けのマーシャル・プランであるとか、小規模なマーシャル・プランであるとか、あるいは、マーシャル・プランの実績に倣う計画であるというような一般受けする言い方がしばしばされたのである。

こういった根拠のない約束の結末はひどいものであった。期待が大いに高まったあとで、相変わらずの停滞と貧困のままにとどまった地域住民の怒りと幻滅。援助資金を出した納税者の側での、他人を援助することの価値についての——さらに悪いことには、援助を受け取った人々の価値についての——冷笑的な物の見方。「発展」によって採算がとれるという幻想のもとで、後進諸国が抱え込んだ返済不能な借金。貧しい国の輸出稼得に食い込む負債——極端に貧しい国の場合、わずか一〇年か二〇年間で「後進国」ではなく「発展途上国」になったものの、実質的には何も変わらなかった。さらに、もともと返済不能の借款に対して猶予期間を置き、返済不能な借款の利子支払のためにさらに借款を与え、その他可能なかぎり事態を収拾し崩壊を食い止めようとする国際金融機関。一方では、アメリカをはじめとする先進諸国の多くが、いつの間にか、失業増大と物価上昇が結合したスタグフレーション現象に見まわれるようになった。それは、理論上は存在しえないはずだったが、厳然として存在し、しかもそれと闘うのに、一方で失業の増大を招かず、他方でインフレーションをもたらさないという方法があるかどうか、誰にもわからないのである。スタグフレーションという難問は、先進国における順調で制御可能な経済活動という期待を裏切っただけではなかった。スタグフレーションは、マクロ経済学の全学派が拠りどころにしていた理論的基礎そのものをつき崩したのである。スタグフレーションという現実は、二百余年にわたって苦心してつくりあげられてきた理論をまるで台なしにしたのである。

物価上昇は、仕事が急速に増えて所得上昇率が物価上昇率を越え、人々の生活が全般的に好転しているときには苦にはならない。インフレーションのこういった明るい側面については、経済学者は数世紀にもわたって関心を抱いてきたし、また、それを説明しようとする試みも古くからある。一六八〇年にアイルランドで生まれたフランスの経済学者リチャード・カンティヨンは、一七三〇年頃に次のように述べている。

もし、貨幣の増大が、その国の金や銀の鉱山から生ずるのであれば、それらの鉱山の所有者、山師、精錬工、精製工その他あらゆる労働者は、自分たちの利益に応じて支出を増やすだろう。彼らは、家計において、前よりも肉やワインやビールの消費を増やし、よりよい衣服や肌着を身につけることに慣れ、よりよい造作の家やよりよい日用品をもつことに慣れるだろう。……肉やワイン、羊毛、その他への強い需要は、必ずやそれらの価格を上昇させるだろう。これらの高価格は、農民に、翌年はそれらの商品を生産する土地をより多く利用させることになるだろう。そしてこの農民たちは、この物価上昇によって利潤を得、他の人たちと同様に、世帯の支出を増やすだろう。

こういうなりゆきのために、カンティヨンによれば、「一般的に、現実の貨幣の増大は、一国内でそれに応じた消費の増大を引き起こし、そのことが、徐々に物価上昇をもたらすものと考えられる」*(*出典については、巻末の註を参照されたい)。

この議論は、時代おくれのように見える部分があるものの、論証の仕方はまともである。カンティヨンは、彼以降現在にいたるまで経済学者が取り上げてきた四大問題を問いかけているのである。すなわち、なぜ経済活動は拡大するのか、なぜ物価が上昇するのか、両者に関係があるのか、あるとすれば、その関係はどうなっているのか、である。

カンティヨンの解答は、いわゆるディマンド・サイド経済学――つまり、財・サービスに対する需要が経済の拡大と繁栄をもたらし、他方で、その需要を満たすための供給がその結果として増大する――を提起したのである。さらに、彼は、貨幣の流入が需要増大を促進すると主張した。いくぶん原初的な形ではあったが、カンティヨンは、ケインズよりおよそ二〇〇年前の最初のケインジアンだったのである。

カンティヨンの問題提起を逆にすると次のようになる。なぜ経済活動は縮小するのか、なぜ物価は下落するのか、両者に関係はあるのか、あるとすればその関係はどうなっているのか、である。カンティヨンの問いを自らにも問いかけた経済学者のほとんどは、この逆の問いをも投げかけている。たとえばマルクスのように、あとの四つの問いから出発した人間もいるが、しかし、何百年間かをふり返ってみると、どちらの問いを取り上げても、もう一方の問いを含まざるをえないことがわかる。というのは、通常（「通常」というのが何を意味するかはあとで見る）、物価水準と失業率は、シーソーのような動きをするように見えるからである。板の一方の端に物価がのっかり、反対の端に雇用がのっかっている。カンティヨンが関心をもっていたような経済拡大期には、物価が上昇し失業率が下がる傾向がある。景気後退期や不況期には、物価が下落し失業率が上昇する傾向がある。物価の上昇と失業率の低下、反対に、物価の下落と失業率の上昇である。

スタグフレーションは、これらの法則に従わない。というのは、スタグフレーションは物価上昇と失業率上昇の両方が結びついており、シーソーのたとえがあてはまらないからである。もしスタグフレーションを描くとすれば、板が支点のところで折れて、その両端が力学の原理と重力の法則に反して同時に上を向いている状態を想像すればよい。ひとたびスタグフレーションが経済の中に忍び込むと、短期のシーソー運動とは異なる特有の動きを示し始めるように見える。たとえば、アメリカでは、スタグフレーションは、統計的には一九六七年、六八年から現れ始めた。そしてその後は、スタグフレーションは、好況期、不況期にかかわりなく強まり、好況とはいってもそれほどではなく、不況はいっそう悪化した。大まかに言って、失業の水準は、繁栄と拡大の各期において、それに先行する拡大期中の水準より低くはならなかった。こうして、アメリカの最低失業水準、つまりこれ以上低くはならない恒常的な失業水準は、少しずつ高くなってきた。そして、景気後退のたびに、失業率は前の景気後退期より高くなる傾向があった。要するに、六〇年代の終わり頃から、アメリカ経済は、仕事がない労働者の比率が高まってきたのである。同時に、インフレ率もそれに劣らず奇妙な動きを見せるようになった。景気後退期のたびに、物価は上昇しつづけ、下落したりあるいは少なくとも同じ水準にとどまるといったことはなかった。上昇率が、ただ速度を落としただけだった。回復期のたびに、物価は前のときよりも早く上昇し始め、その速度はますます加速化する傾向があった。

このように、短期的で小刻みな経済変動の背後で、失業と物価の水準が持続的に上昇しつつあった。ほんの数年間は、インフレ率が一〇パーセント程度だったが、インフレがさらにひどくなって以後、物価上昇率は一九六七年から八三年の間に、ほぼ二〇〇パーセントに達し、さらに失業率が一〇パーセント以上という驚くべき数字に達した八三年には、仕事を探すことをあきらめた人を考慮に入れれば、失業率はもっと高い水準になっていたはずである。

一九八二年の高い失業率と倒産率は、一九三〇年代のアメリカの大不況を思い起こさせる。しかし、大不況のときには、失業率が上昇するにつれて物価は下落した。当時は、例のシーソーの原理が働いていたのである。一九八〇年代に生じたのはそれとは異なったものであり、一九六七年以前のこの国の経済には見られなかったものである。スタグフレーションの犠牲になったのは、アメリカだけではない。イギリスはもっと早くからスタグフレーションに見まわれていた。アメリカにスタグフレーションが現れてから数年後に、それはカナダにも現れ、また、ヨーロッパ大陸の多くの経済にも忍び込んでいった。しかし、世界中がスタグフレーションに見まわれたわけではない。少なくとも現時点ではそうである。たとえば、アメリカにはスタグフレーションが現れたものの、スイスや日本の物価上昇は、カンティヨンが関心をよせたような明るい側面を示していた。

スタグフレーションが根をおろした一方で、その対策のほうは、インフレとの闘いの犠牲としての失業の悪化、あるいは、失業との闘いの犠牲としてのインフレの悪化という結果をもたらしただけだった。こうしたジレンマの背後には、理論上の空白がある。万巻の経済理論書をくまなく探してみても、スタグフレーションという事実を認定しているものは少ない。ましてやその解決方法、その意味について書かれたものなどまずない。

カンティヨンがディマンド・サイドの理論を提示してから半世紀後に、アダム・スミスが著作を公刊したとき、カンティヨンの考え方は継承されなかった。スミスはサプライ・サイドの経済学者だった。すなわちスミスは、経済の拡大は、生産と交易の拡大の結果であるとし、需要の拡大はその副産物であり結果であるとみた。しかし、のちのサプライ・サイド経済学者と異なって、スミスは、物価上昇と失業率低下との関係、あるいはその逆の関係については述べておらず、また、貨幣については、生産を抑制あるいは刺激する要因とはみなかった。

スミスによれば、全般的な物価上昇は、支配者層が、とりわけ対外戦争の財源捻出のために、低品位の金属を混ぜて鋳造硬貨の純度を落とす傾向があるその結果にすぎないか、単に、流通している金、銀の量が増えた結果であった。こうしてスミスは、現代なら、政府の紙幣増刷によってインフレを説明する考え方にくみしたのである。スミスはこれらの「名目」価格の変動は、財・サービスの「実質」価格に比べると表面的なものであると考えた。真の価格は、真の富と同じく、労働をその源泉とするとスミスは考えた。富は、あらゆる側面から見て、また資本をはじめとするあらゆる富の形態からみて、それを生産するための労働の辛苦と手間からなる、と彼は言う。それゆえ、あらゆるもののコストである労働が、実質価格、すなわち「商品の交換価値の真の尺度」となると言うのである。

たしかに労働の貨幣価値は生産者や商人の労働需要によって変動する、とスミスは言う。労働に対する需要が大きい場合――失業率が低い場合――には、雇用者が賃金を低くおさえようとしても、賃金は上昇する。反対に、労働が余っている場合――失業率が高い場合――には、賃金は下落する。しかしスミスは、これによって全般的物価上昇の説明はできないことを立証しようと苦労しているのである。物価上昇は全国的であるが、賃金率の変化は本来局地的である、とスミスは言う。一例としてスミスは、イングランドの高賃金とスコットランドの低賃金を挙げている。この二つの地域は連合王国という同一国内にあり、等しく全般的物価上昇の影響を受けているのである。要するに、スミスは全般的物価水準と失業率の相互関係を説明しなかっただけでなく、相互に関係があること自体を否定したのである。

にもかかわらず、賃金率が局地的であるというスミスの主張は留保して考える必要があり、それは賃金インフレ論ともみられるのである。なぜなら、すべてのコストが労働コストから生じ、また、賃金は失業率が低下すると上昇する傾向があるとすると（その確率は高いが）、次のような推論は理論的には妥当といえよう。すなわち、まず最初に、高い労働需要があり、次には賃金上昇したがってコスト全般の上昇があり、それゆえに物価全般が上昇する。これは、シーソー運動――すなわち、労働の需要が低く賃金が低下し、したがってコストが低下し、それゆえに物価が下がるという運動――の説明としては理論的には納得がいくように見える。

この賃金理論は、魅力的な単純さをもっており、おそらくそれもあって多年にわたって一般の支持を得てきたのである。しかし、この理論はあまりに単純すぎる。説明されていない部分があまりに多い。最も重要なのは、いったいどうして労働の需要が変動するのかという点を解明していないことである。この問題は、カンティヨン以来、物価と失業の関係についてまじめに考えようとした理論家がみな取り組んできた中心課題である。ふれられていない部分が、決定的に重要である。もしも労働に対する需要がシーソーを動かす力であるとすれば、その需要の増減についての説明がないかぎり、議論は不確定である。

他にも、賃金理論に類似した、しばしばそれと関連する、様々なコストプッシュ・インフレ論がある。すなわち、まずコストが上昇し、物価が上昇する。したがって賃金が上昇せざるをえない。そこでコストはさらに上昇し、物価はさらに上昇する。そこで賃金はさらに上昇する、等々。この考え方は、インフレーションがなぜらせん的であるかをもっともらしく説明するように思われるが、素朴な賃金理論と同様、致命的な単純さを免れていない。

ジョン・スチュアート・ミルは一八四四年、労働需要を含めてシーソーを動かす決定的な力は、貸方が生産者に対して前貸しする信用の拡大または縮小であるという議論を示した。ミルはサプライ・サイドの経済学者であった。信用に関する彼の理論はイギリスのデービッド・リカードとフランスのジャン・バティスト・セー――ともに十九世紀初頭の有力な経済学者であった――の理論を補うものであった。リカードとセーは、生産が経済拡大を先導するだけでなく、資本を生産的に利用する一国の能力には実際上限界がないと述べた。ミルもまた、そのような限界がないという考え方を示した。生産者が入手できる運転資本が縮小すれば、生産自体も縮小せざるをえず、したがって、労働需要も減少し、それゆえ一般的に消費と需要が減少し物価も下がる、というのが彼の考え方であった。生産者に対する信用の拡大は、これと反対の効果を与えることになる。ミルは、カンティヨンと同じく、そしてアダム・スミスとは異なって（信用という形態での）貨幣の増大が刺激効果をあげることを強調したが、サプライ・サイドの経済学者であったために、カンティヨンとは異なる刺激の方法を論じている。

　ミルの経済学上の著作と部分的に重なり合う著作を著わしたマルクスは、リカードとセーに激怒し、ミルについても信用の考え方に関するかぎりは異を唱えた。何たる大ぼら吹きか！　何といやらしいやつか！　何たるたわごとをふれまわっているのか！　マルクスはディマンド・サイドの経済学者であった。需要は大衆の側のニーズであるとマルクスはみなし、それは本来限界のないものであるが、もし明確な限界がある場合は、それによって、経済活動にも限界が生ずると述べている。リカードとセーは、資本の利用には何らの本質的限界がないと主張したが、ミルもまた同様である。経済活動を拡大させつづけるために貨幣を必要としているのは、生産者ではなく大衆なのである、とマルクスは言う。貨幣が、生産者の手中にないことではなく、消費者の手中にないことが経済活動を押さえつけ、その土台を掘り崩すのである。

　利潤は財・サービスの販売価格から発生するから、財・サービスを生産する賃金労働者は、全体として、自分たちの生産したものすべてを買うことはできない、とマルクスは論じた。このことが必然的に過剰生産につながり、物価が暴落し、失業が増大する、とマルクスは言う。体制にビルト・インされた賃金と物価の矛盾が、需要ギャップを生み出すことによって、失業の増大と物価の暴落を伴う周期的恐慌が生じ、やがて、資本主義の最後を告げる不可避的な危機がおとずれ、ついには社会主義が現れ、私的利潤を排除することによって需要ギャップがなくなるだろう、とマルクスは考えた。

　マルクスの議論は複雑である。というのは、彼自身よく理解していたように、利潤は経済活動から消失するわけではないからである。利潤の一部は、消費財やサービス、特にぜいたく品を買うために用いられる、とマルクスは述べている。一部は、資本財——道具、船舶、干拓あるいは開拓された土地等々のような——を買うのに用いられる。利潤のこれらの用途は、すべて、賃金の効用と同様に確実に需要を表わす。それでは、決定的な需要ギャップはいかにして生ずるのだろうか。

　マルクスも分析しているように、問題は、主として、ある一つの割合、すなわち販売価格の中で利潤としてとられる部分と賃金に充当される部分の割合の中にある。マルクスの議論によれば、資本は、時がたつにつれて必然的に少数者の手に集中し、資本の独占によって資本家はますます大きな所得の分け前を得、賃金労働者にはますます少ない分け前しか残らなくなる。したがって、資本主義社会の労働者階級は、ますます搾取され貧困化する運命にあると彼は考えた。巨大な利潤は、リカードやセーの学説のように生産的には使われないだろう。事実、消費者たる労働者の貧困化のために、利潤を生産的に使用することは不可能である、とマルクスは言う。

多くの理由——たとえば、旧来の企業間の合併とは異なる新しい企業の形成、政治活動、労働組合の苦闘を通じて得られた成果、アダム・スミスが指摘したような好況期の賃金上昇の圧力——によって、ますます窮乏化する労働者階級というドラマは、マルクスの期待どおりには欧米の先進資本主義経済の中では展開しなかった。にもかかわらず、需給ギャップという考え方——ギャップがいかに生じ、その原因は何かというマルクスの分析はさておき——は、物価と失業のシーソーという科学的精密さと簡潔さを具えた理論的説明に一役買うのである。

需給ギャップが、物価を下げ失業率を押し上げるというのは、もっともらしい仮定ではあるが、そうだとすれば、(カンティヨンがすでに論じたように) その逆もまた正しくなければならない。需要の増大は失業率を低め、物価を高めるにちがいない。さらに、もし非生産的に使用された資本が需給ギャップをもたらす可能性があるとすれば、遊休資本は、マルクスが言うように不当利得者の所有に属するものである必要はない。それらは、窮乏化していない労働者の蓄積した貯蓄である可能性もあるし、あるいは、労働者と所有者の双方の貯蓄である可能性もある。

マルクスの考え方をこういうふうに修正すると、ケインズ的なシーソー理論になる。二十世紀最大の影響力をもった経済学者ジョン・メイナード・ケインズは、投資が緩慢ないし不活発になっている一方で、貯蓄が増大している、と述べた。人々は貯蓄を優先して消費を控え、しかもその貯蓄は、資本財その他いかなるものへの需要をも支えない。この需給ギャップは、資本設備の生産縮小、失業、失業の増大につれて減少する消費財需要、そのためのさらなる失業、物価の下落、利潤の減少および消滅、破産、債務不履行、抵当流れへとつながる。貯蓄それ自体も、このような崩壊現象の過程で消失し、かくして、状況を逆転し救出するのに必要な資力自体がシステムからなくなってしまう。

ケインズは、理論を定式化するにあたって一九三〇年代の大不況を説明しようとしたのであり、大不況といかに闘い、将来同じような破局をいかに予防ないしは最小限に食い止めるかを解明しようとしたのであった。ケインズは、政府が税収以上の政府支出をすることによって急場をしのぐことができると論じた。かくして彼は、政府の必要に見合う赤字財政（それはアダム・スミスや紙幣増刷によるインフレ論によればインフレを招くはずのものだった）ではなく、むしろ経済の必要に見合う赤字財政という処方箋を書いたのだった。要するに、需給ギャップは放っておけば修正されないが、政府が意図すれば修正することができるのである。政府は好況期には均衡予算にもどることができる、とケインズは述べている。もちろん、ケインズは、需要増大のためには、それを満足させる資本がさらに投入される必要があることをよく理解していた。しかしながら、ケインズはディマンド・サイドの経済学者として、需要が先導し供給がそのあとを追うと考えており、それも一つの理由となって、ケインズの赤字財政政策を取り入れた諸政府は、支出計画や消費者に収入を与える所得移転計画を好むようになったのである。

ケインズの信奉者のうちいく人かは、やがて各国の大統領や首相の顧問になり、また多くの人が西側社会の政府職員となり、政治的必要性がある場合には、責任をもって厳密にケインズ的財政手段を用いようとした。その目的は、失業率を低くおさえ、かつ、インフレによる物価上昇を引き起こす可能性のある超過需要——少ない財に対する多すぎる貨幣——を抑制することであった。要するにその目的は、シーソーの均衡を保つことであった。

この戦略は、きわめて明快かつ建設的、そして正鵠を得たものであると思われたから、ケインジアンは、問題は主として戦術の精密化であると考えた。すなわち、税金の操作、利子率の操作、公共支出計画の規模および性質、国家予算の作成、いかに予算の財政的裏付けをするかという選択、政府介入を行う際の適切なタイミング等の問題である。かくしてケインジアンは、財政的介入の科学を創造することにもっぱら心をくだいた。それは、化学や物理学と同様に、厳密で数量化可能な介入を期待できる真の科学であり、そうした介入によって予測可能、数量化可能な結果が得られるはずであった。

一九六〇年までに、ケインジアンは、介入の手引でもあり予測可能な諸結果の目録としても役に立つ用具を手中におさめたように思われた。この用具は、発案者であるA・W・H・フィリップスの名を取ってフィリップス曲線として知られている。フィリップスはニュージーランドの電気技術者で、のちにロンドン・スクール・オブ・エコノミックスに学び、そこの教授になった人物である。

第二次世界大戦直後に経済学を学んだフィリップスは――当時の、そして現在のまじめな経済学研究者はみなそうだが――経済モデルを組み立てる技術を身につけた。そのモデルは、紙上の演習――いまでいえばコンピューターのプリントアウトの演習――に用いられ、所与の経済における諸要因の変化によって経済行動がいかに変わるかを数学的に示そうとするものである。フィリップスは、ケインズの主著『雇用、利子および貨幣の一般理論』を研究し、ケインズ経済学の数学モデルをつくったのだが、それは、彼にとっては水力学的システムを絵に描いたような素晴らしいものに思われたのであった。そこで彼は、さらにパイプやポンプやバルブから成る実物モデルをつくる方向へと進んだ。たしかに、こちらの圧力が増大すれば、あちらのバルブが次々ときれいに開くのである。フィリップスのこのおもちゃは、イギリス、アメリカ、オーストラリアの大学で教材としてある程度の成功をおさめた（フォード自動車会社もそれを入手した）。しかしフィリップスは、この労作をイギリスのプラスチック会社に譲り渡し、再び数学的分析にとりかかったのである。

イギリスは素晴らしいデータの宝庫である。そして、研究者たちが一九四〇年代後半および五〇年代にそこから掘り出し、議論を組み立てていた公文書の宝物の中には、一八五八年～一九一四年のイギリスの物価水準の変動表と、同じ期間の生産水準の変動表があった。フィリップスは一九五四年にこの二つを比較して、生産は、物価の上昇時に上方に運動し、物価の下落時には下方に運動していることを発見した。例のシーソーである。しかし、フィリップスはもう一歩その分析を深めた。彼はシーソーの両端が年ごとに正確にどこに位置するかを分析——物価の上昇あるいは下落のパーセンテージ、および生産の増大あるいは減少のパーセンテージの分析——することによって、シーソー運動を数量化し、パーセンテージの大きさを比較した。板の一方の端における一定の率の変動が、反対の端における一定の率の変動に対応していることを、彼は何度も確認した。数年後、彼は同じような比較を行ったが、今度は、二十世紀前半のイギリスの、労働組合に組織化された労働者の失業率と、同じ期間内の組合員の賃金率との比較だった。一九五八年にフィリップスは、自分の研究成果をグラフに表わした（それは実際には曲線というよりむしろ勾配のある直線に近かった）。グラフないし曲線が示していたのは、賃金上昇率と失業率との間にはつねに精密な関係があるということであった。

フィリップス自身は、自分の曲線がインフレ理論を提示したとは考えず、少なくとも曲線をつくった時点では、自分の発見は誰でももう知っていることを単に精密化したものと考えていた。しかし、複雑かつ謎めいていて、何とも予測しがたい動きをする現実社会を対象に科学をつくりだそうとしていた経済学者たちは、この曲線に飛びつき、専門家としての無限の忠誠と喜びを感じたのである。特定のインフレ率は、特定の失業率に対応しているように見えた。このことは、論理的には、もし政府が国内の失業率の一定の変化(たいていはその低下だろうが)を欲すれば、あらかじめ決まっているインフレ率を調整することで、あらたに望ましい失業率が得られ、インフレ率のほうは、財政的介入によって、つまり、税金、利子率、支出計画を操作することによって達成できることになる。反対に、政府が一定のインフレ率(たいていは低下だろうが)を欲すれば、それもまた財政的操作で達成でき、必要なコストも予測でき、したがって、それが受け入れ可能かどうかの判断も計画立案もできることになる。

手っとり早く言えば、経済学者はあまねく自国のフィリップス曲線をつくって磨きをかけていたのであり、欧米の大学の経済学部では、いたるところで、学生たちが曲線のつくり方と使い方を教わっていたのである。アメリカのデータに基づいた最初の曲線が発表されたのは一九六〇年であり、その共著者の一人は、アメリカ有数の経済学教科書の執筆者、のちにノーベル経済学賞を受けたポール・サムエルソンである。アメリカでは三〜四パーセントの失業率が完全雇用を示すものとみなされた。その根拠は、この程度の数字なら転職中の人間やはじめて労働市場に入ってきた人間を表わしているからである。スイスでは、一パーセント以下の失業率が完全雇用とみなされている。フィリップス曲線を特定の国に合わせてつくる場合は、こういった、国によって社会的慣行や予測が異なる点が考慮された。

アメリカでは、失業水準を四パーセント以下におさえることが目標だった。実証的にはこれは年三パーセント未満のインフレ率と結びついているように思われた。それがシーソーのために求められた均衡だった。一九六四年には、失業率は五・二パーセントにまで跳ね上がった。ためらう必要はない。インフレ率は、一・三パーセントの低さにおさえる必要があった。シーソーは、インフレ率を少しだけ上げる手段によって均衡をとりもどしさえすればよかったのである。この種の微調整によって、アメリカは、景気循環の謎を解明しつつあるか、あるいは、もはや景気循環を恐れなくともよい新しい世紀に入ったという幻想を、ケネディ大統領やジョンソン大統領が抱いたのであった。

しかし、一九六七年までに、失業率はかなり低下したのに対し、インフレはそれに見合う動きを見せず、以後もまったくその気配がないことが、しだいに明らかになってきた。当初は、経済の、そしてフィリップス曲線のあるまじき動きの出現は、一時的な逸脱として軽く考えられ、そして何年かおきに、この不適合に対して、新しい別の環境的原因がつけ加えられたりした。すなわち、ベトナム戦争を維持するための税収の不足、そしてその後は石油価格の上昇が説明のためによく引き合いに出された。しかし、七一年には、曲線に対する信仰がまちがっているのではないかと疑い始めたケインジアンが何人かいた。さらに七五年には、アメリカの失業率は八・五パーセント、インフレ率は九・一パーセントとなり、サムエルソンを含む大部分の経済学者は、原因はわからないものの、曲線は人を迷わすものだったかもしれないと、認めざるをえなくなった。

ケインジアンにとって、曲線を放棄することは辛いことだった。失おうとしているものは、単なる技術や用具に対する信仰よりはるかに大きかったからである。失われつつあったのは、ケインズ経済学自体への確信であった。処方箋が理論の告げるとおりの目的を達成してないとすれば、理論自体に誤りがあるのではないかと疑わねばならない。さもなければ、理論を実践に移そうとしてきた経済学者が、その理論を理解していなかったのではないかと疑わねばならない。

ケインズ主義が、スタグフレーションとケインズが真に言わんとしたことが何であったかをめぐる困惑と論争とに屈しかけている一方で、マネタリストが前面に現れてきた。マネタリストは、サプライ・サイドの経済学者である。彼らの重要な理論的基礎は、アービング・フィッシャーの不況理論によるところが大きい。フィッシャーはエール大学の経済学の教授であったが、しかし、マネタリストはシカゴ学派として知られるようになった。というのは、フィッシャーの考え方は、シカゴ大学のミルトン・フリードマン――サムエルソンと同じく、ノーベル経済学賞受賞者――のリーダーシップのもとで、さらに洗練され発展させられたからである。

フィッシャーの基本理論は、およそ一世紀前のジョン・スチュアート・ミルの提起した理論と同じであった。ミルの考え方は、のちに、アメリカの人民主義の経済理論や中立政治運動――たとえば南北戦争後のグリーンバック党や不況期の社会信用運動――で取り上げられている。フィッシャーによれば大不況の原因は、自分の銀行の支払能力を案じた――それも無理はないが――銀行家たちのパニックによる信用の大幅な縮小であった。彼らの危惧によって、銀行が自己資本の何倍も融資することを合法的に認められることになったとフィッシャーは考えた。つまり、銀行は、最終的には政府債務に支えられている現金その他の資産の形で保有している準備金の何倍もの額を融資するのである。大不況を克服する方法は、生産者に対する信用を拡大することであり、将来同じような崩壊現象が起きるのを防ぐ方法は、銀行信用の大きさを安定化させ、むやみな変動を防止することである、とフィッシャーは論じている。そのためには、一国の経済が必要とする通貨の発行量について政府が全面的に責任をとるべきであり、政府は銀行が準備金以上の貸出をすることによって信用創造するのを放置してはならない、と彼は主張した。

銀行は、貸付金に対して、政府債務による全額の準備金を保有すべきであるとフィッシャーは考えた。一方では、これによって、銀行家は政府が指示した通貨量を越えて信用を膨張させることができなくなる。他方では、一〇〇パーセントの準備金によって銀行が保証されたために、銀行は恐怖にかられて信用を縮小する必要がなくなり、準備金いっぱいに融資しなければ彼らの所得は減るだけだから、彼らが気まぐれで信用を縮小する理由はまったくないのである。もし貸付に対する需要が小さければ、利子率が下がって自動修正機能が発揮されるだろう。また、需要が大きければ、利子率が高くなるだろう。こうして、通貨のコストである利子率は、需要と供給の法則に従って変化するだろうが、しかし、信用の量はむやみには変動しないだろう。

フィッシャーはさらに、着実な生産拡大のために算定された一定の年率で、政府が、一国の通貨の量を着実かつ漸進的に増やすべきであるが、物価安定とインフレ回避のためには、年率はそれ以上ではいけないと主張している。フィッシャーは、自分の議論を裏付ける有力な統計データをもっていた。アメリカの国民総生産は、好況のときも不況のときも、この国の現金通貨量プラス要求払預金——当座預金と普通預金——の約三倍に達する、というのである。当座預金は直接間接に銀行の貸付にまでさかのぼるため、貸付の量が雇用量を含む経済活動の量を決定することをこの数字が立証している、とフィッシャーは述べた。ケインズの処方箋とちがってフィッシャーの処方箋のほうは、アメリカでも他の国でも採用されなかった。にもかかわらず、フリードマンのリーダーシップのもとで、マネタリズムは一つの学派として生き残ったのである。

多くの技術的な理由もあって、「貨幣」とは何かを定義するのは難しい。そしてこのことは、フィッシャーの頃からしだいに問題になっていた。フィッシャーと同様、現代のマネタリストにとっても、貨幣は商業取引の中でさかんに使用される通貨または小切手を意味する。しかし、統計上、このM_1（と現在よばれているもの）を貯蓄性預金その他の形態の貨幣から分離することは難しい。それはマネタリストにとって最も重要な問題である。なぜなら、彼らの理論の核心はつねに、国家による貨幣量の着実かつ漸進的な増大を勧告することだからである。「貨幣と産出量とが同一歩調で成長するときは、需要と供給は均衡状態にあり、物価は概して安定している」と、あるマネタリストは一九八一年にその信念を要約している。したがって、マネタリストにとっては、ケインジアンのように貨幣を救済策として間歇的に経済に投入するなどはとんでもないことなのである。

スタグフレーションによってケインズ主義が評判を落としたのち、イギリス、アメリカ、チリ、その他多くの国の政府が、マネタリストに助言を求めた。彼らにはその用意があった。スタグフレーションは双頭の怪物であるから、彼らの救済策も二面的であった。インフレーションを退治するために、マネタリストは高利子率による金融引き締め政策と政府支出の削減――とりわけ、生産を補助する支出とは異なる需要を補助する支出の削減――

という処方箋を指示した。生産のための投資不足によって失業が生ずると彼らは考えたが、その失業を退治するために、彼らは、減税を主張した。その目的は、私的投資のファンドを放出させること、および投資利益に対する税負担を軽減することによって投資のインセンティブを増大させることである。低税率は生産と雇用を刺激すると考えられたので、政府歳入は高税率の場合よりも増えると考えられた。そして、もう一つ別の曲線、ラッファー曲線によって、そういう結果が信頼できるとされたのであった。

ところがである。これらの処方箋が実践に移されたとき、高利子率のために生産者にとって借金は不経済なものとなり、むしろそれによって破産は増えたのである。現実の生産が縮小し、失業率が高まっているときに、低税率は期待どおりの成果をあげることができず、政府の赤字を大きくしただけに終わった。要するに、インフレーションと闘うための手段が、生産者と労働者に破滅的結果をもたらすことになり、また、生産者を援助する手段が政府赤字を拡大させたのである。手っとり早く言えば、双頭の怪物はケインジアンの処方箋の力を破壊したと同じくらい決定的に、マネタリストの救済策の力を破壊したのである。

この点で、社会主義経済の指導層なら、資本主義的理論の失敗を見てにんまりする理由があると思われるかもしれない。しかし社会主義陣営も、決していばれたものではない。スタグフレーションは彼らにも襲いかかっていたのである。スタグフレーションは、実際には余剰となった労働者を抱えたままの余剰人員経営と、周期的にインフレーションの圧力に屈せざるをえない価格補助金とによって隠蔽されていたのである。さらに、社会主義経済の多くは、資本の源泉をアメリカ、日本、西ヨーロッパに大幅に依存するようになっていた。これらの経済は自力で資本を生み出してはおらず、また、返済能力のないことがしだいに明らかになってきた。

以上見てきた諸理論が、スタグフレーションに対して何ら適切な解決策を生み出していないことは大して不思議ではない。スタグフレーションが何であるのか、それに対して何ができるかを説明するどころではなく、これらの理論が説明してきたのは、徹頭徹尾、スタグフレーションがそもそもありえないということなのである。はるかカンティヨンにまでさかのぼってみても、言っているのはそういうことであった。カンティヨンのいう物価上昇は、これまた彼の言う活動の増大（失業の減少）と分かちがたく結びついている。その関連を断ち切ってしまうと、彼の理論の組み立て全体が崩壊してしまう。賃金理論についても同じことが言える。物価上昇と低い失業率との関連を断ち切ると、あとには何も残らない。同じことが、ミルの信用効果に関する理論の場合についても、後世のマネタリストの理論についても言える。つまり、生産者に対する信用は、拡大しようが縮小しようが、シーソーに動力を与えるから、スタグフレーションとは相容れない。シーソーが壊れれば、あとには何の理論も残らない。マルクス自身は、同時代のサプライ・サイドの経済学者と共通するものはほとんどもっていないと思っていたが、この点では共通していた。つまり、彼の理論もスタグフレーションを法則の外にあるものとみなしていたのである。過剰生産は、マルクス自身がくり返し指摘しているように、つまるところ失業と物価の下落の両方を不可避とするのである。マルクスの議論から、過剰生産についての対をなすこの二つの結果を取り除いてしまうと、彼の論理は崩壊する。だが、この二つをそのままにしておけば、スタグフレーションは存在しえない。ケインズの分析の中にもスタグフレーションは登場せず、フィリップス曲線が魅惑的な形で示したように、それはそもそもありえないとされている。スタグフレーションの解明を求めて経済理論を探索しても何も出てこないのである。

フィリップス曲線の専門家で、ジョンソン大統領の首席経済顧問でもあったアーサー・M・オーカンは、自分のたずさわる科学について疑問を抱くようになった最初のケインジアンだった。スタグフレーションの台頭後、彼は、なかばまじめ、なかば冗談で、失業率とインフレーション率を合わせて、スタグフレーションを表現する単一の数字、つまり「経済的不快指数」とすべきだ、と言った。これは、気象台が夏の蒸し暑い日の不快さをわかりやすくするために湿度と温度を合わせて表示する不快指数に倣ったものであった。オーカンは、二つのことを指摘した。スタグフレーションは、どのように解釈しようとも、経済的には不快なものである。たとえば、インフレーションが一〇パーセント、失業率が六パーセントというのは、インフレを五パーセントに失業を一一パーセントに変えることでは全然改善されない。いずれにせよ、その率を合わせると、一六パーセントという不快さを示しているからである。現実には、失業という構成要素のほうがインフレーションという構成要素より不快さに対する影響が大きい、と彼は考えた。しかし、オーカンの考え方の第一のポイントは、一方の率が他方の率を犠牲にして改善されてもそれは錯覚にすぎないということであった。第二のポイントは、政治に関連している。経済的不快指数をどのように解釈しようとも、スタグフレーションの数値が高くなれば、民主的政府は選挙民との深刻なあつれきに見まわれることになる。経済学者たちは、オーカンのこの皮肉まじりのアナロジーを喜んだが、彼が提案した指数を重要とは考えなかった。りんごとみかんをミックスすることは政治目的には役立つとしても、分析のためには両者を峻別するほうがわかりやすいとみなされたのである。

しかし、オーカンのアナロジーをもう少し先へ進めてみよう。気象台が、個々別々に報告される要素以外に不快指数を出している理由は、ある一つの状態をまとめて表わしたいからである。それと同じように、スタグフレーションをある一つの状態、つまり、物価が高く仕事がない状態と考えることができる。

そう考えれば、ただちに、この状態が異常だとか前例がないとは言えないことがわかる。むしろ、世界の貧しい後進経済の中では、ごく普通のありふれた状態である。この状態が異常と言えるのは、現在発展中ないし拡大中であるか、あるいは最近までそうだった経済に対してだけであり、もちろんそれらの経済は、まさにカンティヨン以後ミルトン・フリードマンやアーサー・オーカンにいたるまで、数々の経済学者や経済思想家を育んできた経済そのものなのである。

貧しく、後進的で、長期停滞している経済の物価が急激なインフレーション状態にあることをわれわれはよく忘れてしまう。というのは、われわれにはそこでの物価が低いように思えるからである。一九七四年に私がポルトガルを訪れたとき、リスボンの魚市場の露店の価格、建築資材店のタイルの値段、バス料金、レストランの食事代（旅行者向けを別として）は、すべて格安に思われた。しかし、ポルトガル人にとっては、物価は非常に高かったのである。当時にアメリカやカナダの中流の人々には当り前であった日用の便益品やぜいたく品は、ポルトガルでは、特別豊かな階層を別とすれば、手の届かないものだった。ポルトガル国民の多数が仕事になかなかありつけなかったのである。そして、これは異常な状態でも、周期的にのみやってくる状態でもなくて、通常の状態なのであった。だからこそ何十年、何世代にもわたって、ポルトガル人は移民として母国を去っていったのである。要するに、この国では、物価が高く、失業率および不完全失業率が高い状態が通常なのであった。インドのマドラスまで行く運賃を何とか工面できるようなポルトガルの中流の人々は、そこでの物価が格安だと思うだろう。しかし、インド人にとっては、それらは格安ではない。高物価と仕事不足は、ポルトガルよりインドのほうがもっとひどいが、しかし、それが通常のことなのである。

アダム・スミスがスコットランドの余剰労働力に目を向け、それにもかかわらずスコットランドの物価が高いと述べたとき、彼は事実上、スコットランドではスタグフレーションが常態だったことを認めているのである。実際、スタグフレーションはわれわれがアメリカで考えるような、前例のない異常なものではないのである。アメリカ東部のアパラチア地方に並ぶ貧しい郡庁所在地の経済活動を見さえすれば、あるいは、この国のその他の貧しい後進地域を見さえすれば、物価高と仕事不足がその地域ではずっと常態であったことがわかる。カナダのニューブランズウィックのような貧しい経済においては、物価はつねに人々の資力に比べて極端に高く、失業率もつねに高い。統計の上でも示されているように、最近になってようやくこれら二つの苦しみが、この国をも犠牲にし始めたのである。その点が、カナダでもアメリカでもこれまでとはちがうのである。

イギリスでは、物価は、イギリス人にとっては恐ろしく高いように思われている。失業手当を受けている人々にとってだけではなく、働いている人々にとっても高いのである。しかし、現在もっと物価高の経済圏から英仏海峡を渡ってきた旅行者は、私がポルトガルで感じたように、イギリスを休暇と格安なショッピングの国であると感じる。あるいは、同じ現象を別の角度から見れば、オランダ在住のイギリス人作家兼翻訳家は、オランダ語で気楽に書き下した論文は、「発行部数が、ロンドンの新聞の半分にも満たないオランダの新聞なのに、原稿料は二二五ギルダーにもなる」のに、オランダの複雑な政治状況についての論文をロンドンの新聞に書いても、九五ギルダー相当にしかならないと、ぼやく。アダム・スミスが生きていたなら、彼がイングランドとスコットランドに関して比較したように、イギリスとオランダについて似たような比較ができたであろうが、いまならさしずめ、イングランドのほうがかつてのスコットランドのような位置を占めることになるだろう。少し前には、アメリカ国内の貧困地区では、国内統計から見て中程度の価格の家を買える世帯はほとんどなかった。しかし、国内統計から見て、中程度に近い所得の世帯は中程度の価格の家を買う余裕があったのであり、だからこそアメリカは概して持ち家の多い国だったのである。しかし、一九八一年までには、中程度の価格の家は、全世帯の一〇パーセントの人にしか手の届かないものになった。以前は、国内の貧しい地域だけに見られた状態が、全国規模で見られるようになったのである。

末期症状の病気であるのと、すでに死んでいるのとではちがうように、台頭し始めたばかりのスタグフレーションと、長期にわたる恒常的とも見えるスタグフレーションとはちがう。本当に瀕死の淵にある経済は、すでに物価高と高失業率とが定着したきわめて深刻な状態になっているため、そこにいたる過程はすっかり終わっている。物価と失業が相たずさえて上昇過程にある経済の場合は、まだ瀕死とまではいかないが、現状を逆転させせないかぎりそうなることは避けがたい。スタグフレーションは、経済的停滞の当然の結果にほかならないと私は思う。それは、後進性や低生産性が停滞の当然の結果であるのと同じである。私の考えがまちがっていないとすれば、それまで拡大・発展していた経済にスタグフレーションが台頭したことには、ただならぬ徴候が見てとれる。それは、単にインフレーションを抑制するというだけでなく、インフレーションを選択することによって失業を処理するという問題、あるいは失業を選択することによってインフレーションを抑制するという問題ではない。スタグフレーションは、それ自体として問題のある状態、つまり、深刻な経済的衰退へと陥る状態なのである。

最近、何人かのマネタリストが、自分たちの経済政策の失敗を説明しようとして、「自然失業率」仮説を立てている。彼らの理論によれば、経済が高い自然失業率の状態にあるとき、失業率をその自然水準以下に下げようとしても、結果的には失業率は高いままで、それを「不自然に」低下させようとする結果としてインフレーションが生ずる、というのである。シーソーがまだ作用していると主張する、こうした手のこんだ試みは、単に、理論家たちがその理論を救いたいというごく「自然」な願望にすぎないようでもあるが、同時にそれは、この理論にとって何か不都合なことが生じたということでもある。ケインズは、イギリスの経済的衰退を見て、自分の救済策の及ばない構造的欠陥をもった経済が現れるかもしれないという、憂鬱な註釈を加えている。言い換えると、事態は彼の理論では説明しきれない誤った方向に進む可能性があったということである。

構造的欠陥とか恒常的に高い失業率ということでいま一つ思い起こされるのは、マーシャル・プラン援助が、経済が異なればその効果も異なるというミステリーであり、念入りに合理化され、充分なファンドをもった多くの発展計画が失敗したということである。いかにして後進経済に発展を引き起こすか、いかにして先進経済が後進経済に陥るのを防止するかということは、同じミステリーの両側面を示しているが、われわれは、その対処の仕方がわからないでいる。

いままでの様々な出来事からわかっていることが一つだけある。つまり、現在のマクロ経済学は、われわれにとって役立つ指針とは言いきれないことである。需要と供給について何世紀にもわたって刻苦勉励してきた理論は、互いに堂々巡りをしながらも、富の隆盛と衰退については、われわれにほとんど何も示唆するところがない。われわれは、これまで利用しようとしてきたものより、もっと現実的で成果のある観察や理論を探さなければならない。既存の学派から選ぼうとしてもむだである。われわれは、自分の責任でやるしかないのである。

第2章　現実にたちもどって

機械や建築の設計のような技術系企業で問題が生じた場合、それにふさわしい対応は「最初の企画段階にたちもどれ」ということである。つまり、考え方自体は基本的に正しいがもっと注意深く計画を練り上げる必要がある、ということである。これは、経済的に予期したことが実現しなかったときに経済学者や政府がとった対応でもあった。彼らは、自分たちがすでに知っているつもりのことをくり返し検討し直し、より精巧に自分たちの用具を使おうとして、同じ古い概念を、あらたにコンピューターだの立法府だのに通用する組み合わせや順列に組み替えようとしてきた。しかし、多くの異なった環境と異なった体制のもとで生じた厄介な番狂わせがあまりに多いために、われわれは、基本的な仮定自体に誤りがあるのではないか、おそらくは、あまりにも当然とみなされて確認や懐疑の対象とされなかった仮定に誤りがあるのではないか、と疑わざるをえなくなったのである。

マクロ経済学に含まれていたのは、まさにそのような仮定であった。それは、経済活動がいかに機能するか、またその構造がどうなっているかを理解するためには、国民経済の概念が役に立つという考え方であり、また、マクロ経済学的分析のための基本データを提供するのは、国民経済であって、他のものではない、という考え方である。この仮定は、初期の重商主義経済学者以来およそ四〇〇年もの歴史をもっている。ポルトガル、スペイン、フランス、イギリス、オランダが、アメリカ大陸や、アフリカを経てインドからその先にいたる貿易ルート沿いの陸地や海洋を探検し征服していた時代に、初期の重商主義経済学者は、貿易と財貨をめぐるヨーロッパ列強の対立関係という問題に心を奪われていた。富とは何か、それはいかにして生ずるか、いかにして保持され失われるかを理解する鍵は、眼前にくり広げられる諸国民間の対立関係にある、と彼らは考えた。その理論によれば、富は金（ゴールド）から成り、金は、一国が財貨を集める過程で、買う以上の財を売ることによって蓄積される（「重商主義」というよび名はここからきている）。このように富を定義するなら、もちろん、おのずから国民経済が経済活動の単位となる。しかしこうした考え方は、同義反復、つまり、同じ考え方のくり返し、この場合なら一国の財貨という考え方のくり返しにすぎない。カンティヨンの思想は、富と金を等置するというあまりにも単純な考え方を乗り越えようとする初期の試みだったが、先に引用した「もし、貨幣の増大が、その国の金や銀の鉱山から生ずるのであれば……」というくだりには、重商主義的考え方との関連が見てとれる。

その後、アダム・スミスは一七七六年の名著『諸国民の富の本質と原因に関する研究』

の中で、富は消費（需要）を目的とする生産（供給）であると定義し直し、その源泉を金鉱や銀鉱にではなく、資本と労働、そして外国貿易あるいは帝国貿易だけでなく国内貿易にも求めた。スミスは、従来受け入れられていた理論を俎上にのせ、そして多くを否定した。彼は様々な問題領域を考察の対象としているが、従来の理論を否定する場合でも、受け入れる場合でも、また新しい領域を拓く場合でも、自分自身の観察と推論によって、丹念にわれわれを先導するのである。

しかし、スミスは、自分にとって当り前のことは問題にしなかった。たとえば、国が経済活動の構造を理解するための存在であるという重商主義的な同義反復を、彼は註釈なしに受け入れている。スミスの諸著作から判断するかぎり、彼はその点に何ら考えを及ぼすことなく、それを議論の出発点に用いるというくらいに当然視していたのである。このことは、スミスの著書のタイトルに明らかであるだけでなく、その書き出しにも明らかである。

すべての国民の年々の労働は、その国民が年々消費するいっさいの生活の必需品や便益品のすべてをその国民に供給する、もともとの原資であって、これらのものはつねに、その労働の直接の生産物であるか、あるいはその生産物で他の諸国民から購入されるものである。

要するに、スミスは、現在、国民総生産とよばれるものからスタートし、そこから議論を進めているのである。

スミスの著作の出版以後二〇〇年の間に、彼の書いたことの大部分が問題として取り上げられ、豊富化され、精密化され、そして変形された。しかし、誰も問題として取り上げなかったのは、スミス自身も問題としなかったこと、すなわち、国民とは経済活動の構造を理解するための存在であるという例の重商主義的同義反復である。以来このかた、そうした考えが当然視されてきたのである。何と奇妙なことであろうか。近代社会における研究者の中で、経済学者ほど、自らの問題領域の最も中心的で重大な仮定のもつ価値について、かくも長きにわたって軽信してきた者はいないのである。

なるほど、マルクスは経済分析の基礎を国民よりも階級構造に置き、階級があるべき姿で現れたときには国家は死滅する、と期待した。しかし実際には、マルクス経済学は、世に広く普及している仮定に同化されていったのである。共産主義国および社会主義国の支配者ほど、経済活動とその展望を分析するのに適した存在として国家に信を置いたものはないし、また彼らほど経済を形成していく手段としての国家に信を置いたものはない。もちろん、アナーキストも、国家の正当性を否定する。しかし、経済分析に関するかぎり、それは何の役にも立たない。なぜなら、アナーキストは（純粋な、あるいは抽象的なマルクス主義理論家も同じだが)、経済活動がいかに機能すべきかに関する自分たちの概念にとらわれて、現実に経済活動がどう機能しているかを軽視する。言ってみれば、手に余るので拒否するというふうなのである。

国家は、政治的、軍事的存在であり、諸国のブロックもまたそうである。しかし、だからといって、それらが経済活動における基本的な存在であるとか、経済構造の謎、すなわち富の隆盛と衰退の理由を追究するのにとりわけ役立つということにはならないのである。事実、一国の政府や諸国のブロックが、その命令どおりに経済活動を動かそうとして果たせなかったことは、本質的なところで、そこにある種の不適切さがあることを示している。また、まったく異なる構成単位、たとえば、シンガポールとアメリカ、エクアドルとソ連、オランダとカナダというような構成単位を経済的に共通の特徴をもつものと考えるのは、少なくとも常識に反する。これらの国が現実に共有しているのは、主権という政治的現実だけである。

重商主義的な同義反復の目隠しを取りはずし、現実の経済世界を、政治的で人為的なものとしてではなく、ありのままに見るならば、大部分の国はまったく異なる諸経済の集合ないしは寄せ集めであること、同一国内にも豊かな地域と貧しい地域のあることがいやおうなしに見えてくる。

さらにまた、ありとあらゆる類型の経済がある中で、都市は、地理的遠隔地の経済をも含めて他地域の経済のあり方を左右する力をもつ点で、ユニークな存在であることも見えてくる。ほんの一例として、ある小さな村の経済がたどった紆余曲折、この場合にはフランスの国内最貧地域の一つである中南部のセベンヌ山脈の高所にある石造りの家の集落について見てみよう。このバルドーは、私の住むトロントの新聞にも登場した。というのは、この村は素晴らしいところで、眺望のよさと安くて静かな仕事場を求めて、ヨーロッパやアメリカやカナダの都市を逃れてきた作家、音楽家、アーチスト、工芸家にとって一種の理想郷になっているからである。

バルドーの歴史は古い。およそ二〇〇〇年前にゴールがローマの属州になったときに、このあたりは、付近のいくつかの鉄鉱山にいたる道路によってローマ帝国経済と結びついていた。しかしここで発見された鉄は、この地で、剣、槍、のみ、蝶番《ちようつがい》、鋤、車輪の枠、大釜等々の当時の鉄の諸用途に加工されることはなかった。その鉄が製品化された場所は現在わかっていない。おそらく、すでにローマ時代以前からゴール地方の首都になっていた古代都市ニームで鍛造されたか、または、伝統的に金属加工の中心地でありゴールにおけるローマ時代の道路網の中心地でもあったラグナム、いまのリヨンに運ばれた可能性もある。市場がどこにあったにしろ、鉄の需要は充分あり、そのための鉱山道路は、設計もすぐれ造成もしっかりしていた。その後一五世紀以上もほとんど放ったらかしで修理もされていないのに、いまだにハイキング道として立派に通用しているほどである。おそらく四世紀頃に、ゴールのこの地方の経済活動が崩壊したときに、鉱山も道路も放棄されたのであろう。

この地域は、その後原野にもどり住む人もなかったようだが、十六世紀になって、無断居住者たち――おそらく山すその谷間や傾斜地から追い上げられてきた土地をもたない農民たち――が、現在のような石の家を建てて移り住んだ。この人たちは、岩と岩の間に小さな畑地を掘り起こし、栗の実を採集し、もちろん付近の森で狩りをし、そして、やせて岩のごろごろした土地で、はるか昔の、自分たちよりはるかにすぐれた経済から受け継がれた最低生存のための技術をできるかぎり取り入れていたのである。この最低生存の経済では、何世代にもわたって何ごとも変わらなかった。こうした暮らしは、厳しいというだけでなく、面白くもなく、浅ましくもあったことが推測できよう。というのは、夜陰に乗じて土地の境界の目印を移しかえてはお互いに畑の作物を盗むことがしょっちゅうであったし、盗みをめぐる果てしないけんかが続いたという言い伝えがあるからである。こうしたことが騒ぎになるような暮らしが、およそ三五〇年ばかり続いた。

その後一八七〇年代に突如として急激な変化が始まった。はるか遠くにもっと魅力的な暮らしがあるという噂が伝わってきたのである。おそらく、そういう情報は、パリに駐屯していたり、普仏戦争ののちパリを通過した軍の新兵たちから伝わったのであろう。また、山すその村から移住してきた人たちからの噂もあったであろう。パリは、何世代も前から、フランス農村部からの移住者を引きつけてきた。バルドーまで噂が届くのには時間がかかったが、ひとたび誰かが思い切って村を出ると、その後は、緩慢だがほとんど全面的といっていいほどの脱出が続いた。そして一九〇〇年までに人口の半分が出ていった。その後の四〇年間にほとんどが村を出ていき、残ったのは三家族だけだった。

一九六六年、たまたまドイツ人とアメリカ人の二人のハイカーが古いローマ時代の道を通りかかったとき、廃墟には一人の老人がいるだけであった。ハイカーたちは老人からこの村を買い取り、弁護士の協力をたのんで、たどれるだけ前の住人の子孫からも土地を買った。法的な不動産所有権ができてから、新しい所有者たちが移ってきて、彼らと一緒に費用を分担してくれる身近な縁者をよんだ。こうしてバルドーは、あらたな内容を与えられ、金利生活者や、作品を出版社や都市の顧客に売って生活している人たちが、年中入れかわり立ちかわりやって来て住む場所となった。休暇のために賃貸で来る人やキャンパーたちのもたらす収入は歓迎されている。もちろん、住民も休暇に来た人も、主として輸入食糧によって生活し、他の必需品もほとんどが輸入である。しかし、彼らは、電気、電話、それに給湯などの設備がなくとも不平ももらさず暮らしている。ある映画会社がロケを行うためにしばらくこの村を借りたとき、お礼に金を出してくれたので、水道配管設備ができた。

バルドーの歴史は独特であるが、どんな人、どんな雪片でも独特だという意味で、どんな場所も独特だというにすぎない。バルドーの場合と似たりよったりの変化や出来事が、他の多くのところで、より大規模にくり返されているのである。バルドーは、私が「受動的経済」とよぶもの、つまり、自力で経済的変化を創造せず遠方の都市で生じた力に対応するだけの経済を、縮図として示す例なのである。バルドーは、糸の端にゆわえられたおもちゃのように、いく度も外部からの経済的エネルギーやその他のエネルギーによって引っ張られてきた。古代には、この地域は鉄のために利用され、そして放棄された。近代では、遠方の都市の仕事の牽引力によってその人口は減少し、その後、都市住民の移動によって再び人口が増えた。その牽引力は強力であった。しかし、都市と都市住民がバルドーを放置し、何も利用しなかったのであれば、そこは未開の原野のときと同じく経済らしきものは存在しないか、あるいは相も変わらぬ最低生存の経済が続いていただろう。

　われわれがバルドーの特質という点からその経済史を説明しようとして、栗の実の概算平均産出高、そこで使用されている道具、採掘された鉄と残っている鉄の量と質、家を建てるのに必要な一人一時間当りの仕事量、土壌の性質、年間降雨量その他のうず高い統計を挙げることはできるだろう。しかし、そんなことをしても、なぜ、いかにして、バルドーの経済が現実にたどったような紆余曲折を経験したかが、解明できるわけではない。この問題に関しては、地元でわかるものは何もない。バルドーの紆余曲折を実際に説明するものは、遠方の都市市場、仕事、移植された都市の工場、都市の技術（新しい水道システム、古い道路）、都市の資本にあるのである。バルドーで変化のあった期間となかった期間が見られる理由を理解するためには、それら五つの要因がバルドーに及ぼしたものに目を転じなければならない。

諸都市がバルドーに及ぼす牽引力と、それ以外の、ローマ帝国、フランス、ＥＥＣ、あるいは国際経済というようなよび方をされるものが及ぼす牽引力とを区別するのは、一見したところ重箱の隅をほじくるような議論と思えるかもしれない。しかし、そうではない。第一に、現実――これにはつねに細心の注意を払うべきであり、さもないと議論の筋道がわからなくなってしまう――は、バルドーに対する牽引力が特定の都市から出ており、それはつねに遠方の都市からであったということである。バルドーの周囲には「フランス国民経済」というようなものが存在していたわけだが、それがバルドーの経済的紆余曲折を招いたのではない。具体的に見るならば、この点は明らかである。ローマ、おそらくニームかリヨン、パリ、さらに、現在の住民であるアーチストや作家や休暇に来た人（と映画会社）がやってきた諸都市――こうした様々な都市がバルドーを形成し、再形成してきた経済的要因なのである。

国民経済とよばれる集合体と都市経済とを区別することは、現実を把握するためにだけ重要なのではない。つまり両者の区別は、経済活動を再形成しようとする実践的な試みにおいて、決定的に重要である。たとえば、この区別をしそこなったために、後進諸国のやたらと高くついた多くの経済的大失敗が生じたのである。輸入置換(import-replacing)あるいは輸入代替(import-substitution)というきわめて重要な機能は、現実には、何よりも都市の機能であって、「国民経済」には達成できないということを見のがした結果、これらの大失敗が生じたのである。私は本書で、かつては輸入していた財を、自力でつくる財で置換することによって、都市がいかに成長し経済的に多様化するかについて、大いに論ずるつもりである。というのは、このありふれた当り前の現実を見ないために、多くの愚行や浪費が生じ発展の機会を失っているだけでなく、経済学一般をどう考えるかについても大きな混乱が生じているからである。

貧しい地域や国は、広範な品物を自力では生産できないために、支払能力以上に輸入するか、さもなければ極端に貧しいことが多いという見方は、かなり前からある。この欠点を鋭く描いたのが、一八八九年に、あるアメリカ南部人がボストンで工業家と銀行家の集まりに出席したときの演説、および、ニューヨークで同じような集会に出たときにもくり返した演説である。エッセイストであり、ジョージア州アトランタの有力新聞の編集長でもあったヘンリー・グラディは、何年か前にアトランタの北方約八〇マイルにあるピケンズ郡での葬式に出たときのことをこう語っている。

墓は堅い大理石を掘りぬいてつくられたが、その大理石の墓石はバーモントからきた。

墓は松の木の原野にあったが、松の木の棺は、シンシナティからきた。鉄鉱山がそこに影をおとしていたが、棺や釘やねじやシャベルは、ピッツバーグからきた。硬材と金属は豊富だったのに、遺体はインディアナ州のサウスベンドからきた馬車で運ばれた。近くにヒッコリーの木立があったが、つるはしやシャベルの柄はニューヨークからきた。死者の身につけた綿シャツはシンシナティから、上着とズボンはシカゴから、靴はボストンからきた。組み合わされた両手はニューヨークからきた白手袋に包まれ、向上の機会もないままに屈従に疲れきった貧弱なその首には、フィラデルフィアからきた安物のクラバットが巻きつけてあった。この地方にはまだ開発されていない資源が豊富にあるにもかかわらず、葬式用に調達できるものは遺体と地面の穴ぐらいしかなく、それさえも、よそから輸入しかねないのだった。そして、この気の毒な死者が、ローウェルからきた棺バンドで永遠の眠りの場所に降ろされたとき、彼がこの世からあの世へ思い出としてもっていけるものは、せいぜい血管の中の止まった血と、骨の中の冷えた骨髄と、棺の蓋に落ちかかる土くれのにぶい響きぐらいだったのである。

グラディの長々しい演説にある一四品目のうち、一一品目は、当時の大都市からきたものであった。棺とシャツはシンシナティから、釘とねじとシャベルはピッツバーグから、道具の柄と白手袋はニューヨークから、上着とズボンはシカゴから、靴はボストンから、クラバットはフィラデルフィアから。その他、馬車は小都市サウスベンドからきている。都市以外のところからきたものといえば、バーモントの農村部からきた大理石とローウェル——織物の町で、ボストン経済からの移植工場として受け入れられた——からきた棺のバンドだけだった。

グラディが問題にしたかったのは、ピケンズ郡の輸入品のうち、自分の州のアトランタ市からきたものが一つもないのはなぜかということであった。しかし、彼はそういう問いかけをしなかった。なぜなら、彼にとって関心のある問題、つまり、住民のために豊富に多様に生産していない貧しい経済という問題が、都市と密接な関係があるという考えは、彼の念頭にはなかったからである。彼は、漠然とした地域経済の見地からだけ考えて、自分自身が言っていることの意味に気づいていなかったように見える。彼の演説の目的は、アメリカ南部のために北部から工業を移植し、新南部（ニュー・サウス）と彼がよんだものを実現することであった。彼は、衰退経済に工業誘致をはかって懸命に努力している現代の「開発」担当者たちの先駆者であった。これらの経済は、見たところわけのわからぬ原因のためにあまりに受動的で自前の工業を興すことができず、それゆえ、関係者は、積極的で創造的な都市経済から寄せられたわずかな供給物、企業からのわずかな供給物に、われがちにとびつくのである。

グラディが挙げている品目は、これまた彼の念頭にはなかったことだが、それ自体輸入置換の産物であった。これらの品物を発明したのは、それらをピケンズ郡に送った都市ではなくその大部分は、アメリカの諸都市が形成される前のヨーロッパ文化でおなじみのものだった。しかし、植民地アメリカの初期のいくつかの都市、特にボストンとフィラデルフィアの諸企業は、ロンドンその他のイギリス諸都市からいつまでも輸入を続けないで、自分たちの都市の消費者と生産者のためにこういうもの（他にも多くのもの）をつくり始めるようになり、さらに、それらの品物を周辺地域や都市相互間で輸出し始めただけでなく、西方のより新しい都市の形成につれて、そこにも輸出するようになった。次には、シカゴやピッツバーグやシンシナティのような都市が成長するにつれ、またその成長過程で生産の多様化が根づくにつれ、これら諸都市も、東部の諸都市から受け取る広範な輸入品を自分たちの生産で置換し、さらには、その同じ品目のいくつかを輸出するようになった。こうして、シンシナティのシャツとピッツバーグのシャベルがピケンズ郡に届いたのだった。

葬式に使われた輸入品がアトランタを経由していたのは疑う余地がない。アトランタは、南部の輸送の中心部だったからである。そして、アトランタ自体も、ピケンズ郡よりはるかに多種多量の都市製輸入品を消費していた。しかし、アトランタは、本書でのちに述べるように、輸入置換都市でなかっただけではなく、当時の南部の都市はどれ一つとしてそうではなかった。だからこそ、ピケンズ郡の都市製輸入品ははるか遠方からきたのだった。

グラディが考えていた品目の背後には、そしてそれら加工品の背後には、彼が考えに入れなかった膨大な品目があった。数えあげられるだけでも、たとえば、大工のかんな、かね尺、旋盤、釘締め、ナイフ、染料用大桶、真鍮溶解釜、ひしゃく、印刷機、帳簿台帳、ボタン打ち抜き機、暗い日にも仕事を続けるための明かり、やっとこ、ミシン、電報のキー、貨車の車軸等々がある。

およそ有効に輸入を置換する都市は、加工品を置換するだけでなく、同時に、数多くの生産財やサービスを置換する。諸都市は、しかるべく臨機応変にそれを行う。たとえば、まず、それまで輸入していた果物の砂糖づけを地元で加工するところから始める。続いて、それまで輸入していた広口瓶や包装の生産を始めるのであるが、これらを扱う地元生産者の市場は、第一の段階を経てはじめて形成されたものである。あるいは、まず最初に、それまで輸入していたポンプの組み立ての仕事を始める。ひとたび組み立てが始まれば、ポンプの部品が輸入され、続いて、部品の製造が始まり、部品用金属が輸入される。次には、こういった輸入置換品のための金属溶解さえ始まる。こうした過程が進むにつれて、過程はしだいにそれ自体で引き合うものとなる。東京で自転車産業が始められたとき、最初は輸入自転車の部品をはずして修理する仕事だった。続いて、修理作業に必要ないくつかの部品の製造が始まり、次いでより多くの部品の製造が、そして最後には東京製自転車全体の組み立てが始まった。そして、東京が日本国内の都市に自転車を輸出し始めるやいなや、それら顧客都市のいくつかでは、外国からではなく、東京から輸入した自転車を置換するという同じような過程が生じた。これは、アメリカの都市から都市へと送られた多くの品目の場合に生じたのと同じ現象だった。

都市における輸出向け財の生産――輸入品の支払にあてる仕事――は、都市の輸入置換過程が進むのに役立つ。たとえば、輸出向けの食器を電気メッキする企業は、金属製の椅子やテーブルの脚を電気メッキすることもでき、したがって、それまで輸入していた家具を地元生産によって置換するのに一役買うのである。あるいは、さらによいことには、労働者は親会社とたもとを分かって、この初期段階の仕事をもとに第二工場をつくれるようになるが、今度は食器会社のためではなく、家具を置換する企業のために働くことになる。私が「さらによいことには」と言うのは、いまや、輸入置換過程を育成・実行する会社が一つから二つに増えるからである。

輸入置換は、グラディの時代でも、いつの時代でもそうであったように、都市のたどる当然の過程なのである。第一に、それまでの輸入品を置換するのは、経済的にも技術的にも、また柔軟性――時と場所に応じての適切な対応――という意味でも、すでに充分に生産が多様化して新しく増大した生産に必要な基礎をもつ地域以外では不可能だからである。都市は、このような多様化を――しばしば非常に急速に――推し進めることができる。一つには、既存の都市における輸出の仕事の結果として（もしそれがうまく多様化されているとして)、一つには、都市のそれまでに達成したより単純な輸入置換の結果として、また一つには、都市の様々な生産者の間で形成された複雑な共生関係によって多様化するのである。第二に、都市の市場は——消費財市場にしても、生産財市場にしても——多様であり、集中化している。地元市場のこの二つの特質によって、多種類の財・サービスの生産が経済的に可能になるのであるが、それは農村部や会社町あるいは小規模な市場町では無理であろうし、特に、それまで輸入していた品目の生産を始めたばかりで市場にようやく足場を見出した段階では、非常に難しい。

経済活動はイノベーションによって発展する。つまり、輸入置換によって拡大する。この二つの主要な経済過程は、密接な関連をもっており、ともに都市経済の関数である。さらに、輸入置換がうまくいく場合には、生産計画、原材料、生産方法の適応を伴うことが多く、このことは、とりわけ生産財とサービスのイノベーション、および臨機応変の改良を意味する「インプロビゼーション（improvisation)」を必要とする。

マサチューセッツ工科大学（MIT）の社会学者チャールズ・F・セーベルは、一九八二年、過去一〇年間にイタリア北部のボローニャとベネチアの間の小工業都市群で「無数の小企業」が生まれたことにふれて、日常茶飯事として生じている種々のイノベーションとインプロビゼーションとを描いている。大手の製造会社のためにトラクターの変速機を生産しているある小工場は、小規模の高級播種機製造会社のニーズに合わせて変速機の設計を手直しする。別の小工場では、「通常の自動パッキング・マシーンが、特定の組み立てラインのスペースに合うように設計し直される。ある種のプラスチックを型に注入する機械が、もっと安い別のプラスチックを注入できるように改造される。自動車に使われるメンブレン・ポンプが農業機械に合うように改造される。標準型の織機あるいは布の裁断機が、極細糸にも使えるように調整される」。

セーベルは、イノベーションを得意としきわめて成功率の高いこれらの企業が、小規模であることに驚嘆している。その大部分は「従業員が五人から五〇人で、一〇〇人というのが少しあり、二五〇人以上というのはごくわずか」で、全体としては「繊維、自動機械、工作機械、自動車、バス、農業用具の生産のほとんどあらゆる部面で特化して」いるのである。さらに彼は、セラミック、靴、プラスチック製品、オートバイ、製材機、金属裁断機、セラミック機械の生産における労働の精密さと質の高さに感銘を受けている。古い企業からの労働者の離脱によって、新しい企業が簡単に形成され、さらに、規模の経済が、従来考えられてきたような巨大企業の枠の中ではなく、むしろ共生的小企業群によって実現されているという驚くべき事実を彼は報告している。

セーベルは続けてこう言う。「こういうタイプの企業のイノベーション能力は、技術をいかに柔軟に使いこなすか、また、その企業が同一部門や隣接部門で他の同じようなイノベーション的企業と密接な関係を結ぶかどうか、とりわけ、労働者が、異なる種類の専門家と密接に協同するかどうかによって決まってくる。これらの企業は、抽象的知識か実用的知識かにかかわらず、着想さえあれば大胆に自分の意志で実行に移すが、従来こういうことが大々的にできたのは、限られた例外的な巨大企業だけだった」。

これはすべて、「工業社会のまったく新しい組織方法」であり、「市場、技術、工業社会のヒエラルヒーの画期的再編成」の最初の兆し（たとえばアメリカの再工業化論争のような）と同一歩調をとるものである、と彼は言う。

セーベルが、これらの密集した共生的諸企業群の中で観察し、画期的変化であると感じたその力と驚異的事実は、すべて創造的な都市に固有なものであった。というのは、この「工業社会の組織方法」には何も新しいところはないからである。セーベルが観察した現実――巨大な小企業群、共生関係、職場移動の容易さ、経済性、柔軟性、効率のよさ、適応性――とは、とりわけ輸入置換が、都市とその周辺の後背地においてのみ実現可能な過程として実現したその現実なのである。

都市が従来の輸入品を置換するのは、当然のことながら、大部分は都市製の財・サービスであるが、しかし、すべてがそうなのではない。都市における輸入置換の最も重要な事例の中には、以前は農村の産物だったものもある。過去の実例をいくつか挙げれば、天然氷を機械冷蔵設備の製造という都市型の労働で置換したこと、綿、亜麻、絹、毛皮を都市で発明された人造繊維で置換したこと、象牙やべっこうをプラスチックで置換したこと等がある。もちろん、将来も創造的に輸入を置換しようとする都市では、ほかにもこのような例はたくさんあるだろう。たとえば化石燃料に代わるものとして都市で発明された代替品は、日本の諸都市ですでにスタートをきっており、何十万戸の住宅で太陽熱温水器が使われている。しかし、都市の輸入置換の大部分は必ずしも経済的に魅力のあるものではない。置換は、はじめはささやかであるのが普通で、取るに足りない品目が含まれていることも珍しくない。またずばり模倣そのものということも多い。にもかかわらず、総体としては、それらはMITの学者（セーベル）が「画期的」とみなしたきわめて重要な経済力なのである。

輸入置換を得意とするようになった地域は、都市になる。そして、爆発的な輸入置換のエピソードをくり返し経験する都市では、その経済は時代に即応したものになり、イノベーションに基づく輸出の仕事を間断なく続けることができる。なぜ「爆発的」で、なぜ「エピソード」なのか。現実には、何らかの有効な輸入置換が生ずるときには、連鎖反応が引き起こされるため、必ずといっていいほど爆発的なエピソードの形になる。過程そのものがその拡大を促し、ひとたび進行し始めると、その都市ではそのとき、その場所で経済的に置換可能なすべての輸入品が置換されるようになるまで、歩みが止まらない。私は、前著 *The Economy of Cities*（一九六九年）で、これらの連鎖反応が、いかにして、なにゆえに始まるか、そして、なにゆえにそれらが誘発されるかについて、ある程度立ち入って述べた。要約すれば、ひとたび置換が始まれば、それらはさらなる置換の刺激となるのである。このようなエピソードが終わったとき、さらに続けて連鎖反応を起こそうとするなら、都市は、あらたな置換可能性のある輸入品――大部分は他の都市の生産物だが――のファンドを増強しなければならない。この過程は、都市経済を多様化させるだけでなく、大いに拡大させ、さらに、均一的で漸進的な都市の成長ではなく、ほとばしるような急激な成長を引き起こす。しかしながら、この成長は、決して純《ネット》成長なのではない。輸入置換の多くは、とりわけ大都市においては、従来の仕事が失われた分を補填するにすぎない。都市は、つねに従来の仕事を失いつづけている。その原因としては、たとえば、これまで顧客であった都市が自ら輸入置換を開始し、これまで輸入していた品目の生産者として競争相手にさえなる場合が挙げられる。また、基礎がしっかり固まった企業が、最初は都市の共生的な温床で発展を遂げるが、のちには、操業の範囲を、たとえばピケンズ郡のような遠方へ移す場合もある。また、従来の仕事と、従来の多くの企業とが陳腐化する場合もある。

都市が自前の生産で輸入を置換するときは、つねに他の地域――たいていは都市だが――がそれに対応して販売を減少させる。しかし、これら他地域――輸出先を失った地域あるいはそれ以外の地域――は、それに相当する新しい輸出の仕事を獲得する。なぜならば、輸入置換都市がこれまでの輸入品を置換する場合、前より輸入が少なくなるのではなく、外部から買う必要がなくなった分を他の品目の購入へとシフトさせるからである。全体として、経済活動は、輸入置換都市が従来もっていたものはすべてもち、加えて、別の輸入品という新しい補完物をもつほどに拡大するのである。このように、私の見るかぎり、あらゆる経済的拡大の根底に都市の輸入置換があるのである。

富の隆盛と衰退を理解するには、「拡大」というような抽象的表現でぼかさずに、その拡大がいかにして発生し、何から構成されているかについて、具体的かつ明確に考えることが重要である。輸入置換から生ずる都市の拡大は、とりわけ次の五つの成長形態から成る。すなわち、おもに農村的財と他の都市で生産されるイノベーションの産物とから成る、新しい輸入品に対する都市市場の急激な拡大。輸入置換都市における仕事の量と職種の急激な増大。従来の企業が過密化のために押し出された結果、都市の仕事が農村地帯へ大幅に移植されたこと。技術、とりわけ農村の生産と生産性を上昇させる技術の新しい利用方法。そして、都市における資本の成長である。

これらの五つの大きな力は、輸入置換都市の内部だけではなく、遠く外部へも影響を及ぼし、その波紋は最後にはバルドーのようなはるか遠方の場所にまで達するのである。

約一〇〇年前に、ヘンリー・グラディは、極端に貧しい後進経済の大きな欠陥は、その経済が豊かで多様な生産を自力で行わずに輸入に頼りきっていることである、と見抜いていた。しかし、彼はこの事実を、都市が輸入品の置換によって成長するという事実には結びつけなかった。二十世紀の開発問題専門家も、統計を駆使したり複雑高度なもっともらしい計画を立てたりするわりには、グラディの考え方の限界を一歩も出ていない。グラディが地域経済の見地から考えたことを、専門家たちは国民経済の見地から考え、そして多くの謬見に振りまわされたのである。

たとえば、彼らは、国民経済の見地から考えていたために、当然のことながら輸入置換あるいは輸入代替を外国からの輸入品しか含まない過程と考え、経済活動にとっては国内からの輸入品の置換が同じくらい、あるいはそれ以上に重要だということに気づかなかった。その都市自身の生産で国内輸入品を置換していない、あるいはできない都市の経済は、外国からの輸入品を置換する段になると、まったく弱体であり、悪くすると手も足も出ないのである。現実は誰の目にも明らかなのに、このことがほとんど認識されていないために、都市またはその他の地域の「国内および国外からの購入を同等に」表わすことばがないのである。これは非常に不都合なことである。なぜなら、都市の働きを考えるならば、その都市の輸入で、自国内からきているものがどれで外国からきているものはどれかということには、本質的な差異がないからである。輸出先についても同じことが言える。都市の輸入がどこからのものであれ、多くの物品を置換した結果として生産の多様化が進むのであり、この過程によって、前述の経済的拡大の五つの大きな力が生まれてくるのである。事実、あとで見るように、後進国の都市がなぜお互い同士を必要とし合うかを分析すると、外国からの輸入品の置換に結びつくような多様化の唯一の現実的手段は、国内の輸入品の置換であることがわかる。

国民経済に気をとられたことによるもう一つの不幸な結果は、開発問題の専門家が、かつてのグラディと同じように、輸入置換を都市そのものの過程として考えないことである。そうは考えないで、輸入置換を国の過程として考えたために、彼らは、すでに完成している工場（もちろん外国からの輸入品を置換生産する）を、任意に、どこにでも――小さな町だろうと、田園だろうと、仕事がないところであればどこにでも――設置できると主張したのである。こういったことすべてが輸入置換とか輸入代替というよび方で表現されてはいるが、それは実際にはどこでどのように輸入置換が行われているかという現実からはかけ離れているのである。そして、あまりにも現実からかけ離れているために、このような計画は、国の繁栄を促進するよりもむしろ国を衰退させる可能性があり、事実衰退させてきたのである。これは現実からのしっぺ返しであり、それは間接的にわれわれすべてにふりかかってくるものなのである。それというのも、善意の学識ある人々が、国とは経済活動の構造を理解するための単位であるという、重商主義的な同義反復と同じような、昔ながらの吟味不充分な仮定を当然のこととして看過するあやまちを犯しているからなのである。

次章では、輸入置換都市から生まれた五つの大きな力――市場、仕事、移植工場、技術、資本——が、いかに都市に隣接する後背地、つまり都市地域を変容させたかについて述べるつもりである。続いて、こうした都市の諸力が、自前の都市をもたない地域をまったく異なる形でつくりだすことについて述べる。そのあとで、いかにして一群の輸入置換都市が出現するのか、そして、なぜかつては創造的だった一群の都市が停滞し、国全体に破壊的影響を与えるのかについて論ずるつもりである。これらのどの問題も、国民経済というあいまい模糊としたもやの中で堂々巡りをしている抽象的な需要・供給の理論にこだわっていたのでは、とうてい把握できないのである。

第3章　都市地域

都市によっては、郊外を越えてすぐに始まる後背地で、農業的、工業的、商業的な仕事場が渾然一体となっているところがある。このような都市地域は、都市それ自体を別とすれば、あらゆるタイプの経済の中で最も豊かで、最も人口密度が高く、最も陰影に富んだユニークな地域である。

都市地域は、もっぱら、その核となる都市の産物であるために、自然条件による境界で区切られてはいない。したがってその境界線は、都市のエネルギーが命ずるままに外に延びたり止まったりする。現在、世界最大で人口密度も最大の都市地域は、東京のそれである。そこは、多年にわたる成長過程で、凹凸の多い山地を越えて延びたが、そこに鉄道や道路をつくるには、十九世紀の工学としては大変な技術を要したのだった。私の住んでいるトロントの都市地域は、五大湖方向では凹凸があるが、それ以外の方向ではひたすら延びて、自然の景観に何の変化もないなだらかに起伏した土地で止まる。ボストンの都市地域は、その北方にあるニューハンプシャー州の南部にまで及んでいる。ニューハンプシャー州は、市当局や州当局の関係者を腹立たしくさせるような環境である。彼らにしてみれば、経済活動が州全体に均等に広がってほしいところである。この目的を達するために、関係者は、ボストンの企業と人々を仕事の少ない北部に誘致するための特別な誘因をつくりだし、すでに繁栄している南部への誘致のほうを阻む特別な障壁を設けた。しかし、ほとんど何の役にも立たなかった。当面、ボストンがその後背地を再形成する能力の北限はニューハンプシャー州南部とメイン州南部である。

すべての都市が都市地域を生み出すわけではない。たとえば、グラスゴーではかつて一度もそういうことがなかった。十九世紀後半と二十世紀の最初の一〇年間、グラスゴーは、工業と技術の最先端にあり、そこの技術者や技術の産物は世界中で名声が高く、その輸出市場ははるか遠くまで広がっていたにもかかわらず、都市地域を生み出さなかったのである。グラスゴーの東方五〇マイルのところに、スコットランドの文化と商業の中心地エディンバラがある。エディンバラの輸出もまた華々しかったが、都市地域を生み出さなかった点では同じである。これら両都市の経済を合わせても、両都市を結ぶ地域内で、都市の活動と農村の活動が混合した密度の濃い豊かな経済を生み出すにはいたらなかった。マルセーユは、フランスの最も重要な海港であり、さらに海運業と並んでかなりの工業を生み出した。しかし、マルセーユも、フランス南部の中心都市であるにもかかわらず、語るに足るほどの都市地域をもっていない。ナポリは、十六世紀にはキリスト教世界における最大の都市であった。染色して織った絹、亜麻布、レース、リボン、組みひも、砂糖菓子などの大規模な輸出でナポリはにぎわっていた。当時は、ミラノ、パリ、ロンドン、アントワープ、アムステルダムなどの中小都市が本来の都市地域を形成し拡張しつつあったが、ナポリの場合はそうならなかった。ローマは、都市としての大きさを考えれば、驚くほど小規模で弱体な都市地域しかもっていなかった。コペンハーゲンは都市地域を生み出したが、ダブリン、ベルファスト、カーディフ、リバプール、リスボン、マドリード、ザグレブ、モスクワはちがう。サンパウロは都市地域をもっていたが、リオデジャネイロ、ブエノスアイレスあるいはモンテビデオはちがう。ハバナも、サンチアゴ・デ・クーバも、カストロ体制の前とあとを問わず、都市地域を生み出さなかった。プエルトリコのサンフアンは、スペイン統治下でも、のちのアメリカ統治下でも都市地域を生み出すことはなかった。

日本の中央部では、きわめて多くの都市が都市地域を生み出したために、それらが一つになり重なり合っている。しかし、札幌は都市地域を生まなかった。アメリカ南東部の中心都市、例のグラディの都市、アトランタは語るに足るほどの都市地域をもたず、北西部の中心都市シアトルも同様である。しかし、ロサンゼルスとサンフランシスコは大陸の西端に都市地域を生み出し、ボストンとニューヨークも北東部で都市地域を生み出した。

急速に発展しているパシフィック・リム経済の諸都市はすべて、近年急速に、人口密度が高く複雑に入り組んだ都市地域を生み出してきた。顕著な例としては、シンガポール、ソウル、台北、香港がある。しかし、フィリピンのマニラはちがう。香港の都市地域は、いまや隣接する中国の広東省にまで広がったが、この省の古くからの中心地である広東市自体は、それ自身の都市地域を生み出してはいない。しかし、上海は都市地域を生み出した。同様に、揚子江中流の湖北省の漢口、漢陽、武漢など、現在まとめて武漢とよばれる諸都市も、都市地域を生み出した。こうしたあれこれの現象について考えをめぐらしているとキリがないほどである。

さかんに輸出活動を行い、観光客を引きつけ、あるいはまた文化的、政治的、宗教的中心地となっている都市が、必ずしも都市地域を生むとはかぎらないのは明らかである。輸出業務や行政管理以上の何かが必要なのである。その何かとは、都市が広範な輸入品をくり返し豊かに置換する力をもっていることである。重要な都市地域を生み出す都市は、その力をもっているか、あるいは過去においてもっていた。まさに都市の輸入置換の力学が、おのずから都市地域の形成をもたらすのである。

前章でふれたように、都市における重要な輸入置換は、爆発的に発生し、五つの大きな経済的拡大力を生み出す。すなわち、新しい様々な輸入品に対する都市の市場、都市における仕事の急増、農村の生産と生産性の上昇のための技術、都市の仕事の移植、都市で生み出された資本である。これらの大きな力はすべて、輸入置換都市で同時に生み出されるのだが、それら全部が同時に揃って現れるのは、都市に直接隣接する後背地においてだけである。その場合、一つ一つの力は他の力とほぼ釣り合った形で現れる。あとで見るように、これらの力が都市の後背地のもっと先に現れる（必ずそうなるのだが）場合には、それらの力は相互のつながりを失ってしまう。

これらすべての力が、都市の後背地あるいは都市地域に及ぶとどうなるかを見るために、かつては東京の都市地域の外部にあった日本のある村落を見てみよう。そして、拡大する東京の都市地域が、一九五〇年代末についにその村にまで及んで、そこを都市地域の経済に組み込んだときに、村がいかに変化したかを見てみよう。東京の経済が非常に強力であったから、この例は極端ともいえるが、しかし、そこに現れた変化は、あらゆる都市地域で見られる変化と本質的には同じである。

この村落の経験について書いているのは、現代日本研究の権威であり、農業土地政策と農業経済の専門家でもあるイギリス人ロナルド・P・ドーアである。私の情報源は、彼の名著『シノハタ——ある日本の村の肖像』であるが、それを経済拡大に対する都市の五つの大きな力という観点から読みかえてみよう。ドーアは、村の伝統的な経済がまだそのまま残っていた一九五五年から二〇年以上にわたって、いく度もそこを訪れ、それによって得た知識がこの著作の基になっている。当時もその後も、村人たちは、ドーアに対して非常に率直に自分たちの所得、失敗、成功、その他多くの内輪の個人的関心事やら部落内の関心事を語ってくれたので、ドーアは彼らのプライバシーを守るために、この村に架空の名前をつけたのである。しかし、シノハタは実在の都市地域に呑み込まれた実在の村落である。そこは四九世帯と彼らの土地から成り、東京の北西およそ一〇〇マイルのところ（直線距離ではなく、鉄道と道路によってである）にあるが、そこは何年か前に、拡大する東京の都市地域が一気に飛び越えた凹凸のはげしい山地のさらにかなたである。集落は谷間の奥にあって、その向う側にはもう一つの山が控えているようなところである。

遠い昔、おそらくシノハタは最低生存の農業と手工業によって生計を立てていた地域であったと思われ、都市との交易関係はなかった。しかし、人々の記憶に残っているかぎりでは、時折、江戸から商人が訪れていた。村の人々は商人にいくらかの換金作物を売り、代わりにお茶や紙などいくらかの商品を買い、そして税金などの現金払いのための金を得ていた。そのような伝統的経済における主要換金作物は、米と繭であった。繭のほうは、ときとともに重要になっていった。村の人々はまた、商人にわずかな材木、季節ものの少しばかりのきのこ、自家製の炭を売った。この三つの産物を手に入れるためと自家用の薪を手に入れるために、村人たちは植林された山をこまめに、すみからすみまで歩きまわった。不作の年には、必死でそれらを探し歩いた。シノハタではいまでも、木の根や実、薬草類は、ひっくるめて「飢饉食」とよばれている。

一九〇〇年から五五年の間に、生産方法や道具の改良によって米の産出高はかなり増大した。稲作で節約できた時間は、細心の注意と大変な労力とを要する繭の生産にあてられるようになった。まだ絹がこの国の主要輸出品であった二十世紀前半には、養蚕は重要な仕事だった。しかし、シノハタに関するかぎり、収益は少なかった。自転車などいくつかの目新しい商品を買える家も多少はあったが、村全体は依然として貧しく、生活には明けても暮れても苦労と心配がつきまとった。いまから思えば想像を絶するほどの大変さだったのである。

都市の大きな力のうち、ほんの一つか二つだけが及んでくる場合には、伝統的な農村地域に降りかかる運命は、えてして面白味もやる気もなくさせるものになりがちである。養蚕の市場が衰えたときのように、市場の変化によって伝統的換金作物への需要が減少するだけであれば、その変化によってシノハタはいっそう貧困になっただろう。バルドーの人口が減ったときのように、遠方の都市の仕事の牽引力によって村の人口が減ったかもしれない。農業労働節約型の都市の技術の大量流入によって、それだけをとってみれば、農民たちが怠け者になったかもしれない。都市の工場が一社だけ移植されて、シノハタは会社町になったかもしれない。あるいは、村を出ていった息子や娘や夫たちからの仕送り、または何らかの福祉補助金によって、村は外部の金に依存して生きていくようになったかもしれない。

しかし結局、一九五五年以後のシノハタの運命は、こういった暮らしとも、過去の暮らししともまったく異なっていた。拡大する東京の都市地域がシノハタに及んでそこを取り込むようになったときから、拡大の五つの力全部が、相互に作用し合いながら影響を及ぼし始めたのである。しかしここではすでに述べた順序、すなわち、市場、都市の仕事、技術、移植工場、資本の順にそれを見ていくことにしよう。

新しい輸入品に対する東京の市場の拡大は、都市地域では、作物の多様化を実現する可能性を切り拓いた。一九五〇年代後半以降、シノハタの人々は、昔は東京からの需要がなかったものによって結構な収入を得ることができるようになった。桃、ぶどう、トマト、都市の庭園向けの植木、しいたけ、都市で高値をよぶ食物がそれであるが、ホップ、タバコ、缶詰用の桃は失敗し、間もなく消えてしまった。多様化は、村の食生活にも影響を与えた。シノハタの人々は、現在、なす、栗、じゃがいも、大根、にんじん、いちご、かぼちゃ、レタス、キャベツなどをつくっているが、それらは換金作物として重要だからというのではなく、自家用であったり、隣近所の農家ならどこでもやっているように親しい者同士の物々交換用としてである。馬は、いまでは不要になったので、代わりに肉牛を飼い始める世帯も出てきた。馬の厩肥に代わって牛の厩肥が肥料となった。一九七五年にまだ養蚕を続けていたのは、四九世帯中二〇世帯にすぎず、しかもこれらの世帯でも養蚕への依存度は大幅に減っていた。しかし、四九世帯中四八世帯はいまでも農業にたずさわり、そのうちほとんどの世帯が稲作を続けていた。事実、あらたな換金作物と並んで、米の産出高は飛躍的に増大した。

　こうした変化が生じている一方で、東京における仕事の増大は、シノハタにも牽引力を及ぼし始めていた。一九五六年以前には、東京に移住した者はほとんどいなかった。数少ない例外として、一世代前の校長の息子二人があり、一人は天文学、一人は物理学の道を選んだ。しかし、五六年以降は、東京の仕事と生活にひかれる若者が非常に多くなり、七五年までに、子供全員が家を出たのが一四世帯あり、他の世帯の多くでは子供のうち何人かが出ていった。一方、外部から一家族が移ってきて、村に五〇番目の家ができた。東京の大学教授夫妻が、週末と休暇の別荘用にここを選んだのである。ドーアは、このような人が他にも出てくるのではないかと推測している。

　農業をすてる人がいる一方で、農産物に対する需要が増えたために、何か手を打つ必要があった。そこで昔ながらのやり方がとられた。労働の節約のための設備がまず不可欠であった。シノハタは都市地域と同様の古典的な難局を経験し、それに対して古典的なやり方で応じた。それは、歴史的に見て、農村の労働節約の設備が必ずといっていいほどまず都市地域で開発され、しかるのちにはじめて他の地域へと拡張されていったのはなぜかを説明するものであった。シノハタでは、野良仕事においても屋内作業においても、労働節約の設備が急速に普及するにつれ、土地に対する個々人の生産性も急上昇した。たとえば稲作に必要な時間は、一九七五年までには、五五年の水準の約半分で済むようになっていたが、これは、その前の五〇年間の変化よりもはるかに急激な変化である。

ドーアの記述の中で私が最も驚かされる農村の産出高と生産性の急上昇の例は、しいたけに関するものである。一九六〇年代のなかば、三人の農民が新しい生産方法の実験を始めた。彼らは、工事請負業者から丸太を買って、それにドリルで穴をあけ、しいたけの胞子の入ったおがくずの詰物を挿し込んだ。その後一年半は丸太を積み重ねたまま放置する。この成熟期間後、丸太を水に浸す。数日でしいたけは発芽する。収穫後は丸太を乾かし、また同じことをくり返すのである。七五年までに、この三人は、各自が四〜五万本の丸太をもち、冬場は温室を利用し、年間をとおして毎日東京へしいたけを出荷していた。「大量の丸太がトラックから浸水タンクに金属フレームで移されては、スチールの梁の上を走る高架電動リフターによって、もとのところにもどされる」とドーアは報告している。七五年までに、近隣の部落でも、規模は小さいなりにそれを模倣する者が現れつつあった。膨大な量のしいたけは、東京が自力で生産できるようになった従来の輸入品に代わって、あらたに輸入することのできる数多くの品目のほんの一例にすぎない。

労働節約型設備のおかげで、シノハタの農民の中には、農業を専業とせず、シノハタやその近辺での賃仕事と農業とを両立させる者が出てきた。しかし、普通は、家族の何人かが農業にたずさわり、他の何人かは賃金を稼いで、農繁期には手伝うということが多かった。家族の中では、年寄り連中が主として土地に責任をもち、若い者が仕事に出かけるということが多かった。一九七五年には、一人暮らしの年配の女性七人が他人の力を借りずに農業をやっていたが、これは、村に労働節約型の設備が広く行きわたるまでは、男女を問わず不可能なことだった。場合によっては、農機具の購入にあたって、東京で働いている子供たちが両親に資金援助をすることもあった。

こうした変化と同時に、東京の工場が移植されてきた(transplanted)。ドーアは、シノハタの匿名性を守るために部落でいちばん大きい移植工場――それはまた最初に移ってきた工場でもあった――を「工場」としかよんでいないが、それはある食品を製造する巨大で効率的で資本集約的な食品加工工場であると述べている。この企業は、工場のきれいな自然環境を広告の謳い文句にし、村からわずかばかり離れたバード・サンクチュアリに工場をつくることでそのイメージを高めた。シノハタに対する「工場」のおもな経済効果は、それが提供する仕事によるものではなく、むしろ、それまで村の共有地であった工場用地とサンクチュアリ用地に対して工場が支払ったかなりな額の代金によるものであった。売却による収益は全世帯に分配され、その多くは家の修繕や台所の近代化や新築に使われたが、それは、こんなことでもなければ、すぐに手をつける余裕がなかったことであった。たまたま地の利のよい私有地をもっていたために、他の人より収入の多かったある村人は、村に浄水場を贈った。バルドーでは、映画会社からもらった金で水道ができたことが思い起こされる。

「工場」が雇用面ではほとんどあてにされなかったのは、いずれにせよそこの労働力が少ないことと、間もなく多くの新しい企業がきたことによる。シノハタの場合には、他に四つの企業がある。すなわち、「工場」から廃棄物を買って動物の飼料に再利用する工場、構造用鋼の組み立て工場、製材所、医療・化学分析に用いられる遠心分離機の修理工場である。この最後の企業を始めたのは、東京にあるこの装置の製造工場にしばらく勤めていたシノハタ出身の人物である。彼はシノハタに帰りたいと思って、会社に地域修理工場営業権をくれるように頼み込んだのだった。

しかし、こういった都市の仕事の移植工場がきたというだけでは、この村の新しい非農業的な暮らしぶりをよく伝えることにはならない。というのは、シノハタはいまでは、谷間や、もっと先の他地域と経済的に複雑に入り組んだ関係——それは、旧来の経済にはなじみのないものであっても、都市地域に組み込まれた地域としては典型的なものだった——をもっているからである。たとえば、ある家では、妻は近くの部落に移植された下着工場で働き、夫は、染色工場に勤めている。またある家では、夫は「工場」の下請会社に勤め、妻は保険の外交員をし、息子の一人は東京空港の大ホテルで料理人見習いになった。また、他の人は、谷間を二五マイル下ったところにある県庁所在地であり商業都市でもあるサノ市（仮名）に、事務の仕事を得た。他に、隣の県の電機会社のトラックの運転手をしている人もいれば、材木会社に勤めている人、さらに、小さな工場を始めたが破産し、管財人から任命されて守衛になった人もいる。ある人は芋を専門とする農業改良普及員になったし、他の一人は、近くの農業試験所に勤めている。町の農協の職員三五人のうち数人がシノハタの出身である。（町とはいくつかの村落から成る行政単位で、一三〇〇世帯、人口約五〇〇〇人を擁する。）町のいくつかの協同組合連合会の穀物部門は自分たちの工場をつくったが、これは、特に若い農民のパートタイムの仕事と農閑期の仕事を提供することを目的としていた。はじめ近隣の村のニジマス養殖場で働いていたあるシノハタの男性は、妻が、「男なみの賃金」を稼げる建築の仕事を得たときに退職した。この収入で、妻は夫を扶養することができ、夫のほうは、農業を多少やる以外は、自然研究に精を出した。こういったことに没頭するなどというのは、以前だったら、大変な貧困を覚悟しなくてはできなかったであろう。

この新しい経済は、たとえば自然研究をしているこの男性のような、昔のシノハタなら、満たされない思いを抱いているかさもなくば極貧かという人々に対して、くまなくそれぞれに適した場所を提供したのであった。たとえば、村と、地元の神社と、他に忙しい用があって山の手入れができない数人の山林所有者とが、共同で一人の労働者を雇用しているが、そのように山の手入れのために森番を雇うということなどは、以前にはおよそ考えられなかった。その人物は、それまで何をやってもうまくいかなかった一家の、最後に残った一人であった。事実その一家は、それまで村のゴクツブシであったが、彼は森番としてはうまくいったのである。ドーアが、村の「雄弁な悪漢」とよんでいるある男は、仲立ち人あるいは仲裁人と本人が解釈しているような仕事で食べていた。実際には、彼の働きの必要性は減ってきた。なぜなら、豊かになるにつれて、近隣の対立も少なくなってきたからである。それは一つには、人々にとって口げんかよりもっと面白い関心事が他にたくさんできたこと、いま一つには、お互いが寛容になったことが挙げられる。しかし、仲裁人の仕事が減りはしたものの、彼の収入は減らなかった。というのは、顧客である村人が、彼に対しても寛容になれたからである。ある若い女性は、自分の幼い子供のお守りをし、一緒に遊ぶ以外は何もしない。他の若い女性たちは、その彼女を見習いたいとは全然思っていない、とドーアは語っている。しかし、その昔若い母親だった頃、家の内外の仕事にあくせくと追われていた記憶をもつ年配の女性たちは、彼女を羨んでいる。山は、もはや明けても暮れても人々が探し歩きまわるようなところではなくなったため、まるで森番の私有地のようになり、しだいに荒れていった。熊や猪が山にもどってきた。新しい経済は、動物たちにも新しい居場所を提供したのである。

一九七五年までに、この部落の農業所得は、総所得の半分以下になった。しかし、それは農業所得が減ったからではない。逆に、増えているのである。

こういった変化が生じている中で、都市の五番目の大きな力である資本も、変化をもたらしつつあった。町の政治課題は、おもに、道路、橋、学校、灌漑用水路、「および、これらのものに対する中央政府の補助金獲得策」である、とドーアは言う。全体としては、公共支出の一五パーセントは町から出され、四〇パーセントは一般的公共目的向けに慣例化した形で県や国庫から出され、残り四五パーセントは、特別な目的のための特定交付金の形で出されてきた。そのほかに、都市からの資本の流入のうち重要なものとしては、先にふれた「工場」が支払った土地代金と、政府が米価に組み入れて最終的には都市の消費者が支払う補助金とがあった。

シノハタが恩恵を受けた特定交付金のなかで最も重要なのは、一九五九年の台風と水害によるものだった。その昔、一八一四年に天領の役人が編纂した地誌は、山あいの谷間を急勾配で流れる川について「この地方の災いの元凶である。この川は、大量の砂と石を流れにのせて運び、水路を塞ぎ、川床は不断に高くなっている。したがって不断に堤防を高くする必要がある。場所によっては、水面が周囲の田畑の水準より六〜一〇尺も高くなるところがあり、いつか決壊すれば、必ずや田畑に砂や石を流し込み、その除去には何年も要する」と書いている。心配された災害は、シノハタでは平均して一世代に一回ぐらいずつ発生し、それが原因の一つともなって、昔の村は飢饉食に頼らざるをえなかったのである。

一九五九年にまたも災害が発生したとき、復旧交付金が田畑の早期回復のための設備と労働とにあてられ、さらに、巨大なコンクリート排水溝改善資金、川床から丸石を除去するための資金が出された。続いて砂利掘削が始まったが、これには二つの目的があった。掘削は、川床そのものを低くすると同時に、コンクリート用混合砂利――その多くを東京の建設業者が買ったが、これもまた都市地域の財に対する都市の市場の現れだった――を生み出した。

ドーアが一九七五年にシノハタを再び訪れたときにも、トラックが列をなして川から砂利を運び出しており、仕事は減りそうに見えなかった。シノハタの人々は、一九五九年の台風をふり返って、それが村に訪れた最大の幸運の一つだったと言う。というのは、そのおかげで、シノハタだけの力では、おそらく実現できなかったような改良を行うことができたからである。

シノハタの経済的転換は、村の人々の勤勉、知力、才覚という特性によるものだとするのにも一理あるようにみえる。しかし、転換後のシノハタの人たち自身が、先祖のほうがもっと勤勉に働いていたことを認めているのである。才覚について言えば、昔のシノハタの人たちのようにわらで蓑《みの》をつくるほうが、現在のシノハタの人が店にレインコートを買いに行くよりはもっと才覚が要るのである。手持ちの材料がいかに少なかったかを考えれば、シノハタの人々は信じられないほど才覚に富んでいた。今日その子孫は「同じ」シノハタの人間であり、中には実際の同一人物もいる。変わったのは、人間としての彼らの特性ではなく、都市の市場、仕事、技術、移植工場、資本のすべてが同時に、大規模に、相互にほどよくシノハタに影響を及ぼすようになったという事実なのである。村の転換は、これ以外の観点からは説明できない。

私の住んでいるトロントの都市地域は、東京の都市地域よりはるかに小さく、経済的にもはるかに弱く、人口密度もずっと低い。また、各世帯の農業と他の仕事との結合の程度もいくぶん柔軟性に欠ける。にもかかわらず、トロントの都市地域内の町や村にも、農村的な労働の場と工業的な労働の場とが、東京と同じように雑多に集まり混じり合っている。トロントが大規模に従来の輸入品を置換していた（ただし、東京とちがって、それまで輸入されていた物を生産するための支部工場を受け入れるという非生産的な形態が多かったが）一九五〇年から七一年までの期間に、ほぼ二〇〇〇の製造企業が市外に移ったという記録がある。はるか遠方に移った企業もわずかながらある。他の多くは、移ったとしてもトロントの郊外程度だった。郊外より外に移った場合は、市に直接隣接する後背地の内部にとどまったものも少なくなかった。つまり、安価な空間の利便性が得られる程度に外に出ていくのだが、それは、生産財やサービスの供給業者、およびトロントとその都市地域の市場との接触がほどほどに保てる距離にある後背地の範囲内なのである。外部から移ってきた支部工場も同じことを配慮して行動した。

シノハタと同じように、トロントの都市地域となった農村地帯――黄金の蹄鉄というあだなでよばれた――の出身の若者たちが、トロントの労働市場に流入したが、このこと自体は特別問題ではない。彼らはそこで、同じように遠方から来た都市の移住者と合流した。

トロントの商業地区では、土曜の朝ごとに、大規模で華やかな農民市場が開かれる。この市場は、かつては農民のトラックの荷台のまま戸外で催されていたが、一九六〇年代末頃には、その規模と人気のために、新しく全天候型の市場用建物ができた。もちろん、この市場はにぎわってはいたものの、トロントが購入する食物その他の農村的財のごく一部にすぎず、また、トロントがその都市地域から購入する物のごく一部でしかない。しかしこの市場では、現代のシノハタの産出物に見られるのと同じ特色がうかがわれる。つまり、都市がその都市地域から買う農村的財の多様さである。これは、都市地域や都市以外の市場に向けられる換金作物がわずかな品目しかないのに比べれば明らかである。たとえば、りんごは、トロント都市地域の農村的な換金作物であり、この地域の内部でも外部でも市場をもっている。地域外の市場向けには、それほど多くの種類のりんごが栽培されてはいない。マッキントッシュ、デリシャス、ゴールデン・デリシャス、スパイ、コートランド、ラセット、スパルタン、といったところである。これらの品種は、もちろんトロントでも手に入るし、人気がある。しかし農民市場には、季節になると、地域内でしかめったにお目にかかれないりんごが出まわる。ウェルシー、バクスター、スノー、ロボ、メルバ、ヒューム、ウルフ・リバー、アイダ・レッド、ポーラ・レッド、タイデマン・レッド、ブレンハイム・オレンジ、オレンジ・リッピン、エンパイア、セント・ローレンス、クレーブン、レディ、ダッチェス、デラウェア、トランスペアレント、グレーブスティン、スイート、トルマン、ムツ（最近取り入れられた日本種）などである。同じ現象が、トロントの都市地域内のハミルトン、キッチナー、ウォータールーなどの小都市の農民市場でも見られる。まさに、地域内の都市のこうした市場がなかったら、こんなにも多様なりんごに対する市場も存在しえなかっただろう。

私はその市場でマリゴールドの苗を買ったが、売ってくれた男の人がそれを栽培している場所に私をよんでくれた。それはシノハタより小さいいわば路傍の集落というようなところにあった。彼が所有する大きくて効率のよい温室は立派なものであるが、トロントからおよそ三〇マイル離れたこの小部落で目立っていたのはそれだけではなかった。村には、小さな陶器製造所がいくつかあり、その製品の販売先は主としてトロントであり、またトロントとその地域内の顧客に人気のある高級レストランである。こうした小部落は、都市地域でよく見かけるものであり、小規模ながらこの地域内にある多様な仕事が集まっている様を反映しているのである。

都市地域は、都市それ自体と同様、驚くほど小規模な地理的範囲に、様々な経済活動を詰め込んでいる。たとえば、コペンハーゲンとその都市地域は、デンマークの領土の中ではほんの小部分を占めるにすぎないが、そこをぬき出してみると、デンマークの全経済の主要部分、デンマークの経済的多様性のほとんどすべてと、人口の半分以上が含まれているのである。地域の人口が特に集中しているのは、都市地域のためであることがわかる。たとえば、並はずれて人口密度が高いイギリス南東部は、ロンドンとその郊外の人口によるだけではなく、ロンドンの都市地域によるものである。

本書の読者の大部分は、おそらく都市あるいはその郊外、あるいは都市地域に住んでいるだろう。都市地域の経済は、都市そのものを別とすれば、他のどんな経済類型と比較してもはるかに複雑であるが、都市地域を理論的に理解することは、大方の人にとって難しいことではない。というのは、都市地域は、多くの欠陥や問題を抱えてはいるものの、それらは、本質的には道理にかなっているからである。つまり、都市地域は、他の人々に対してだけではなく、地域の住民や生産者にも豊かで多様な生産を行うのである。あとで見るように、都市地域は、唯一妥当な地域経済の形態なのである。

都市地域の中核をなす都市が停滞し衰退する場合、その原因は、もはやそこでは輸入置換にまつわるあの重要なエピソードが経験されなくなったということである。停滞した都市経済は、しだいに先細りになり、時代に取り残される。そこでは、旧来の輸出の損失をあらたな輸出の仕事で補うことができず、したがってその都市地域、他の諸都市、都市のない諸地域に対する市場としてはしだいに貧弱になる。都市および都市地域の現実問題が未解決のまま山積する。怠慢がはびこる。経済的に衰退しつつある都市地域は、以前の、主として農村的な状態にたちもどることはない。その地域では、混合し複雑に入り組んだ経済という特徴は長期にわたって保持されるが、地域の経済活動はしだいに先細りになり、後進性も増す。地域が織りなす構造に、いわばほころびが広がるのである。都市の仕事を求めてその地域を離れる若者は、地域内の都市を素通りして、仕事さえあれば遠方の都市に行こうとする。都市の仕事の移植工場は、長期間にわたってその都市地域に流出しつづけはするが、その原因は、それらが都市の新しい企業の過密化によって押し出されるからではない。むしろ、それらは未解決の都市問題から逃げているのであり、あとにはただ空虚が残されるだけである。最後にはその源泉も枯渇し、移植工場の流出はやむ。

都市地域は、輸入置換都市の特徴の多くを具えているが、それ自体は都市ではない。善きにつけ悪しきにつけ、それは中核都市がつくりだしたものであり、それ以上のものではないのである。

第4章　供給地域

すでに見たように、都市の力は、後背地ではそのすべてが相伴って発現し、それぞれの力はおおむね妥当な均衡を保っている。しかし、これらの力のつねとして、それらが遠方の諸地域に及ぶときには均衡はやぶれる。あたかもそれは、後背地を結合させていた完璧な経済的紐帯《ちゅうたい》が、都市地域の境界でほつれてくるようなものである。市場、仕事、技術、移植工場、資本、これら様々なより糸が網目から離れて、てんでんばらばらの方向に分かれてゆく。こうして都市は、遠方の諸地域で、発育不全の奇怪な経済を形成する。

そのようなグロテスクな経済のうちで、最も重要なのが供給地域である。供給地域は、遠方の諸都市の市場の影響を受けていびつに形成される。供給地域は貧しいことが多く、その経済的無能力さが貧困のせいにされることも多いが、しかし、豊かな供給地域の場合でも、貧しい供給地域と同様に発育不全で無能力なのである。これらの地域の欠陥は、貧困問題よりも根が深いのである。実際、この欠陥によって、遅かれ早かれ、貧困をもたらさずにはおかないのである。

たとえば、ウルグアイは数世代にわたって非常に豊かな供給地域であった。ウルグアイは、畜産業で大きな成功をおさめ、肉、羊毛、皮革を、遠方の、主としてヨーロッパの都市や都市地域の市場に供給してきた。しかし、肉、羊毛、皮革以外はほとんど生産しなかった。にもかかわらず、ウルグアイは何一つ不自由しなかった。ウルグアイで生産しないものは何でも輸入すればよかったからである。

この国は、大地主に支配されたしいたげられた人々の国ではない。人口の大部分は、十九世紀後半にヨーロッパから移ってきた人々であり、政府は移民を促進するために公有地払い下げを奨励した。地方の農村には、自営農民や牧場経営者が定住した。彼らは、ウルグアイの賃金が非常に高かったために労働者は雇わずに、自らその肥沃な保有地で懸命に働き、そして効率をあげたのである。この国は、一九一一年以後おそらく世界で最も寛容、かつ包括的な福祉国家を生み出した。それはスカンジナビア諸国を凌いでいた。極端な貧富の差は存在しなかった。教育は普及し、大学レベルにいたるまで機会均等であった。首都モンテビデオは行政、教育、文化の中心地、さらに分配、運輸の中心地として栄えた。市内では仕事は簡単に見つかり、給料もよく、大した作業量もないことが多かったので仕事も楽だった。高等専門教育を受けていない人でも、大勢のスタッフを擁する政府事務所で仕事が見つかったし、また近代的で設備の整った精肉・冷蔵工場、皮なめし工場などでも、さらに建設労働やサービス業、あるいは外国からこの国に流れ込んでくる多種多量の輸入品の荷受け業、卸売業、小売業などでも、仕事が見つかった。

ウルグアイ人は、国の規模が小さいこと、山々が美しいこと、政情が安定していること、民主主義を守っていることなどから、自分たちの国を「南米のスイス」とよぶようになった。もちろん、お国自慢を文字どおりにとるわけにはいかないが、この例は興味深い。それは経済的には、およそ的はずれだからである。かりにスイスが、遠方の市場向けの家畜の飼育、処理加工、売上げの分配だけに専念し、経済活動のさらなる発展の努力を怠っていたとしたら、スイスの経済がいかに限界のあるものになるかということを考えてみさえすればよい。

一九四〇年代と五〇年代には、それまで繁栄していたウルグアイ経済は、さらに驚異的ブームとなり、輸入品も流入しつづけた。この国は生産財や原料に対するニーズがほとんどなかったために、輸入品の大部分は消費財であった。にもかかわらず、それらの輸入品には、肉の加工工場用の冷蔵設備、荷積みや荷下ろし用のクレーン、羊毛刈りのはさみ、ナイフ、タービン、構造用鋼、ファイル・キャビネット、エレベーター、X線機械、レストランの料理用レンジ、紙、電話交換台、そして高度の通信・運輸システム、病院、学校、政府の建物、劇場、コンサート・ホール、牧場、農場、缶詰工場などを動かすのに必要な無数の品々が含まれていた。

その後、一九五三年頃、ウルグアイにとって形勢不利な事態が生じた。戦禍にいためつけられ、戦時中に歪められた諸国では、肉や羊毛の生産が復活・拡大しつつあった。たとえばフランスのような国は、自国の肉や羊毛の生産者を競争から保護することに余念がなく、他方、とりわけオーストラリアやニュージーランドなどの牧場経営者は市場の拡大を求め、（当時は）成功をおさめつつあった。さらに、ヨーロッパやアメリカでは、羊毛や皮革に代わる工業的代替品が発明され、その生産と販売が拡大し始めていた。

ウルグアイの肉、羊毛、皮革に対する遠方の市場は急速に縮小し、価格も下落した。このことは、もちろん、ウルグアイがかつてのような豊富な輸入品を稼得できないということであった。ウルグアイは、これまで依存してきたものなしでやっていくか、あるいは、別の方法でこれらのものを獲得するかのいずれかしかない。後者の道をとる場合に可能な方法は二つあって、従来のものに代わる輸出の仕事を発展させるか、あるいは、ウルグアイにおいて国内利用向けにより多種目の財を生産する——つまり、何もかも輸入するのではなく、広範な輸入品を地元の生産で置換する——かである。この国は、遠方の市場が望み必要とするような代わりの輸出品の生産に素早く切り替えられるものは何も生産していなかったため、政府は、輸入代替計画に着手する決定を下した。

これは、鉄鋼、繊維、靴、電気設備などを生産する、大がかりな完成した工場の建設による速成の工業化計画であった。結果は大失敗であった。工場がどうにか生産態勢に入ったとき、製品のコストは、それと同じ輸入品よりはるかに高くなったので、ウルグアイの国民や企業はとてもそれを買うどころではなかった。一方では、工場を建設して設備を入れたり材料や部品を補充したりするには、非常に多くの高額な輸入品を必要としたので、政府はこの計画への融資のためにその準備金を使い果たしてしまい、次には、必要な輸入品を借款で買わねばならなくなり、さらにはその借款の利子支払ができない状態となった。国は破産したのである。

輸入置換は都市のたどる過程であるという自覚がないために、政府エコノミストや計画立案者たちは、国内でも最も条件の悪い地域に工場をつくった。このため、計画の失敗は確実であったが、実際には、ウルグアイのどこに立地しようと大した問題ではなかった。かりに工場が全部モンテビデオ市内やその近郊に集まったとしても、計画はうまく運ばなかっただろう。なぜなら、モンテビデオ自体が、輸入置換を現実的、経済的に成り立たせるのに必要な一連の技術、生産財やサービスを育てる都市の共生的な温床、さらにはインプロビゼーションや改良の経験を欠いていたからである。モンテビデオは、過去において一度も広範に輸入品を置換したことがなく、他の財もろくに生産したことがないために、多様な生産が何としても必要なときに何の基盤ももっていなかったのである。

この国の富——この国の輸入品購買力を意味するが——をあまねく行きわたらせてきた福祉の恩恵と移転支出は、もはや維持できなくなった。それらを何とか維持しようとして、政府は紙幣増刷という手段をとった。インフレは激化した。物価も失業率もともに上昇し、貧困が広がり強まるにつれて、この国は社会的に無秩序となり、政治的にも混乱が生じた。国内対立が激化した。人口の約六分の一に相当する五〇万人が国を出た。残った人々に対して、最後には野蛮な軍事独裁政権によってある種の平和と秩序が回復されたが、それは経済的には墓場とでもいうべき平和と秩序であった。一九八〇年には、消費者の平均購買力は、急激な工業化が行われていた一九六八年の約二分の一しかなかったが、その六八年にはすでに五〇年の購買力をはるかに下まわっていたのである。現在ウルグアイは、低賃金、観光、安価な皮革と羊毛製品の輸出――安価の原因は、いまではそれらを生産する労働者の賃金が哀れなまでに低いからである――に基礎を置くあらたな供給経済を建設しようとしているが、それは痛ましく、生彩に欠け、先行きのわからない試みである。これらの輸出によるわずかばかりの稼得は、生活水準に関するかぎりほとんど役に立っていない。稼得の三分の一は、再協定された長期借款の利子支払に食われ、残りの多くは輸入燃料に向けられている。

現在、ウルグアイ経済は、いわゆる第三世界経済の一つであるが、しかし、繁栄していたときでさえウルグアイは、後進性と発展の欠如という意味では第三世界経済であった。たまたまウルグアイが豊かであったというだけで、豊かな後進的経済と貧しい後進的経済の差はさほど大きくはないのである。豊かであろうが貧しかろうが、本来供給地域はあまりに特化され、あまりに不均衡な経済であって、遠方の市場を少しでも失ったときには弾力性がなく、脆くて無力なのである。ウルグアイにふりかかった災厄は、いまのところは豊かでいられる石油供給地域の支配者たちにとっては悪夢となっているが、それも無理からぬことである。

ウルグアイの経済的困難は、無能、無責任、先見性のなさ、放縦等々によるとする見方も、あるいはあるかもしれない。しかし実際には、ウルグアイ人は、その供給経済の経営にあたっては有能で、責任感があり、そして人道的でもあった。事実、彼らはよくやったといわねばならない。彼らがなしえなかったことは、自らのために生産的都市の創造――ノーマルな成長過程において、広範な輸入品をそのときどきに置換し、それゆえ他人のためだけでなく、その都市の住民と生産者のために豊かで多様な生産を行う複雑で多面的な都市地域をおのずから生み出すということ――であった。モンテビデオも、ウルグアイのその他の地域も、なぜそのような形で発展しなかったかということについては、しばらく判断をさし控えておいたほうがよいだろう。本書のあとのほうで、私はモンテビデオとそれに似た諸都市がどんな問題を抱えていたかを論ずるつもりである。

ここで私が追究したい点は、いつまでも供給地域でありつづけて輸入置換都市を生み出さない地域は、本質的に歪んだ経済状況にあるということである。このような地域が特化し狭隘なのは、第一に、自分の地域のための生産よりも他地域のための生産のほうが圧倒的に比重が大きいためである。この不均衡は、供給地域が依存している遠方の市場のもつ二つの特性——ウルグアイにも影響を与えている特性——によってさらに拡大される。第一に、遠方の市場は、ウルグアイから買いたいと思うものについてきわめて選択的であった。第二に、遠方の市場は、異なる都市および都市地域の市場によって構成されていたが、ウルグアイから買いたいものは同じであったために、結果的には、それらは一つの市場として作用した。こうした協調的選択はとてつもなく強い力となる。それが他の都市の力を媒介としないまま単一の力としてある地域に作用すると、狭隘な経済的特化を推し進める力となるのはさけがたいのである。

　遠方の諸地域から供給を引き出す都市の市場のこうした二つの特性は、歴史的に根が深い。近代の大衆消費市場だけでなく、近代の運輸、通信、工業よりはるか以前から、それらの特性は存在していた。たとえば中世末期には、サルジニアはヨーロッパ全都市にチーズを、それもチーズだけを輸出していた。遠方の都市市場がサルジニアから買いたいものについて選択的、協調的であったことは明らかである。ルネッサンス時代には、ポーランド各地の農村的供給地域は、小麦、ライ麦、森林生産物を西ヨーロッパや北ヨーロッパに供給していたが、それ以外にはさしたる生産物はなかった。カナリー諸島は同じ頃ヨーロッパの全都市にさとうきびの砂糖を供給していたが、それ以外には何もなかった。それらはのちの西インド諸島の砂糖単作の原型であった。さらに時代をさかのぼると、エトルリア——いまの北イタリアでその後ローマ共和国となった地域——の諸都市は、エルバ島に鉄だけを求め、しかもそれを協調的に求めたのである。古代バルドーが市場から鉄を、しかも鉄だけを求められ、その力が非常に強かったために山中の鉱山にいたる素晴らしい道路ができるほどであったのが思い起こされる。これらの例を挙げたのは、それが珍しいからとか極端だからというのではなく、むしろ歴史的には、供給地域と遠方の諸都市との間の交易の典型だからである。

今日でも同じである。ザンビアは遠方の市場に銅を、それもほとんど銅だけを供給している。ニュージーランドはチーズ、バター、肉、羊毛などを供給しているが、市場の縮小に苦しんでいる。カナダから二つの例を挙げると、ニューブランズウィックは、魚、パルプ、紙、木材を供給しているが、それ以外にはほとんど何もない。サスカチュワンは、小麦、カリウム、(そしてある辺鄙な土地では)石油、その他少々を供給している。ウェールズとアメリカ東部のアパラチアとよばれる山岳地帯では石炭を供給しているが、ほかには大したものはない。最近になって香港の強力な市場が、年額三〇〇〇万ドル程度の薬用人参をアパラチアから買い始め、それが貧しいアメリカ山岳民には結構な金になるものだから、彼らはせっせと山の中を歩きまわり、根掘り鍬で人参を掘り出している。しかし、香港がアパラチアから求めているのは薬用人参だけである。サウジアラビアやクウェートからは世界中が石油を買うが、しかし石油以外はほとんど何も買わない。スコッチ・ウイスキーという形での大麦ほど、世界中の都市と都市地域が協調してスコットランド南部および中部から求めているものはない。

遠方の多くの市場が協調すれば、一つの巨大な共同市場が形成される。そして、その協調性が、ある一つの都市の政治的、商業的な力の背後に隠されてしまうことがある。しかし、そこには多数の協調した市場が厳然として存在するのである。薬用人参を香港だけで全部消費するわけではない。昔のポーランドのライ麦、小麦、森林生産物は、ルネッサンス時代の何十もの都市に分配されたが、販売はアムステルダムに向けて行われたようである。というのは、価格はアムステルダムで決定され、配送先の多くもそこで調整されたからであるが、それはとりもなおさずアムステルダムの商人がすでに交易を確立し、あらたな市場の開発過程で、その交易をしっかり把握していたからである。リスボンの商人は、カナリー諸島の砂糖貿易を一手に扱ったが、リスボンの市民がその砂糖を全部消費したり、リスボンの製菓業者がヨーロッパ中の砂糖菓子やボンボンを製造したわけではない。フランスがベトナムを支配していた時代に、その交易の大半はパリの統制を受けていたが、この場合も、亜鉛、錫、シナモンは、アメリカのボルチモアからドイツのハンブルクにいたる多くの港に姿を現したのである。かつてシノハタが単なる供給地域でしかなかった時代に、村人が東京に繭を売ったからといって、シノハタその他類似地域をもっぱら養蚕に特化させることになったのは、ミラノ、リヨン、ニューヨークその他多くの地域の協調的な市場があったからだということを忘れてはいけない。現在カナリー諸島の主要作物となっているバナナの貿易は、スペイン政府の統制を受けている。ある農民の言い方では、「バナナは全部マドリードに売らなければいけない」が、にもかかわらず、バナナは西ヨーロッパ全域の都市卸売市場に送られる。そこは、カナリー諸島に野菜や花をもち込む市場でもあるのだが、たまたま中央からの支配と価格統制を免れているのである。

国家の輸出リストは各種の特化が一緒くたにされていて、いかにも多様化している印象を与えるために、供給地域の狭隘な特化が統計的にはぼやけてしまうことがある。たとえばカナダの輸出リストは長大で種々の品目を含んでいるが、それはカナダ国内の様々の異なった供給地域のリストであって、その中には、地理的には広大であるのに実際にはわずかばかりの特化した品目しか供給しないところもある。たとえば、小麦、水力電気、菜種、カリウム、石炭、天然ガス、ニッケル、金、銀、亜鉛、コバルト、魚、木材、毛皮、りんご、チェリー、紙などである。カナダでは、最も新しい供給地域が最も繁栄している。大西洋側諸州の古い供給地域はしだいに貧しくなってきており、たとえばトロントとその都市地域のような国内のより豊かな地域からの大幅な補助が今後も増大していかなければ、これらの地域も第三世界経済に陥ることは明らかである。

ときとともに、これまで繁栄してきた供給地域は、多くの危険にさらされることになる。資源の枯渇はごくありふれたことである。魚の乱獲――「漁師ばかり多くて、魚が足りない」という言い方をノバスコシアではする――は、木材の枯渇と並んで、カナダ東部のいくつかの供給地域では貧困化の一因となっている。シチリアはヨーロッパ随一の小麦供給地の地位を失い、その打撃から本当には立ち直れないでいるが、それは一つには過剰開発された土壌の枯渇のためであり、いま一つの原因としては、南、北アメリカからの競争がつけ加わったことがある。

古い生産物に代わる新しい代替品は、ウルグアイの衰退の原因にもなったように、一つの危険要因である。事態が少しでも変化すると、供給地域では、大打撃となる可能性がある。アメリカの製造会社が、天然繊維に代えて人造繊維で強化した紙袋にセメントを詰め、ビニールの袋に肥料を詰めるようになったとき、タンザニアはサイザル麻の市場を一挙に失い、バングラデシュはジュート麻の市場を失い、フィリピンはマニラ麻の市場を失った。古い生産物に代わって新しい生産物が現れるということは、経済活動にとっては絶対的に必要であろう。さもなければ、地球は、同一のわずかな資源を過度に利用することによって、とっくに破滅していただろう。しかし、あざらしの皮、亜鉛、錫、麻、石炭、銅、等々の市場を失った供給地域にとっては、代替は困難である。

経済的競争も一つの危険要因である。カナダ東部のニューブランズウィック州のケント郡の例について見てみよう。一九一〇年には、ここはカナダで最も繁栄する農村郡部の一つであったが、西部の農業的供給地域からの競争にあって、耕作面積はおよそ三分の一に縮小した。かつて三四〇〇あった自立農場は七〇〇に減り、それらは現在も競争にあがきつつ貧困なままである。

政治の仕組み――背後に経済競争を控えている――も危険要因の一つである。ニュージーランドは、一九七〇年代以降、遠方の市場を失いつづけ、そのテンポは、それより二〇年前に始まったウルグアイとほぼ同じくらい急激であった。八〇年には、輸出の減少のために、七三年の輸入量の三分の二しか購入できず、しかも、実質上ニュージーランドの全経済が最終的に依存している農業所得は四〇パーセント減少した。ニュージーランドは世界でも有数の人口密度の低い国であるにもかかわらず、急速な人口の国外流出が始まり、純人口は年々減少している。ニュージーランドは「世界で最も効率のよい農場」というスローガンを誇りとしている。多分そうなのであろう。ちょうどウルグアイが世界で最も効率のよい農場だったのと同じように。

ウルグアイもニュージーランドも、政治の仕組みの変化によって影響をこうむったのだが、それらの仕組みの背後には、西ヨーロッパ、とりわけフランスの古い農業供給地域の苦境がある。フランスには都市がたくさんあるように見えるが、輸入置換都市は多くない。現在、フランス全体のなかで、重要な都市地域としては、ただ一つ、パリの都市地域があるだけである。したがって、フランスの農村地域の多くは、経済的に停滞した供給地域である。EECはそれらの地域およびその他のヨーロッパの農業供給地域を保護すべく、外部からの競争に対抗するためにそれらの地域に有利になるような共同障壁を設けている。

もしそうしなかったら、EECは現在以上にヨーロッパ農村地域を補助しなければならなかったであろう。農業補助金は現在EEC予算の三分の二に及んでいる。ウルグアイは、EECの関税、およびヨーロッパの供給地域とその住民の援助のための市場協定の初期の犠牲者である。ニュージーランドはそのヨーロッパでの市場が主としてイギリスであり、イギリスが一九七三年まではEECに加盟しなかったために、犠牲はいくぶんか遅れて現れた。政治の仕組みがこのような結果をもたらすことから言えるのは、ほんの少数の活気ある都市および都市地域の市場を求めて、あまりにも多くの供給地域が競合しているということである。

アメリカでは、最大の農業輸出品——事実、全輸出品目のなかで最大である——は、現在のところ大豆と大豆製品であり、その大部分は、日本の都市および都市地域の強力な市場に向けられる。一九七〇年代なかば、全米大豆加工業協会は、やし油輸入のためにアメリカ製植物油の消費が減少していると述べた上で、マレーシアやアフリカ産のやし油の輸入割当と第三世界諸国へのアメリカの借款が現地のやし油生産を助けることになるなら、それらの借款を停止するように要求し始めた。『ウォールストリート・ジャーナル』は、こうした状況を報告して、次のようにコメントしている。「しかし、大豆加工業者が外国のやし油の脅威を懸念するのであれば、第三世界諸国が多様化のために次に何を考えているかに……目を向けるべきである。つまり、それは大豆そのものの生産なのである……」。

同紙は続けて書いている。貧しい国々は、「重要な輸入品に支払うために必要な輸出稼得を三品目かそれ以下の原材料」に依存しているのであり、その輸出品目の中に植物油の生産を加えるのはもっともである。しかし、「こういう考え方は、アメリカでは認識されていない」と。だが、この考え方はアメリカではよく認識されている。このことは、まさしく、綿、とうもろこし、あるいは小麦の供給地域のアメリカ農民自身が、自分たちの輸出品目の中に大豆を加えたときの考え方なのである。われわれは、通常、豊かな国と貧しい国の供給地域の類似性を考えないが、ときとすると、この例に見られるように、両者の経済の基礎に横たわる類似性が驚くほど明るみに出ることがある。

供給地域の狭隘で脆い経済が抱えている危険要因としては、そのほかに、「相対的貧困」とでも言ったらよいようなものがある。時がたつにつれて、遠方の都市の経済や製品が発展し、供給地域が入手する輸入品も、より複雑、多種、高額となる傾向がある。スチールのペン先、馬具、装飾つきの手すりを買うには充分であった供給地域の農業輸出品、原材料輸出品は、タイプライター、トラック、エレベーターを買うとなると手が届かない。この種の相対的貧困は、カナダ、アメリカ、ヨーロッパの古い供給地域全体の中に知らぬ間に忍び込んでいる。

供給地域の経済は植民地経済であるとよく言われる。このことばは、帝国主義的大国が占領地を供給地域に変えることが多かったという意味では、いくらかの真理を含んでいる。

帝国主義的大国は、しばしば、自国内の諸都市で生産される工業製品を一方的に売りつける市場として植民地住民を確保しようとした。そしてそのために、植民地が地域住民と生産者のための生産にたずさわるのを意図的に妨げてきた。それほどひどい例ではないが、フランスがインドシナを経済的に再編成した例として、フランセス・フィッツジェラルドの『湖の火』の中の記述が参考になる。

フランスはまず、基本的にはベトナムの農民と地主に奉仕するだけであったベトナムの最低生存の経済を、国際市場に対して余剰金を生む経済に変えなければならなかった。フランスの計画は、ベトナムの特殊な地形を考慮して、大規模プランテーションの建設と、豊富な石炭、亜鉛、錫の鉱山の開発とから成っていた。……フランスの入植者と企業家の自立を奨励し支えるために、フランス政府はベトナム内陸部と航路とを結ぶ道路、運河、鉄道、市場町を建設した。こうした公共の仕事は、当時もっぱらフランス人だけに利益をもたらすものだったが、フランス当局は、主としてベトナム農民に対する増税によってそれをまかなったのである。

税金は、母国フランスで一般化している習慣に従って、つまり現物でなく貨幣で課税された、と彼女は続けて書いている。フランス政府の専売権は、マッチ、アルコール、アヘンの交易に関しても確保されており、また、これらの商品の価格は以前の六倍に引き上げられた。物価上昇と税金のために貧困者の数は大幅に増え、それらの人々はプランテーションや鉱山で雇用された。

供給地域のカナダ人労働者は、自分たちが行き詰まった「植民地的」経済に閉じ込められているとよく不平をもらすが、彼らが意味しているのは、ニッケル、新聞用紙、小麦、丸太、冷凍の魚の切身、魚粉などを産出するために不可欠な公共の仕事の財源捻出のために、ベトナム人のように血の出る思いをするということではない。こういった公共目的のためには、カナダの都市部からの税収、および、それより少ないが資源産業の利潤が充当されるからである。また、植民地的だという不平をとなえるからといって、労働者が工場の閉鎖や遠方の市場の消滅を望んでいるわけではない。反対に、それは不平をとなえる労働者が経済的「植民地主義」の欠点を考えるときに、最も恐れていることである。

すべての供給地域を大ざっぱに「植民地的」経済とよぶことにまつわる問題点は、このことばがあまりに楽観的だということである。それを裏返せば、何らかの外国支配から解放されさえすれば、停滞した狭隘な経済は、もはや停滞し狭隘なままではなく、より多面的で、他地域のためだけでなく自分たち自身のためにも豊かに多様に生産できるようになるという意味になる。たしかに、外国の支配やその勢力から解放されて自由になる充分な理由があることは多い。それは政治的、社会的、文化的、感情的に重要であり、ときには経済的にも重要である。しかしこれまでにすでに明らかなように、供給地域をだめにしその経済を脆くさせるものは、「植民地的」という形容詞が意味するようには簡単に修正されるものではない。フィデル・カストロがキューバにおけるアメリカ勢力を放逐したときも、キューバの砂糖への隷属状態は変わらなかったのである。

供給地域の多くは、その役割を無理に押しつけられたのではなく、それに代わる選択肢がないために知らぬ間にそうなるのである。「アルバータの町救わる、日本企業は語る」とカナダのある新聞の見出しは喜ばしげに書いている。そのニュースは、日本企業一〇社のグループが炭鉱の町グランドキャッシュからコークス用炭を輸入することに合意したことを告げるもので、この契約によって町は少なくともあと二年は長らえるだろうというのである。記事の説明によると、「石炭の買いつけ先がなければ、人口約四〇〇〇人のグランドキャッシュは崩壊するしかないだろう」。ウルグアイでは牛や羊が豊富であったように、アルバータ州はエネルギーが豊富である。

供給経済については、理論上の熱烈な支持者がいる。その根拠は、供給地域の特産品は、地域的、国際的規模の分業によるものであり、分業は効率がよく、したがってまた供給経済はその仕組みが効率的だから形成され存続している、ということである。その一人、アダム・スミスはこれを信じていた。この考え方には、二つの大きな欠陥がある。

第一に、この推論は目的論的である。つまり、結果――この場合は、効率――がそれ自体の原因になっている。雨は植物にとって有益であり、それゆえ雨が降るという言い方である。供給地域の発生原因をよりよく理解するには、まず第一に、輸入置換都市に源を発する経済力が、都市の外部で経済活動を引き起こすこと、第二に、その経済力が、自前の輸入置換都市をもたない地域に影響を及ぼす都市市場の力である場合には、その結果として特化された地域が生ずること、この二つを理解することが必要である。その力が、自らの結果を逆転させることができないことを思えば、供給地域が存続する理由がよく理解できるというものである。それとはまったく別の力が登場しなければならないのである。アラブの歴史学者イブン・ハルドゥーンは、一三八一年の昔、都市の人々に畜産物や穀物を売っていた砂漠のベドウィン（遊牧民）が、「砂漠で暮らしつづけ……都市を制御できないかぎり」経済的には自立できないだろうと述べた。ある意味でそのとおりである。しかし、彼は、こうつけ加えてもよかったはずである。「……あるいは彼らが自前の都市をつくらないかぎり」と。

効率論議の第二の欠陥は、供給経済がいずれにしても効率的ではないことである。それゆえ人々はだいたいにおいてきわめて貧しいか、さもなければ補助を受けている状態にある。たしかに、この地域の特産品は、ときには（つねにではないが）効率よく生産される。しかし、それはこれらの経済が効率的だというのとはちがう。住民のそれぞれの技術、関心、創造力に応えるような様々の適切な場がないような経済は、効率的ではない。才覚に乏しく、適応力のない経済は効率的ではない。地域の住民や生産者のニーズをろくに満たせないような経済は効率的ではない。「南米のスイス」ウルグアイの経済が、スイスの経済よりも特化されていたため、より効率がよかったというのは、現実をとりちがえているのである。

供給地域は、遠方の都市によって特化され不均衡な形に歪められているが、遠方の都市にはそれを修正する力がない。その役割を果たせるのは、供給地域内の都市だけである。歴史的には、輸入置換都市の揺籃の地となった供給地域は多い。そして、今日見られるように、香港、シンガポール、ソウルは――モンテビデオ、ハバナ、ウェリントン（ニュージーランド）とは異なり――かつてのような供給地域に対する行政的、集配センター的な限られた機能をすでに乗り越えている。いまでは、これらの都市は供給地域に対して市場を提供しているのである。

第5章　労働者に見すてられる地域

一九二一年以来、ウェールズは人口の三分の一を失った。田園には廃屋が散在し、かつての菜園や穀物が育ち羊が草を食んでいた土地は放置されたままである。村ごと消えてしまって、建物は朽ち、焼きすてられ、あるいは引き倒されて、その跡は、未来の考古学者が再び発見してこれは何だったのかとおそらく首をひねることだろう。ウェールズの農村地域の人々は、自分たちがおとしいれられていた旧来の供給経済の貧しさと狭隘さに愛想をつかしてここを去ったのであった。ウェールズの主要都市であるカーディフ市は経済的には不活発な小都市で、仕事はほとんどなく、そのため都市の仕事やより高い所得を求める人々はほとんどウェールズから出ていってしまった。

まったく同じように、かつては人口密度の高かったシチリアやスペインの大部分は、いまではほとんど空っぽである。また豊かな国々でさえも見すてられた地域はある。私は、そんなペンシルバニア州北部の、停滞した無煙炭供給地域の出身である。この地域の二つの主要都市スクラントンとウィルクスバリは、いまでは私の子供時分の一九二〇年代よりもっと人口が少ないが、当時でさえ、都市の仕事を探して人々は出ていき始めていた。行き先は、スクラントン出身者なら普通はニューヨークかその都市地域、ウィルクスバリ出身者ならフィラデルフィアかその都市地域だった。トロントの都市地域の外部にあるオンタリオには、現在、若年層や中年層に見すてられたために「年寄りが年寄りの面倒をみる」ような地域がたくさんある。

人口が減っていく停滞地域と人々が残っている停滞地域とのちがいは、スクラントン、ウェールズ、オンタリオなどのような過疎地域の人の場合は、どこかよその土地でましな暮らしができる現実的希望があり、またそこに行く資金もあるのに対して、ハイチのようなほとんどの人が残っている停滞地域では、出ていく方法がなかったり、行き先がなかったりというちがいなのである。ハイチと同様エチオピアは、現在、世界で最も貧しい国の一つだが、遠方の都市の仕事を得るためにエチオピアを出る者はいない。というのは、エチオピア人には、行き先もなければ脱出の資金もないからである。何とか出ていく人々がいくらかいる地域でも、多くの人々にとっては同じことが言える。たとえば、西インド諸島がそうであり、中南米、インド、中東、アフリカの地中海沿岸諸国の各地もそうである。もし、すべての停滞地域の人々が、どんなに遠方の都市であれ仕事につく機会に恵まれるのであれば、現在の世界のほとんどすべての貧しい停滞地域で、人口が大幅に減少することはまずまちがいない。

しかし、だからといって、停滞地域の人々が自分たちの土地にまったく愛着をもたないとか、移住するのが好きな人が多いということではない。ことに、慣れ親しんだ文化を離れて見知らぬ文化の中に入ったり、あるいはまた、家や家族から遠く離れたところに身を置かねばならないとしたら、貧困と仕事不足を逃れるために国外に移住するというのは、二つの悪のうちひどくないほうを選ぶという、苦しく辛い選択にちがいない。

私がここで取り上げようとしているのは、移住先ではなく、彼らが見すてる地域のほうであり、これらの地域が人々の流出によってどんな影響を受けるかである。最もきわだった事実は、人々が停滞地域を見すてたということが、その経済に何らの影響も——その縮小以外は——与えないことである。たとえば、かつてのバルドーをとってみよう。ほぼ七〇年間にわたって——これは人口の減少によってバルドーの経済の性質に変化が生ずるには充分な長さだろう——人々は、遠方のパリの仕事を得るために少しずつ出ていった。人口の減少につれてバルドーの経済も縮小したが、他は何も変わらなかった。パリに出ていった人々の場合は、もちろんその経済活動は全面的に変わったが、あとに残った人々は相変わらず貧しいままで、それがまた人口流出の原因となったのである。ウェールズの農村地帯でも、どれほど近隣の人が出ていこうとも、残った人は相変わらず貧しいままであり、それがまた人口流出の原因となった。シチリアは、見すてられ放置された農場や人口減少地域があるにもかかわらず、依然として貧しく、失業率も高い。人々に見すてられた地域に再び経済活動が始まった場合でも、それは見すてられた結果としての利点によるのではなく、ほかの原因、たとえばバルドーの現在の住民がもち込んだような、移植された仕事によるものである。

すでに述べたように、地域経済を転換させる唯一の力は、善かれ悪しかれ、輸入置換都市に端を発する五つの大きな力、すなわち都市の市場、仕事、技術、移植工場、資本である。そしてこれらの力のうちの一つが、自前の輸入置換都市をもたない遠隔地に不均衡な形で及んだとき、その結果は悲惨で、アンバランスなものになる。人々に見すてられた地域の場合、この不均衡な力とは、もちろん、遠方の都市の仕事による牽引力である。この力は、ある地域の人口を流出させることはできても、地域の経済を転換させることは何一つできない。

たしかに、見すてられた地域から来た移住者たちは、遠方の都市の仕事で得た金を故郷に送ることが多く、一時的な移住者は、帰国するときには貯えをもち帰ることが多い。過去三〇年間にわたって、エジプト、トルコ、イタリア、ギリシャ、ユーゴスラビア、モロッコ、アルジェリア、スペイン、ポルトガル、ポルトガル領アゾレス諸島の停滞地域では、何千万人もの労働者が、北ヨーロッパの都市や都市地域の請負仕事をするために貧しい村から出ていった。多くの人たちは、故郷に扶養すべき家族を残してきていた。全体としてみれば、彼らの送金はばかにならなかった。たとえば、トルコやユーゴスラビアでは、長年にわたる移住者の送金は、単一の在外資金源としては最大であるといわれ、これら諸国の主要な商品輸出や観光による収入を越えている。にもかかわらず、労働者たちが帰国しても、村は、彼らが出ていく前と同じように、彼らが食べていけるようにはまずなっていない。一九七四年には、第二次世界大戦以来はじめて、北ヨーロッパで、突如として失業が大量発生し、多くの「外国人労働者」が職を失って故郷へどっと帰っていったとき――西ドイツからの帰国者だけで五〇万人である――帰国労働者の帰った先では、彼らが出ていく前と変わらない失業と不完全雇用とが待っていた。六年後に北ヨーロッパで再び失業率が高まり、多くの移住労働者が帰国したときにも、事情は同じだった。

ひょっとしたら、見すてられた地域がその移住者から受け取る付加的所得によってその経済が変化し、発展への道をたどるだろうと考える人もいるかもしれない。しかし、実際には、そういうことは起こらない。送金が続く間、それは見すてられた地域の貧困を多少なりとも解消する。それはちょうど、豊かな地域から貧しい地域へのどんな形の移転支出でも、それが続く間は貧困を多少なりとも解消するのと同じである。その金によって、人々や団体は、これまでなしにすませていた輸入品を買える。しかし、それだけのことである。ユーゴスラビアでは、労働者の送金がとだえると、輸入品を買わない耐乏生活を余儀なくされ、この国の借款の債務支払にまで影響を与えたのである。しかし、送金がこのようなちがいをもたらすほどに大きいとしても、経済を停滞から発展へと変えるのには、それは何の役にも立たなかった。

こうした点に照らし合わせて、メキシコシティの北西数百マイルのところにある中央メキシコの貧しい地域、ナピサロという村を考えてみよう。ナピサロは、およそ四〇年間にわたって移住労働者から大幅な補助を受けてきた。ナピサロをはじめとするこの地域の人々のほとんどが、かつては農業で暮らしを立てており、いまでもそういう人が多い。中には、多少の換金作物をつくる者もいるが、大部分は最低生存の生活を維持するための農業にたずさわっている。最低生存の生活を維持するための農業にだけ依存している家族は、地元ではモロソス、つまり希望のない人々とよばれているが、それも無理からぬことである。彼らの生活は想像を絶するほどに厳しい。しかし、二世代ほど前に、これらの人々の中には、暮らし向きが変わった人も出てきた。すなわち、アメリカの仕事の牽引力である。それは、遠方の仕事であると同時に非合法な仕事でもあった。というのは、アメリカの移民阻止の障壁を打破することは難しいからである。季節農業労働についた者もいるが、ヒューストンやロサンゼルスなどの都市で通年の仕事を見つけた者もいる。ナピサロが依存するようになったのは、ロサンゼルスの仕事である。

現在、ナピサロは、この地域随一の繁栄地域である。一二〇〇人の村民の大部分は、こぎれいな中庭とテレビアンテナのついた快適なレンガ造りの家に住んでいる。村には、街灯、近代的な診療所、コミュニティ・センターがあり、また北ハリウッドという名前の新しい闘牛場があるが、これはこの繁栄のよって来たる一五〇〇マイルばかり先のロサンゼルス工業地帯を記念したものである。

常時、男たちの四分の三以上が北ハリウッドに働きに出ていた。ナピサロは、その快適さにもかかわらず、悲嘆に満ちた別離と長期にわたる不在の悲しい場所、女たちが無味乾燥で孤独な暮らしを送る悲しい場所として、人の目には映るのだった。なぜなら、北ハリウッドの工場はめったに休めず、故郷に帰るには相当に金がかかるために、男たちは一度出かけると何年も帰らないことが多いからである。彼らが故郷に送る金で買えるものは、ロサンゼルスで買えるものより多い。たとえば一九八〇年に、ナピサロでは、新しいレンガの家は六〇〇〇ドルしかかからなかった。建設費の大部分を占めるのは輸入資材である。手づくり、労働のバーター、地元の賃金の極端な低さによって、その他のコストは低くおさえられている。ロサンゼルスで同じような家をつくろうとしたら、地価を別にしても、何倍も高くつくだろう。街灯、診療所、その他の公共施設の改善は、男たちが賃金の中から拠出した負担金を積み立ててできたものだった。闘牛場が完成したのちは、男たちは、負担金を、水道を引くのに必要な配管、ポンプ、その他の設備を買うファンドにくり入れた。

ナピサロの若者は、就労年齢に近づくと、工場で彼らを待ちうけていることがらについてオリエンテーションを受ける。教師は北ハリウッドで何十年も働いたのちに退職した年配の男である。現在北ハリウッドで働いている男たちは、新入りの労働者のために仕事を調整する。彼らの受け入れ先である企業の一つに、ナピサロ出身の移住者が創設し多年にわたって経営に成功している洋服工場がある。

ナピサロの男たちが、故郷のすぐ近くに工場をつくることを考えたのはもっともなことである。洋服工場を設立し、経営し、稼動させ、新人労働者を訓練し、卸売業者を探すことのできる技能や経験を彼らはすでにもっていたから、こういう思いつきが出てくるのもうなずける。しかし、彼らはしぶしぶこの考えをすてた。ナピサロの工場では、かりに操業を開始できたとしても、最低生活賃金も支払えないだろう。男たちがロサンゼルスで獲得した技能や経験は、経済的に不毛なこの地域では使いものにならず、都市の供給業者を育てる共生的な温床と市場を具えた都市経済の中でしか役に立たないからである。まさにそれがないからこそ、つまり、地域の中で活力ある都市を欠いているからこそ、男たちは遠くまで仕事に出かけざるをえないのであり、また、故郷で自前の工場を始めることができないのである。

メキシコシティは何の助けにもならない。メキシコは大きな国であり、ナピサロはメキシコシティ圏のはるか外部にあって、あまりにも遠いために、メキシコシティの経済はこの地域にはほとんど影響力をもたない。ともかくも安定した就職口のあるロサンゼルスに比べれば、メキシコシティはずっと遠い存在なのである。

送金が四〇年間も続き、その送金を責任をもってむだ遣いせず村のために使ったあとに残る問題はといえば、もし送金がとだえたら、ナピサロは移住者と送金が始まる前の極貧状態にすぐさまもどってしまうだろうということである。あるいは、人々がすっかりこの土地を見すてざるをえない可能性も強い。というのも、ロサンゼルスからの送金や、それで買うテレビやその他の輸入品にもかかわらず、この地域の経済活動――この地域内での生計の立て方――は、かつてのバルドーの経済活動と同様、まったく変わっておらず、また変わろうともしていないからである。

貧しい地域から来た労働者は、故郷の村に企業をつくる夢を見るものだが、その計画が、工場開設よりずっと簡単な場合でさえも、夢はなかなかかなえられそうもない。ロッテルダムのあるエジプト人ソーシャル・ワーカーで、その地の移住労働者を助け、彼らのその後の動向に関心をもっている人物は、故郷に帰って個人タクシーとか小売店を開く程度の簡単な計画ですらめったにうまくいかない、と言う。ロッテルダムで何年間もつつましい生活をして貯めた金でタクシーを買い、北アフリカあるいは南ヨーロッパの貧しい村にもち込んだとしても、最後には故障して修理不能になり、その一方で、買い換えができるほどの金をその車で稼いではいないのである。村の店もうまくいかない。問題は、農村での経営――こういった意欲的な移住者はその村から出てきて、そこへ帰っていくわけだが――があまりに停滞し柔軟性を失っていて、新しい活動を受け入れる余裕がないことである。これまで停滞してきた地域を経済的拡張へ向かわせる諸力は、このような地方には届かないのである。

ロッテルダムのソーシャル・ワーカーの話では、成功につながる可能性のある唯一の夢はトラクターである。貯金でトラクターを買った移民たちは、故郷で投資分をとりもどし自分たちの宿命を改善するだけの収入を（遠方の市場向けの換金作物栽培によって）得ていることも間々ある。しかしその場合でも、と彼は悲しげな表情でつけ加える。トラクターは肉体労働者の失業を招き、彼らを離村させる圧力――幸いにして彼らが、たとえばロッテルダムのような遠方の市場で仕事を得ることができるとしても――を増大させる、と。

『パンとチョコレート』というイタリア映画は、イタリア人労働者がスイスの諸都市や都市地域で働くときに耐えなければならない孤独、差別、搾取、発展性のない仕事、苦痛な文化的ずれを描いたものだが、その中で、登場人物の一人が、スイスやスイス国民を非難するのではなく、「わしらが移民とならにゃならんようなイタリアなんかくそくらえ」と叫んでいる。彼が言っていることは、核心に近いけれども、しかし、的を射てはいない。つまるところ、イタリアの労働者が自分たちの地域を見すてるようになったのは、イタリア北部そのものが原因ではない。むしろ逆に、ミラノ、フィレンツェ、ボローニャおよびそれら諸都市の、隣接し重なり合う都市地域の大ネットワークは、何世代にもわたって、貧困を脱しようとするイタリア南部やシチリアの多数の人々を受け入れ、実際に彼らが貧困から脱出するのを助けたのであった。

これは「国家的」な問題であるとか、イタリアの「国民経済」の欠陥であるとか、あるいはEECの問題であるというふうに理解すべきことではないのである。そのような見地から問題を考えるのはいたずらに混乱を招くだけであり、とりわけイタリア南部やシチリアが、ウェールズと同様、自前の活気ある輸入置換都市を欠いている現実をぼかしてしまうだけである。こうした事実を理解したからといって、解決方法や処方箋がただちに出てくるわけではないが、しかしそれは、欠くべからざる第一歩である。事実を知ることによって、少なくとも、現実に欠如しているものに取り組まないような救済策――以下の三つの章で、そのいくつかを検討するつもりである――は的はずれであり、それらにはほとんど期待できないままに時間が経過し、深刻な停滞が続いているその理由がわかるのである。

第6章　技術と住民排除

都市地域では、農業労働者の生産性上昇は、労働者が他の仕事につくために土地を出ていったことを反映している。都市から遠い地域や、自前の輸入置換都市をもたない地域では、事情は異なる。そこでは、生産性の上昇が、既存のものに代わる新しい生活をもたらすのではなく、むしろ、生産性の上昇によって過剰人口が生じたり人々の窮状が放置されることもある。

このような陰惨で不均衡な地域経済の中に貫徹する原理は、スコットランド高地の住民排除のケースに見られる。住民排除は、一七九二年からおよそ五〇年ばかり続き、貧しい最低生存の農業地域を、少しばかり豊かな供給地域に転換させたのである。これらの出来事を引き起こしたのは、たまたま開発された新しい品種の羊であった。

住民排除の前には、スコットランド高地では、犬とあまり大きさの変わらない、毛髪に似た毛被（フリース）をもつその土地原産の小型の羊を飼っていたが、これは都市の製造業者には無用のものだった。高地住民自身が、自分たちの食べ物のために、どんなわずかな耕作地でも必要であったという厳しい現実のために、羊たちはなかば飢餓状態にあったといわれる。牧草がないために、羊たちは沼地やその他の使い残された土地で命をつないでいた。これらの羊と、大部分の高地住民とを追い出すことになった新種の羊をつくったのは、イングランドとの国境地帯の有能な育種家だった。彼が苦労してつくりだしたこのチェビオット（または、高地のよび方では、グレート・シープ）は、国境地帯の農場やイングランドで成功をおさめた。そして、一七九〇年には、この羊がスコットランド高地の厳しい気候に耐えられるかどうかを見るために、実験的にこの地に導入された。結果は、大丈夫だった。二年間の実験ののち、大英羊毛協会——ロンドンの羊毛買いつけ業者とイングランドの大手の牧羊業者が支配する組織——が、「積極的、知的たらんと欲する」すべてのスコットランドの地主に対して、低価格で羊を提供することを申し出た。スコットランド系カナダ人、ジョン・プレブルによれば、「これはまさしく自分たちのことを言っていると思った」貧しい、破産寸前の地主たちがたくさんいたから、彼らはこの申し出に飛びついた。

グレート・シープの飼育と毛の刈り取りには、労働者はほんのわずかしか要らず、羊に必要なのは牧場であった。それゆえ、もともとこの地に住んでいた最低生存の農民とその家族は仕事をなくしたばかりでなく、むしろ邪魔になった。牧場をつくるために彼らを土地から排除する方法は、野蛮きわまりなかった。プレブルの説明によれば、「スコットランド低地とイングランドから来た牧羊業者に谷間や丘陵地帯を貸すために、地主は、必要とあらば警官や兵隊を使って、小作地から男女子供を追い立て……銃剣、警棒、火を使って彼らを家から追い出した。この「住民排除」はいまは昔の話で、忘却のかなたに消えたとされている。しかし、丘はいまでも無人である……。経営者はエディンバラやロンドンに残っているが、人々はいなくなった」。

グレート・シープを短期の実験期間中にはじめて高地地方にもち込んだサー・ジョン・シンクレアは、野蛮な排除とは異なる方策を説いた。彼はもっとゆるやかな、思いやりのある変化を考えていた。彼の計画では、小規模の借地人に土地を合併させ、自分たちの中から共同の牧夫を雇い、そして低価格で自分たちのために羊を少しばかり買うことを勧める予定だった。要するに、彼は、生産者協同組合を提案したのである。この可能性は実現しなかったが、プレブルによれば、原因は主として、スコットランド氏族の人々の孤立、無知、分裂、および地主の家父長主義に決定をゆだねる慣習であった。さらには、地主たちが一七四五年の対イングランド蜂起で敗れて以来、野蛮な占領のもとで苦しみ、時代おくれの農村経済のもとで貧困にあえいでいた状況の中で、彼ら自身が絶望と道徳的腐敗に陥っていたためでもある。

サー・ジョンの計画が採用されていれば、住民排除はもっと人間らしいものだったかもしれないし(と思いたいが)、もっと漸進的だったかもしれない。しかし、住民排除は必然性をもっていた。ひとたび新しい牧畜農業が取り入れられれば、生産者協同組合の場合でも、地主や借地人の場合と同様、労働はそれほど必要とせず、牧場に対する需要がやはり高まったであろう。誰が羊を所有し飼育しようと、誰が所得を受け取ろうと、この変化そのものによって住民排除が引き起こされたのである。住民排除ののちも高地に残って仕事をしていた人々は、昔の高地人より経済的には楽になった。いちばん利益が大きいのは地主だったが、羊飼いや羊毛刈り人や彼らの家族も多少はうるおった。彼らの所得は安定し、つねに食うや食わずで生活するというようなことはなくなった。この地域だけを見れば、農村の生産性が上昇し、それとともに農村の富も増大したと結論しなければならない。

しかし、窮境に置き去りにされた人々の富が増大しなかったことは言うまでもない。彼らの生活は悪化した。立ち退きに伴って、あるいは立ち退きののち、多くの人々が、飢えや病気その他の困苦や欠乏のために死んだ。高地住民の一部は、最も近い都市であるグラスゴーとエディンバラに移住した。しかし、グラスゴーにしろエディンバラにしろ、経済が停滞して貧しいところであった。両都市とも、提供できるのはせいぜいスラム街の貧困と怠惰ぐらいのもので、そのスラム街の結核罹病率は、当時も、その後も、長らく世界最高だったと見られている。また、わずかではあるがロンドンに流れついた者もいる。さらに、北方のアルスターに移住して、国境地帯のスコットランド人に合流した者もいる。国境地帯のスコットランド人は、十七世紀の国境紛争の和解期間中に、イングランド当局によって派遣され、原住民のアイルランド人から土地を奪った。その結果は、「いまは昔の話で、忘却のかなたに消えた」どころではない。また英連邦軍の高地人連隊に吸収され、インド征服のときには子孫ともども勲功をあげた者もいる。また一部の者は、地主によって西インド諸島やサウスカロライナ州のプランテーションの所有者に年季奉公人として売られた。そこでは、黒人奴隷の監視人としてスコットランド人が必要だったのである。カナダ、とりわけノバスコシアに移住した者は多かった。そこで彼らは最低生存の農業を再開し、やがて換金用に羊を飼うようになった。また、彼らと、アメリカ革命を逃れてニューイングランドから来た保守派の移民たちは、協力し合ってフランス系アカディア住民の土地を奪い、立ち退かせた。もちろん、そのアカディア住民たちも、その前にインディアンの土地を奪っていたのだった。こうした一連の排除とそれへの対応の中で、都市の仕事と、新しい農村的生活は、実質的に何の役割も果たさなかった。

スコットランドのような貧しい国における住民排除と、アメリカのような豊かな国における住民排除との大きなちがいは、豊かな国では失業手当を出す余裕があるということである。しかし、このちがいを別にすれば、農村の生産性上昇と、新しい都市生活を手にすることとの著しい不均衡は、豊かな国でも貧しい国でも同じような帰結をもたらした。

アメリカでも、一九三〇年代まで国内の最も後進的な地方だった南部で、大規模な農民排除があった。ジミー・カーター元大統領はジョージア州の農場での子供時代にふれて、

「現代の農場生活というより二〇〇〇年も前の農場生活のほうに似ているくらいだ」と述べた。これは誇張だとしても、もしカーターが古代イタリアの農場を念頭に置いていたのなら、必ずしも誇張とばかりは言えない。カーターが言わんとしたのは、彼の若かった頃には、ほとんどすべての仕事が機械の助けを借りずに動物や人間によってなされていたということである。ラバ、長柄の鍬をもった人々、子供が、必要欠くべからざるものであった。生産性が低かったために、いくら働いても南部の農民は貧しかったし、そしてまたその貧しさのために、生産性を上昇させる設備を買う余裕がなかった。

この悪循環を断ち切るために、連邦政府は南部の農場に対し、資金と進んだ農業経営方式とを提供した。遠方の諸都市は、すでに発展していたことそれ自体によってその役割を果たした。すなわち、これらの都市は必要な設備を生産し、税を通じて必要な資金を提供したのである。価格支持は、南部の農民に、主要換金作物の価格を下支えする最低価格を保証した。南部の農民に対して、農地の一部を他に転換することに対する補助金、農村の電化に対する低利の融資、さらに土壌の浸蝕の管理、施肥、作物の多様化に関する政府の専門家による集中的援助が行われた。補助金が耕地面積と結びついたものであったために、それは、おのずから大規模土地所有者を最も利することになった。これらの土地所有者は同時に、資本集約的、労働節約的設備を最も迅速かつ有効に利用できる農民でもあった。こうして土地所有者、とりわけ大土地所有者は、以前にはなかったような設備を買えるようになった。

カーター家、その雇い人、その他の何百万人の南部の人々の農場生活に急速に革命を起こし始めた技術は、イノベーションによるものとか、これまでにはなかったものという意味で革命的だったのではない。耕耘機、播種機、肥料散布機、刈り取り機、裁断機、噴霧機、電動チェーンソー、ポンプ、孵卵器、乾燥用ファン、コンベア、ローダー、化学肥料、冷蔵システム、トラクター、トラック、啓発的農業新聞、その他ほとんどすべての大小の品目が、これ以後数十年間に、南部の農業を転換させることになった。それらはみな北部の都市や都市地域で開発され、最初は北部で使われた設備、原材料、方法であるか、あるいはそれらの方法や設備を若干手直しし変形したものだった。これらの機器は、それまでに西部の供給地域に及んでいた。しかし、ロッキー山脈以西の極西部のプレーリーの穀物農家、峡谷の野菜や果物の農家が、トラクター、トラック、コンバイン、播種機、噴霧機その他の設備を取り入れている間に、活気に溢れた西部や北部の諸都市は、これらの供給地域で不要となった人々に、新しい生活を提供する用意が充分できていたのであった。

南部の農業でその技術がついに機能し始めたときには、産出高は飛躍的に増大した。もちろん、農民とその雇い人の生産性も上昇した。それゆえ、余剰な雇い人は解雇され、分益小作人は立ち退かされた。借地人や小規模経営者の農場は大農場に併合されたが、借地人や小規模経営者自身はそれに加えられなかった。ヘンリー・グラディとカーターのジョージア州では、一九三〇年には、農民および農場労働者は約一五〇万人いた。五〇年後には、二二万五〇〇〇人になり、三〇万以上あった農場は、統合されて七万未満になった。カーターの少年時代には、州の就労人口の過半数を農民が占めていたのに対し、現在はわずか四パーセントである。こうした変化がジョージアで起こっている間に、同じような変化が、東部テキサス、ルイジアナ、ミズーリ、アーカンソー、ミシシッピ、アラバマ、フロリダ、テネシー、ケンタッキー、サウスカロライナ、ノースカロライナ、バージニアの諸州でも生じていた。これらの土地ではすべて、生産性と産出高の急上昇につれて、農場労働者とその家族が、土地から排除されつつあった。

これらの労働者とその家族はどこに行ったのか。住民排除が始まったのが、第二次世界大戦直前だったために、最初に排除された人々は早々と軍隊に吸収された。軍隊に徴兵されなかった若い農民は、戦時の生産とサービスの仕事がすぐに見つかったし、年長者の多くも仕事が見つかった。仕事の場所は、サンフランシスコ、オークランド、ロサンゼルス、シアトル、シカゴ、ゲーリー、インディアナポリス、デトロイト、クリーブランド、シンシナティ、ピッツバーグ、フィラデルフィア、ボルチモア、ウィルミントン、カムデン、ボストン、バッファロー、ニューアーク、ニューヨーク等々の都市だった。追い出された人々の中で高い割合を占めていた黒人労働者は、とりわけ、造船所、製鋼工場、建設会社などにどんどん雇われた。以前は、これらの仕事では、黒人は差別されており、多くの工場、商店、その他のサービス企業でも事情は同じだったが、戦時には雇用があったのである。しかし、ひとたび戦争が終わると、新しい仕事、特に黒人向けの仕事は、土地からの住民排除と同一歩調では増えず、帰還兵士が優先されたり、あるいは企業が軍需生産から民需生産に切り替えたために、都市の黒人労働者の多くは解雇されたのである。

それにもかかわらず、住民排除は続き、特に一九四五年から六〇年にかけてはそれが加速された。追い出された人々の中には、南部にとどまって、猫の額のような土地で細々と生計を営む者もいたが、福祉行政の援助を受けることが多かった。こうした農村の窮境は現在でもあまた存在する。南部の都市で仕事を見つけたり、北部の都市や都市地域から南部に移植された工業で仕事を見つけた者も中にはいた。しかし、南部の都市と工業は、土地から排除された人々全部に仕事と所得を提供することはできなかった。追い出された人々の大部分はとりあえず都市に移住した——他にどこへ行くところがあろうか。とりわけ北部と極西部へと彼らは向かった。そこでは、かつて、海外からの多くの移住者をはじめとする新来の人々が、仕事と所得とにありついたのである。

しかし、アメリカでは、これまでに前例のない何かが起こりつつあった。都市は、土地を離れた人々に対して、もはや充分な仕事と所得とをもたらさなくなっていた。事実、南部の大規模な住民排除が起こっていたそのときに、かつては活気に溢れていたアメリカ諸都市の多くが経済的に停滞しつつあり、そして、大規模な住民排除以後も、経済的に縮小し衰退しつつある都市が多かった。それゆえ、追放された何百万人という南部農村労働者とその子孫に対して、今日にいたるまで仕事は与えられていない。彼らの身になってみれば、何世代にもわたって、厳しい低賃金の仕事が続いたあとで、農業の革命的変化のために用済みになったとして解雇され、窮境に放置されたのである。彼らを受け入れた都市の側から見れば、移住者とその子孫は非常に大きな経済的負担となった。彼らを住まわせ、教育し、治安を維持し、福祉その他の社会サービスを提供するのは負担である。

農業上の改善が成功のうちに始まったのに、このような副作用を伴ったのは、スコットランドの住民排除の場合と同じように、その改善が都市の経済的諸力が完全に揃った形で現れなかったためである。それよりむしろ、都市のエネルギーのうち、バランスを欠いた二、三本のより糸——都市からくる資本と都市の技術と——の先端が、遠方の地域にまで達し、その地域をはなはだしく歪めたのである。農業革命に伴う生産性上昇と富の増大の多くは、国家的見地からは幻想であることが判明した。追い出された人々の怠惰と非生産性、それに付随する貧困、道徳的腐敗、暴力、麻薬中毒、犯罪という代価は、算定はできないものの、莫大である。

農業革命後の南部で働いている人々の暮らしは、以前よりもよくなった。ちょうど、住民排除後のスコットランド農村に残って仕事についている人々の暮らしが、以前よりよくなったのと同じである。新しい南部農業では、地主も雇用人も前より収入は増えた。労働時間は短くなり、仕事も楽になった。手で綿を摘むのは惨めな労働であるが、綿摘み機を運転するのは楽である。失われた環、かつてのような生産と結びついた暮らしを惜しむというのでなければ、これは幸せな物語で終わったことであろう。しかし、実際には、南部の農業革命は、そのもたらした結果にはいかんとも対処できない、外部から推進されたはなはだ恣意的な出来事なのであった。

住民排除地域の状況は、遠方の都市のほうを選んだ労働者が見すてた地域の状況とは正反対である。というのも、二つの現象の原因が異なるように、結果もまた異なるからである。遠方の都市からもたらされた技術が地域から多くの人口を排除するとき、土地を離れなければならない人々の暮らしは以前よりも悪化することが多い。他方、とどまって仕事をする人々の暮らしはよくなる。都市の仕事を求めて人々が出ていくだけの地域は、これとは正反対である。出ていく人々の経済状態はよくなるが、あとに残った人々の経済状態は、前章で説明したように、よくはならない。

もちろん、このことは、あらゆる人々の経済状態——出ていく人も、残る人も含めて——をよくするためには、土地を見すてることと住民排除という二つの出来事が、同じ場所で同時に生じるべきことを示唆している。事実そのようなことは、たとえばシノハタの場合のように、都市の仕事を求めて出ていく人間がいる一方で、技術によって農業生産性とその他の産出高が上昇しているような都市地域で生じているのである。しかし、都市地域以外の地域では、都市からもたらされた経済力がうまくかみ合うことはめったにない。ウェールズやかつてのバルドーを出ていくことによって貧しさから逃れた農村の人々が、住民排除によって根こぎにされるまで待たねばならなかったのであれば、彼らはいまでも待ちつづけていたことだろう。都市地域で起こっていることは、まさにそこが都市地域だからであり、また、見すてられる地域や、住民が排除される地域で起こっていることは、そこが都市地域ではないにもかかわらず、遠方の都市からバランスを欠いた力がもたらされるからなのである。

サー・ジョン・シンクレアと彼の思いやりあるスコットランド高地の改造計画は、綿摘み機を発明した一人のアメリカ人を思い起こさせる。彼は、一九三〇年代の大不況が終わるまでは自分の発明を公表せず、公表後も機械の導入を一定のペースでしか許可しなかった。しかし、その使用によって、いずれにしろ住民排除は進行したのである。

農村の生産性上昇と農村の産出高の増大とは厳密には同じではないが、実際問題としてはほぼ同じと見てよい。高い産出高と労働を節約して有効に使うこととは、農業では相たずさえて進む。だから、人口の八〇パーセントが農業に従事している、ほとんど農業国といってよい国が、最も飢えている国であるという逆説が成り立つし、人口の小部分しか食糧生産にたずさわっていない国が最も食物が豊かであるという逆説も成り立つ。実際、農業産出高を増大させるためのあらゆる手段は、農業労働の必要を減少させるように見えるし、農業労働を節約するあらゆる手段は、産出高を増大させるように見える。人間の筋力で動かす足踏式揚水ポンプのような単純かつ初歩的装置でさえも、従来灌漑用水を手で汲んでいたような畑では、産出高をかなり増大させるが、こうしたポンプ一つだけで、およそ年二〇〇〇日分の労働を節約し、約七人の労働者にとって代わるのである。産出高の増大をもたらす他のあらゆる手段についても、基本的には同じことが言える。つまり、それらは同時に、労働を削減するのである。

ソ連では、農業産出高は一つのスキャンダルでさえある。世界有数の穀倉地帯になれるはずの地域が、自国の国民の食糧さえろくにまかなえないのである。毎年ソ連は、自国の小麦地帯と気候がそう変わらない土地で育った何百万ブッシェルもの小麦をカナダから買いつけ、またアメリカからもずっと買いつけている。また、ソ連の肉、野菜、果物、家禽、酪農製品は、先進国経済の水準から見れば、豊富とはいえない。ソ連の農業生産性もまた一つのスキャンダルである。かりにそれを改善しようとすると、ソ連の資本と富の不均衡な配分比率をいっそう高めることになってしまう。この国は、年々の投資の約四分の一を農業に向け、しかもそれが何十年来続いているのである。期待に反するこういった結果をもたらすその原因は、通常、ピントはずれの計画、官僚的ごたごた、貧弱な輸送機関、活気もやる気もない労働者、天候不順、さらにまた社会化された農場の労働者が自分たちの土地とそこからつくれるものに対して愛着をもたず、誇りも創意工夫もないことによるものとされている。最後の原因が重要であることは明らかである。というのも、多くの集団農場の農民に許されている小規模な私有地では、不釣り合いなほどたくさんの農産物を産出しているのである。ソ連の集団農場と国営農場の仕組みを調査した人は、ソ連の国内国外を問わず誰もが、驚くべき経済的実態、ソ連の新聞にもしばしば批判が載っている実態を語っている。施肥の必要なときに届かない肥料、必要なときに肥料が届いたとしても、壊れているか紛失している肥料散布機、家畜を飼うだけの餌がないときに増えた家畜、緊急に必要なことが放置されているのに、必要もないところに命ぜられて来る作業班、収穫物が朽ち始めているのに稼動しない輸送機関、栽培適期が短かすぎる地域に発送を命ぜられた作物、等々。

しかし、このスキャンダラスな状況を、少し異なった観点から見てみよう。ソ連の農業産出高と生産性が上昇したと仮定しよう。その改善が現実に意味のあるものであれば、何千万人ものソ連の農場労働者が自動的に余剰人口になる。労働年齢に達したばかりの若者を中心として、これまでとは異なる仕事を求める農村人口の流出が、現在すでに始まっている。しかし、それらは、かりに生産性と産出高が大幅に上昇した場合に生ずる大量脱出に比べれば、何ほどのものでもない。生産性がアメリカの農民の半分程度にしか上昇しなかったとしても、現在一億人のソ連の農村人口のうち、およそ四〇〇〇万人が余剰となるだろう。彼らの行き先はどこか。彼らは何をすればよいのか。ソ連は、国の大きさに比べて都市が少なく、しかも、活気ある輸入置換都市や重要な都市地域が少ない。現在土地を離れている若者の流出人口を吸収するだけで、ソ連の諸都市はせいいっぱいなのである。ソ連で労働力不足が生ずるとしたら、それは都市で生ずるのではない。事実、不完全就業が慢性的な問題となっているのはこの国の中規模および小規模の都市なのである。

私は、ソ連当局が故意に農業生産性を低くおさえているとか、ましてや、産出高を故意に低くおさえていると言っているのではない。その反対である。そんなことを言えば、政府が産出高および生産性を上昇させるために農業に投じている途方もない投資とつじつまが合わなくなる。さらに、ソ連の政策決定者が、アメリカの政策決定者に劣らず、農業産出高および生産性と、都市の仕事の有無とがきわめて重要な関連のあることを理解しているかどうか疑問であるし、ましてや、都市の仕事の有無と都市における輸入置換過程との関連については理解していないように思う。

それよりも私が言いたいのは、このようにきわめて重大な関連があるからこそ、都市の生産的な仕事が充分にない国では、農業産出高と生産性の上昇によって、多数の労働者がなすべきこともなく余剰のまま放置されざるをえないか、さもなければ農業産出高と生産性が低いままにとどまらざるをえないということである。この二つ以外に可能性はない。アメリカでは、こうした非情な原理の第一の道がとられた。ソ連では、第二の道がとられたのである。

農業を主とする貧しい国々でも、こうした関連は理解されておらず、そして理解されていないがゆえに、これらの国の救済方法は、あまりにも単純な見方のためにしばしば大混乱に陥っている。産出高が増大すれば貧しい農村住民の貧困と飢えは改善できるというのは、一見もっともらしく思える。これ以上に単刀直入なことがあろうか。改良された種子、技術、方法を貧しい農村地域へもち込む、緑の革命とよばれる援助計画の背後にあったのは、こういう考え方であった。スコットランドの住民排除がそれ自体としては成功だったように、またアメリカ南部の農業革命がそれ自体としては成功だったように、貧しい後進諸国における緑の革命もそれ自体としては成功をおさめ、ときには大成功といってよいこともあった。しかし、産出高の増大と労働の節約とがセットになっているために、緑の革命は住民をそれまでの場所から締め出す結果になった。そして、成功すればするほど、より多くの人々を排除することになったのである。しかし、彼らを迎え入れるような、新しい生産的都市の生活はほとんどなかったのである。立ち退かされたスコットランド高地住民が、エディンバラやグラスゴーに移り、そこに貧困と怠惰しか見出さなかったのと同じように、緑の革命によって追放された第三世界の住民は都市に流入したものの、その貧しく停滞した経済は、彼らに提供するものはほとんどなかったのである。

ときには、都市に流れ込まないで何とか土地にとどまる者もいたが、その場合には事情はもっと悪かった。ジャワ島では、改良された種子と二つのちょっとした機械的補助手段、つまり足踏式揚水ポンプと耕耘機とによって、産出高が増大し始めた。しかし、たった一つのポンプと一台の耕耘機とが相俟って産出高を増大させると同時に、約一四人の労働者が余剰になった。ジャワの余剰労働者は土地にとどまる傾向が強く、山の上のほうに移動して、それまで森林地帯だったところにまで最低生存の農業を広げることになった。その土地を農業に用いることによって悲惨な結果が生じた。森林の伐採によって、土壌の浸蝕、雨季の鉄砲水、乾季の旱魃が生じた。森林の消滅によって、もはやスポンジのような効果がなくなったからである。浸蝕された山腹が使いものにならなくなると、追い出された農民たちはさらに山の上方へと移動し、また森林を伐採するのである。

アフリカでは、緑の革命は、たとえば西アフリカのピーナッツ、東アフリカのコーヒーと茶のように、換金作物に関しては新しい富をかなり生み出した。しかし、新しい農法が最も成功した地域で、前よりもかえって栄養不良が増えたケースが多い。アフリカの多くの土地で伝統的最低生存の農業の働き手であった女たちが、新しい機械化された農業では余剰となっている。しかし、彼女たちにはそれまでのものに代わる生計の道がないから、著しく規模が縮小した土地で何とか家族を養っていくしかないのである。

以上に挙げたいくつかの悲惨な実情と、一九五〇年代、六〇年代に推進された工業化計画の失敗のために、世界銀行の政策決定者たちは、貧しい国々に対する援助と借款の方針を考え直し、六八年以降は新しい取り組み方法を採用することになった。それ以前には、世銀は、ダム、発電機、道路、通信網等に集中的に融資していた。これらは工業化の基礎となるよう意図されたものであるが、その工業化とは、輸入置換都市によって創造されるような工業化ではなく、多国籍企業の工場の移植、完成した「輸入置換」工場の移植という形の工業化であり、ウルグアイの工業化の失敗と相通ずるものであった。それらの工業は、実際に機能するにはいたらないことが多かった。あるコンサルタントが言ったように、パン焼き釜はつくったものの、焼くべきパンがなかったのである。たとえそれらが実際に機能したときでも、与えられる仕事と所得は、ニーズに比べて哀しいまでに少なかった。もちろんのこと、他地域のためだけでなく自分たち自身のために豊かに多様に生産する経済にはおよそ結びつかなかった。

世銀のあらたな取り組み方法は、主として、アメリカの元国防長官で一九六八年に世銀総裁に任命されたロバート・マクナマラによって推進されたが、これは、村の住民を追い出さずに村にとどめておくために、農村の生活の改善に重点を置いた。こうした取り組み方法は、貧困と後進国問題の専門家であるスウェーデンのあの有名なグンナー・ミュルダールにも支持された。ミュルダールが期待をかけたのは、貧しい村人たちの産出高を増大させると同時に、彼らの農業を労働集約型にする何らかの方法があるはずだという考え方だった。しかし、ミュルダールにしろ他の誰にしろ、経験上、これを達成するための手段を見出した人はいない。その政策は、一種の願望にすぎず、未解決のまま残されているのである。

世銀も、この問題に対しては解決策を見つけることができなかった。実際上は、この線にそった最もよい方策は、改善された農業方法または装置を、もっとゆるやかに、あたかも氷河の動くような緩慢さで導入し、それらが産出高にほとんど変化をもたらさないようにすることである。もちろん、この方策の場合には、多くの産出高をもたらすように見えながら、実際にはほんのわずかの成果しか得られないという失望と不満がつきまとう。

マクナマラの解決法は、産出高と生産性という難問全体を回避することだった。彼は、村の貧困と闘うには産出高の増大が重要なのではないという判定を下した。重要なのは、むしろ、健康、教育、栄養、住宅、出生率の減少であるという指令を彼は出した。世銀は、「基本的必要(basic necessities)」とよばれる原則のもとで、こうした目的達成のために、貧しい国々に対して低利の借款、無利子の借款を与えるという方向に政策を転換した。ところが、いつの間にやら、この基本的必要とは、発展によって富が増大することだとみなされるようになった。この考え方は重要である。なぜなら、それは、理論的には、慈善団体としてではなく発展のための機関および貸し手としての世銀の使命を正当化するものだったからである。

マクナマラが定義したような基本的必要のコストは安いものではなかった。政策が変更された一九六八年に、世銀の未払いの貸付金は総額一〇億ドルにのぼった。マクナマラが引退した八〇年には、この貸付金は一一五億ドルに増えていた。その全額が農村の健康、教育、栄養、住宅、産児制限への投資に使われたわけではない。世銀の融資のほぼ三分の一は、継続して発電計画等の、工業化計画に使われていた。しかし、貸付額がここまで増えた原因は、新しい農村改善計画にあった。世銀自体による貸付に加えて、同じ期間に商業銀行が世銀の計画や企画に必要な融資を増やすために、九〇〇億ドルの貸付を行ったことを知ると、いっそう驚かされる。八〇年には、世銀はその加盟諸国に対してさらなる融資拡大を要請し、各国はさらに二五〇億ドルの融資に同意したのである。

もしかりに(かりにであるが)、農業が中心の貧しい国々の産出高が大幅に増大し、その産出高の増大に対して遠方の市場が存在するならば、これらの貸付も返済可能だろう。もちろん、そのためには、「基本的必要」の理論が避けて通った解決不可能な問題、すなわち、いかにして実質的に産出高を増大させ、同時に農村の多くの余剰人口の発生を回避するかという問題にたちかえる必要がある。

つまるところ、貸付の返済は無理なのである。この政策は、貸付国を巨大な慈善病院に変えてしまった。これが慈善の名に値するかどうかは別として、私の定義からすれば意義ある経済発展とは思えない。また、世銀の計画を実行するために貧しい国々が借りた金は、それらの国の経済発展を実現するための金であるといわれているが、建前どおりにはなってはいないのである。

実際には、生産的な都市の仕事への道が拓かれていないかぎり、農村の貧困を克服する方法はないのである。スコットランドの住民排除の時代にもそうであったが、現在でも同様である。豊かなアメリカの場合もそうであったし、世界銀行の貧しい貸付相手国の場合も同様である。農村の産出高と農業労働者の生産性を上昇させるには多くの技術があり、その中には費用のかからない技術、適正技術、中規模および小規模の技術も含まれる。しかし、最も必要とされるにもかかわらず欠けているものは、適合性のある、活気に満ちた輸入置換都市である。これらの都市が存在しなければ、遠方の都市から恣意的にもたらされる技術は祝福さるべきものであるどころか、弊害をもたらすものとなり、そうした技術によって生み出される経済的な富とは、一部は幻想、ときにはまったくの幻想でさえある。

第7章　移植工場地域

供給地域、見すてられた地域、住民が排除された地域に関して、また、停滞し衰退した都市の問題に関してよく下される診断は、「工業が足りない」ということである。そして、それに対して通常ほどこされる処方箋は、「工業を誘致する」ことである。おびきよせられて釣針にひっかかるそうした工業とはどのようなものであろうか。それはどこから何ゆえにくるのか。それらの工業は、大部分、もともとは都市や都市地域で発展し、やがてその温床を離れて、自前の輸入置換都市をもたない遠方の地域にまで出ていくようになった工業である。そうした工業は、都市地域を離れられない工業とは異なるし、また、経済活動と経済発展に与えるその効果も異なるのである。

なぜそうなるのかを見るために、例のジョージア州北部、つまりヘンリー・グラディが一八八九年にボストンおよびニューヨークの工業家や銀行家に語ってみせたあの墓地に話をもどそう。演説の中で、グラディは、葬式の陰鬱な描写をしたあとで、驚嘆すべき変化について喜び溢れる口調でこうつけ加えている。最近、その古い墓地を再び訪れたところ、大理石採掘会社が移ってきて、わずか数マイル先で世界最大の大理石切り出し場を経営していることがわかった。鉱山も切り拓かれ、労働者が群れをなし、機械の絶え間ない音で喧噪をきわめていた。グラディは言っていないが、多分、鉄鉱石は、一八七〇年代にピッツバーグから移植されたアラバマ州バーミングハムの鉄鋼工場に送られていたのだろう。さらに彼は続けて言う。墓地からほど遠くないところにある四〇の製綿工場が「大量の布を織っている。近隣の作業場がその布で無数のシャツをつくっている」。場所が明確でないために実態があまりはっきりしないが、グラディは靴や釘、四輪馬車、つるはしとシャベルをつくる工場についても語っている。ここで、彼は、可能性を現実のごとくに語っているのか、そうでなければ、南部の他の地域に移植された工業の事例に言及しているのではないかと思う。しかし、彼の話は再び具体的になって、墓地から四〇マイル離れた四つの製棺工場が「世界中の人々に死ぬことを勧めているかのごとく」みごとな製品をつくっていることを語っている。

例の葬式の描写は、移植工場がくる前のこの地域のことだった。当時は遠方の都市からの輸入品しかこず、しかも、地域の収入が非常に少ないためそれらの品数も限られていた。すでに述べたように、いちばん近いアトランタからは輸入品はこなかった。移植工場が現れたときも、それはアトランタからではなかった。

移植工場によってこの地域の貧困が修正されつつあるばかりでなく、貧困の原因、つまりこの地域が住民や生産者のためにはほとんど生産せず、すべてを遠方の都市から輸入しているという事実も修正されつつある、とグラディは考えた。「この地方では、これまでかなえられなかったような立派な、地場の葬式を行うことができるようになった」と彼は言う。もっと多くの移植工場をという彼の訴えは、北部工業家に対するもので、この地域および南部全体に多面的な経済活動が自前でできるような力を与えてほしいというものだった。

事実、遠方の都市からの移植工場は、ジョージア州北部に流入しつづけた。はじめは、ニューイングランドからの繊維工場やニューヨークからのシャツ工場のような衣服工業がきたが、これらはともに安い労働力にひかれてきたのである。その後、ジョージア州選出上院議員の政治力によって、軍事施設がきた。やがてロサンゼルスのロッキード航空機会社がきた。この会社は、マリエッタ――例の墓地からは、グラディの頃にみごとな棺を製造していた工場と同じ距離にある――の町に軍用機を生産する工場をつくった。ロッキード社のマリエッタ工場は例の大理石工場と同じように、その種のものとして世界最大ではないとしても、世界有数のものであり、アメリカ南東部で最大の製造工場である。

ロッキード社が設立され、その基礎を固めている頃およびそれから当分の間は、ロッキード社は都市経済を必要としていた。それも、どんな都市経済でもかまわないのではなく、巣立ったばかりの企業が必要とする財・サービスを提供する都市経済を特に必要としていた。アトランタでさえこの目的には役に立ちそうもなかったから、マリエッタではなおさらのこと間に合わなかった。会社の創設者アラン・ロッキードは、一九二〇年代末に、彼にとって最初の飛行機を設計したが、その製作のためにはロサンゼルスの経済の中で何百品目ものものを探し求めなければならなかった。様々な種類の道具、アルミニウム・シート、ワイヤー、車輪の部品、ベアリング、電気メッキや印刷設備等々である。彼が必要としたものの全部ではないが、多くのものがロサンゼルスでつくられ、そうでないものについては、ロサンゼルスの卸売業者や代理店、輸入業者に頼むことができた。まったく手に入らないものや、思うようにいかないものについては、ロサンゼルスには、ちょうどセーベルが北イタリアで驚嘆したように、ロッキードの仕様書に従ってそれらをつくる能力のある生産者がいた。彼はまたこの都市の経済で、自分が必要とする熟練工――製図工、機械工、補助設計工等々――を探し求めなければならなかった。妙な話だが、彼は当座はロサンゼルスの消費者に頼らざるをえないことさえあった。つまり、最初の設計にたずさわり、必要なものを手に入れ、潜在的な顧客や融資先を見つけるまでの間、彼はロサンゼルスの住民や観光客に観光飛行を売りものにして生活を支えたのである。しかし、かりにそういったインプロビゼーションを省略することができたとしても、彼にはロサンゼルスの経済が必要だった。いかに多くの資金調達をしたところで、もしロッキードが実際的意味のない立地条件のもとでことを始めたのであれば、エネルギーの消耗、時間的損失、誤謬、遅滞、失敗を乗り越えることはできなかったであろうし、そのため物事がうまくかみ合わず、この複雑な試みははかどらず、おそらくその発展はそこなわれてしまっただろう。ロッキード社の基礎が確立する過程でも、拡大する過程でも、依然としてロサンゼルスは必要だった。ロッキード社は、ロサンゼルスあるいはその近辺の後背地で拡大することはできたが、そこの経済において他の生産者との関係につなぎとめられていたため、あまり遠くまで移ることはできなかった。またロッキード社はこうした他の生産者を支え、それら生産者の能力と多様性を引き出す手助けをもしていた。

ロッキード社がついに遠隔地のジョージア州北部に工場を移すことができたのは、会社の成長につれてある程度自給自足ができるようになったからである。いまでは会社は、以前は外部から手に入れていた日用品、サービス、技術の多くを内部で供給できるようになり、また、会社に必要なものの外部への発注に熟達したために、それらがどんなに遠方からのものであっても効率よく入手できるようになった。本部はロサンゼルスに残り、会社の多くの仕事は依然としてそこで行われていたが、操業の多くの面で、母体とのつながりを切ることが可能になったのである。

マリエッタでは、ロッキード社は、ロサンゼルスではそれなしでは済まされなかったような部品製造業者とサービスを必要としなかった。もしマリエッタでそういうことが必要だったなら、マリエッタには移れなかっただろう。マリエッタでは、ロッキード社は、会社に必要なものを生産する地元生産者を育成することにはならなかったのである。会社はそこでは、これまで会社が必要としたような経済を、たとえ小規模でも再現することはできなかったし、現に再現しなかったのである。

グラディの頃にまでさかのぼってみても、この地域にきた移植工場の事情は同じだった。大理石工場、鉱山会社、繊維工場、シャツや棺の工場は、ロッキード社がのちにロサンゼルスを必要としたのと同じように、一時ボストンやニューヨークの経済を必要としていたが、それ以上には出なかった。それらの企業がジョージア州北部に移ってきたとはいっても、道具、機械、材料、設計を現地で調達したわけではなかった。企業内で調達できない場合は、会社は必要なものを取りよせたのである。さらに、前にいた都市から輸出することにすでに成功していたために、それらの企業は製品の販売についてももっぱら一地域に依存するようなことがなかったのである。

グラディの夢、つまり他地域のためだけでなく地元の住民と生産者とのために豊かで多様な生産が始まる地域をつくるという夢は無残に破れた。移植された工場が一世紀にわたってこの地域にもたらした賃金は、人々が以前より多くのものを輸入できるという理由で歓迎され、こうして地域は移植工場がまだきていなかった例の葬式の頃よりも、多種多量の必需品――生産者の必需品も消費者の必需品も――を輸入しているのである。移植工場が生産する財について言えば、これらは圧倒的に遠方の都市の市場か、アメリカ政府や外国政府の遠方の軍事施設に向けられる。地元のニーズのために生産されるものがあるとしても、その重要性は小さく、偶然的で範囲も狭い。要するに、これら遠方の都市からきた移植工場がジョージア州北部で生み出した経済は、一種の工業化された供給地域であって、農村に基盤を置くウルグアイの供給地域と原理の上ではさほどちがわないのである。

さらに、この工業化された供給地域すなわち移植工場地域の経済は、ウルグアイ経済と同じく弾力性がなく、脆く、そして限界がある。このことは、ジョージア州北部がこれまでの移植工場を失うという深刻な事態に陥り始めた一九七〇年代のなかば頃から明らかになってきた。例の繊維工場は閉鎖され、出ていった。しかし、それは移植そのものをやめたからではなく、今度は、海外のより安い労働力と、よりゆるやかな安全諸規制や規制によって設備のコストのかからないところを求めていったのである。ジョージア州北部にとどまっていたのでは、もはや海外からの競争に太刀うちできなくなったため、失敗して工場閉鎖するか、移動するかしかない。どちらにしても、ジョージア州北部では工場閉鎖になる。工場が出ていったあとに残ったのは、経済的空白であり、それはちょうどウルグアイの場合に遠方の都市の市場を失ったあとに経済的空白しか残らなかったのと同じだった。要するに、移植工場は、自生的な工業発展にとっては不毛の基盤だということがわかったのである。ロッキード社が最後には工場を閉鎖するか他へ移植すれば（永久的なものなど存在しない）、その結果は同じだろう。あとには経済的空白が残されるだけである。

グラディがジョージア州北部で心に描いたのは、都市地域で見られるような経済パターンであったが、しかしこのパターンはかなり自給度が低い工業に依存している。都市の企業がその後背地に移植するときには、部品供給業者と顧客に近くなければならないということと、それとは相対立する、企業は、都市空間のコスト、過密化、その他都市の不利な条件から脱出するということとの二つを秤にかける。企業が秤にかけた結果は、都市地域の工業化のパターンに反映している。移植された工業は、普通、都市とその郊外を越えてすぐのところで最も密集し、そこから離れるにしたがって密度も薄くなり、地域内でところどころに塊りはできるが、それも都市地域の境界に近づくにつれてついには消えていく。遠方からきた支部工場が、ある都市地域の豊かな市場によってそこに引きよせられる場合には、それらの工場は同じようにその都市の利益と不利益とを秤にかけた上で移ってくるのである。ある都市地域に工業が点在するようになるにつれて、企業によっては、中核となる都市ではなくその都市地域からスタートできるものもあるが、しかしそれらの企業にしても、その地域につなぎとめられていることには変わりない。

要するに、都市が生み出す多くの企業は、移ることはできても遠くへは移れないのである。それらは他の生産者や顧客またはその両方との関係によってつなぎとめられている。だからこそ都市地域は、全体として、他地域のためだけでなく地元の住民と生産者のために豊かで多様な生産を行うのである。逆に言えば、こういう関係から自由になったこと、すなわち都市のない遠方の地域へ工業が移動できる自由こそが、自らのために多くを生産しない移植経済をおのずと生み出すのであり、いかに工業誘致に成功しようともその点に変わりはないのである。

プエルトリコは、移植工場を誘致し始めてからはジョージア州の三分の一しか歴史がないが、誘致数はずっと多い。皮肉にも自力作戦とよばれた計画のもとで、プエルトリコ政府は三五年間にわたって誘致、特に労働集約型の工業の誘致に取り組み、島の経済では生み出せない仕事と賃金の提供をはかった。誘致の誘因は温暖な気候、安い労働力、設備の整った港湾、税制上の特権、政府の融資による労働訓練計画、諸企業の用地獲得と移転費用を援助するための借款を取り決める際の政府援助であった。その結果、島には有名な多国籍企業や、あまり有名でない衣類、おもちゃ、マイクロプロセッサー、その他の軽工業製品の企業の工場が点在することになった。

しかし移植工場がさらに安い労働力を求めてプエルトリコを去ったときに——一九七〇年代初めからそれが増えてきたのだが——あとに残ったのは、ジョージア州北部を去った移植工場の場合と同じく、経済的空白と失業率の急上昇だけであり、失業人口についてはポンスの連邦貧困対策計画局長が「彼らに仕事を与えなければならない」と言ったほどであった。都市や都市地域の企業のいくつかがプエルトリコのような遠方の場所に出ていくときには、都市や都市地域の共生的関係の網はどこにも残っていないのである。

都市地域に見られるような自立的で分化する経済を再現しようとする工業誘致政策は、自前の工業をもたないまま遠くからそれを呼びよせるだけのアイルランド、イタリア南部、カナダの大西洋側諸州その他多くの地域に失望をもたらした。シチリアでは、幻滅した関係者は、主としてイタリア政府が巨額の融資を行ったこの島の移植工業を「砂上の楼閣」とよんだ。ギリシャには、非常に多くの多国籍企業が工場、精油所、化学工場を移植させたため、空気と水の汚染という不名誉な事実が残った。にもかかわらず、常時ギリシャの若者の約三分の一が北ヨーロッパで仕事についているか、そこで仕事を探していたし、国に残った人の間では、相変わらず失業ないし不完全雇用が驚くべき高率を示し、ギリシャの地方の村々は、痛ましいまでに貧困に打ちのめされたままである。移植工場から受け取る賃金は、ギリシャの農民が遠方の都市の市場へ送り出す換金作物と同様に、遠方の都市からの輸入品を買うのにあてられる。こうした賃金は歓迎されている。というのも、アテネも他のギリシャの都市も、広範な輸入品を地元の生産によって置換しないからである。もしギリシャの都市が輸入を置換していたなら、自前で工業や移植工場を生み出して、はるか遠方の諸都市から出てきた相対的に自給的な工業に依存したりしなかっただろう。

移植された工業を基礎として自立的な経済を建設することはできないだろうか。経験的に見て、それは難しそうである。というのも、供給地域は、歴史的には世界の活力ある諸都市が発生し興隆してきた場所であるが、工場が移植された地域の場合はそうではなかったからである。工場地域を、たとえはるかルネッサンス時代——その頃、都市の繊維工業は、紡績と織物の仕事を遠方の農業労働者に下請に出していた——にまでさかのぼって見直してみても同じことである。しかしながら、現代の台湾の経験は、このような課題が必ずしも不可能とばかりはいえないことを示している。

台湾の、比類のない驚くべき実績の背後にあるもろもろの出来事は、台湾政府が「農民への土地解放」とよばれる計画を導入した一九五六年にまでさかのぼる。その目的自体は取り立てて言うほどのものではなく、農地を半封建的な地主の所有から、土地を耕作する小作農民の所有へ移すことだった。政府は、土地を収用された地主への支払に際して付帯条件をつけたが、それが農村の地主を都市の資本家に転化させることになったのである。その付帯条件とは、支払の一部を軽工業へ投資するという規定であった。投資の種類と投資先は、台湾内部でさえあれば、旧地主の選択にまかせられた。投資家の大部分が選んだ場所は、首都であり最大の都市でもある台北だった。台北には人口が最も集中していたし、生産財やサービスも最も集中していたから(はじめはそれほど多くなかったが)、これは正しい選択だった。

当時、台湾は、プエルトリコがそうだったように、遠方からの、大部分はアメリカからの軽工業の移植工場を受け入れ始めていた。プエルトリコと同じように、台湾でも安い労働力が大きな魅力であった。台湾は、このような移植工場をどんどん受け入れていたが、そのうち事態が少しばかり変わってきた。

移植工場で仕事をしていた台湾の人々は、そこでの経験から、企業の設立の仕方や経営の方法を学んだ。ちょうどナピサロの人々がロサンゼルスの経験から、衣服工場の設立の仕方や経営の方法を学んだのと同じである。しかし、台北の場合は、これらの経験と技術が自生的資本と結びついた。すなわち、まず移植工場で経験を積んだ人々が作業場や工場を経営したが、それらは地域の投資家があらたに軽工業に対して行った投資によるものだった。若い企業の中には香港の輸出業者の下請仕事を引き受けるものもあった。他に移植工場との競争を始める企業もあったが、それは全く自給的ではなかったから、外部の企業——地元の作業場——の助けを得ることによってインプロビゼーションを行った。こうして、これらの企業は地元の作業場の仕事を刺激しただけでなく、新しい作業場の形成にも刺激を与え、新しい作業場はさらに分化し、増殖していった。こうして、新しくそれぞれに適した場所での活動が始まるや、台北は、自らのための共生的で多様な生産のための確固たる土台をつくり始めたのである。この共生的な諸企業のネットワークによって、相互に供給し合ったり輸出業者に供給することができるようになっただけでなく、消費財の一部のみならず、輸入生産財の一部をも自前の生産物によって置換することができるようになった。

台北は、その後一五年間で輸入置換都市となり、ブームに沸いた。どの輸入置換都市もそうであるように、台北は自前の都市地域を生み出し始め、またどの輸入置換都市もそうであるように、急速に新しい資本をも生み出し始めた。経済の発展につれて、採算がとれるだけでなく、剰余をもたらすようになった。その資本の一部は、台北が、第二の都市である高雄——ここでも輸入品の置換が始まっており、その中にはもちろん、台北からの輸入品の置換も多く含まれていた——で重工業（その他いろいろ）への融資をする助けとなった。

こうした拡大と発展によって、遠方の都市からきた移植工場にとっては、台湾は不満足な場所となった。あるアメリカ人の玩具製造業者は、一九七九年にカナダの新聞記者にこうぼやいている。「これまで一〇年以上、台湾で小さいながら結構うまくやっていたのに、去年、閉鎖しなければならなくなった。わが社のために働く人間がいなくなったためだ。いまいましいことに、あそこは工業化されすぎて、みんな大そうな金をほしがるものだから」。

こうした出来事は、小作農民が自分の所有地を必要としたために生じたのだが、その小作農民たちも、新しい都市の仕事を獲得しただけでなく、二つの都市地域の経済の恩恵をも受けるようになった。「台湾中の人々が、よい暮らし——仕事、住宅、サービス、デパート、教育、病院その他いろいろの面で——を求めて高雄に流入している。これらは、アジアの標準からすれば、豊富に供給されている」とカナダの一特派員は報告している。彼の目には、高雄は混沌として歴史もなく魅力もない都市であるが、「可能性と上方移動性のある場所であり、小作農民の子女が、土地への緊縛という一〇〇〇年も続いた呪わしい現実から逃れることのできる場所である」。

政府は、土地を収用された地主に全額を支払わないで、それと等しいファンドを軽工業設立のために使うことも、もちろんできたはずである。しかし、かりにそうしたとしても、それらが現実につくられた軽工業ほどインプロビゼーションを得意とし、柔軟かつ多様だったかどうかはわからない。また、経験を積んだ従業員がより多くの適所をそこに見出し自分たちの企業により多くの顧客と供給業者と投資家を見出す過程で、分化した無数の企業を生み出したが、政府による工業の場合にそうしたことが生じたかどうかはわからない。

もしかすると、台湾で起こったことは、ほかのところでは不可能かもしれない。もしかすると、台湾でうまく作用した都市の資本のインプロビゼーションは、ほかのところではうまく機能しないかもしれない。しかし、経済的なインプロビゼーションの成功とはそもそもそういうものなのであり、インプロビゼーションがうまくいくとしたら、原因はそれが抽象的または理論的に「正しい」からではなく、時と場所と手近にある資源と機会とが現実に合っているからなのである。インプロビゼーションがうまくいけば、経済活動は驚くべき発展を遂げるのである。

にもかかわらず、台湾の経験の背後にある基本原理は、何らかの方法でほかのところでも利用できると思う。その原理は次のように要約できる。「自分たちの安い労働力が外国人に利用されるくらいなら、われわれ自身がそれを利用すべきである」。また、「外国からの移植工場が、われわれにも利用できる経験や技術を与えてくれるなら、われわれはそれを、自分たちの意にそうように利用することができる」。たとえば、もしプエルトリコ政府が、最初に労働集約的移植工場の誘致に成功したのち、今度はプエルトリコ人自身の手中に資本をおさめたとしたら、彼らは何を達成できただろうか。実際にはそうならなかったから、プエルトリコは、おそらくあと一世代の間は、台北や高雄からの移植を求めることであろう。

台湾の経験をほかの場所に適用するには、おそらく限界がある。その理由の一つは、自前の輸入置換都市をもたない地域への移植工場がそれほど多くないことである。本章でふれた場所はすべて、工業誘致が並はずれてうまくいった場所であった。かりにその結果に失望したとしても、ジャワ農村部やガーナのように移植工場の予定だけがあった地域の失望に比べれば、何ほどのこともない。ジャワやガーナの場合、移植工場の準備をしていたのにそれが実現されなかったか、あるいは実現しても、あまりに小規模なためにほとんど何の変化も生まなかったのである。そうした失望のゆえに、世界銀行は、一九六八年、発電所や輸送機関——移植工場のための準備——向けの借款の割合を減らし、その代わりに村の福祉計画に専念するようになったのである。

世界には、停滞していて不活発で自前の工業を生み出さないにもかかわらず、工業を欲している地域が非常に多いため、工業の移植に対する需要は供給をはるかに上まわっている。言い換えれば、移植工場を大量に生み出す都市と都市地域が相対的に少なすぎるために、需要に応ずることができないのである。そして、都市が生み出す移植工場のうち、大部分は遠くへは移れない。いつの場合にも、自前の輸入置換都市をもたない遠方の地域へ飛躍できるのは、生み出された諸工業のうちのごく一部分だけである。そしてそれらの中でも、労働集約型よりも資本集約型の工業が多いことを考え合わせるなら、失業の解決策として移植工場を熱望している地域の大部分にとっては、それは虚しい期待に終わらざるをえないのである。

アメリカでさえも、国内の移植工場に対する需要が供給をはるかに上まわっている。それゆえ、『ウォールストリート・ジャーナル』の記事で報告されている次のような状況が珍しくはなくなっている。

ミネソタ州知事は……ミネソタの会社を誘致しようとする攻勢（サウスダコタ州の）に対して怒り心頭に発するがごとしである。近年ミネソタからサウスダコタに移った企業は六〇社以上にのぼっている……。

（知事は）ミネソタの企業を州内にとどめ、かつまた新しい企業を誘致するために断固闘うと誓った……。

経済的に窮迫しているミシガン州では、インディアナその他の諸州の企業開発スカウトが来て、自分の州に移転するよう説得している。「彼らはまるでハゲタカだ」とミシガン州のある関係者は言う。ミシガン州では……ハイテク企業を誘致するための……促進予算の大幅な増大で対抗しようとしている……。

（中西部全体が）国内のサンベルトその他の地域から来たリクルーターたちの標的になっている。彼らは、アメリカの中核地域からの工作機械企業などの誘致によって、自分の州の工業基盤を強化しようと懸命なのである。

カリフォルニアとマサチューセッツの「シリコン・バレー」は、ハイテク企業誘致に心を砕いている州外の経済発展担当者に侵入されつつある。

「多くの州ではハイテクを救世主と考えている」と……北東・中西部議員連合という地域同盟の通信局長は言っている。……「危険なのは、誰もが同じパイの分け前をねらっていることだ」。

企業誘致のために、予算をパンクさせるような税金優遇策や雇用主を引きつけるようなその他の誘因が生み出されるというように、（この競争によって）あらたな有害な状況が現れるのではないか、と州や地元の関係者の多くは心配している。このようなせりあい競争は、最近になって噴出してきたもので、特にいくつかの州では、外国の自動車工場誘致合戦のさなかに顕著になってきた……。

およそ二世紀も前に、ロシアの女帝エカテリーナ二世は次のように言っている。

わが国の工場の大部分は、モスクワというおそらくはロシア全土で最も不利な場所にある。そこはおそろしく人口過密で、労働者は怠惰で自堕落である……他方、何百という小さな町々が瓦礫となって崩壊しようとしている。それらの町に、それぞれ地域の生産物と水質に見合った工場を移動させてはどうか。そうすれば、労働者はもっと勤勉になり、町は栄えるだろう。

エカテリーナ女帝は専制君主であったから当然なのかもしれないが、経済をあたかも軍隊のように考えていた。領土と軍隊があるならば、必要と判断した場所に部隊を配備できるだろうし、兵隊たちが都市のきらびやかさやぜいたくな暮らしに未練をもっているかどうかなど頓着しないだろう。

経済発展は、軍隊と同じ方法では実現不可能であり、また同じ方法では持続されず、ましてや、軍隊のように配備してもうまくいくはずもない。にもかかわらず、エカテリーナ女帝の領土の後継者たるソ連においてだけでなく、世界中のほとんどいたるところで、僻地の停滞の克服をめぐって、こういう昔ながらの単純きわまる考え方がいまだにまかりとおっている。エカテリーナは、いかにも皇帝らしく、次のような難問に悩まされることはなかった。崩壊しかけた町の数に比べて工場がほんのわずかしかなかったらどうするのか。移植された工場が出ていったり、失敗したり、陳腐化したとき、何が起こるのか、それら会社町には、何が残されるのか。これらの工場の供給源が涸れ、しかも、新しい源泉がなかったらどうするのか。

第8章　都市のない地域に向けられた資本

世界有数の水力発電プロジェクトであるガーナのボルタ・ダムは、いくつかの工場に電力を供給することになっていた。しかし、アメリカのアルミ精錬工場を除けば——そもそもこの工場の参加が約束されていたから、ダム建設がスタートしたのである——その電力を利用するにいたった工場はほとんどなかった。電力はきわめて安く、このアルミ会社は、現在、工業用電力の世界平均価格の一〇分の一で電力を利用しているにもかかわらずそうなのである。ダムはまた、灌漑によって換金作物の栽培を促進することになっていたが、この計画もとうてい不可能であることがわかり、計画からはずされた。八万人の住民は、ダムと貯水池に場所をあけわたすために伝統的な村の最低生存の経済から追い出されて、他の土地へ移されたものの、そこの土壌がとても悪いために、半数以上の人々が食べていくこともできず、そこから出ていった。そしてその大部分は、土地をもたない被救済民になったとみられている。

大事業に融資される資金力に心を奪われて、このような投資が発展そのものであると考える人は多いようだ。ダムをつくれば発展が得られるというわけである。しかし、実際には、ダムをつくったところで、都市の市場と移植工業がなければ、何にもならないのである。ボルタ・ダムのような経済的むだは、さほど珍しいことではない。「その気になればまったく役立たずのダムを、世界中で四〇ばかり数えあげることができる」と、国連の食糧農業機関のある関係者は言っている。もちろん、だからといって、すべてのダムが役に立たないということではない。需要に応じた電力を供給し、市場に出せる作物の灌漑に役立ち、洪水を防ぐ等の役割を果たすダムも多い。それなしでは暮らし向きも悪くなるだろう。しかし、ボルタ・ダムのようなむだな投資が意味しているのは、都市が放出する大きな力の第五番目のものである資本は、それが都市地域を越えて不均衡な形で外に延びていく場合には、他の四つの力と同様、まったく悲惨な状態を生む可能性があるということである。

諸都市は、新しい財・サービス、およびこれまで輸入してきた品目の置換がうまくいった場合、その副産物として資本を生み出す。通常、その資本の多くは、都市の内部で利用される。なぜなら、都市の企業がつねに先端をいき、イノベーションを進め、企業の数も種類も増えるならば、都市は継続的に資本を必要とするからである。また都市地域も資本を必要とする。たとえばシノハタにおける近年の変化は、シノハタで生み出された資本ではなく、都市で生み出された資本を必要とした。しかし、すでに見たように、都市の資本は、遠方の地域にも到達し、また移民労働者の貯蓄という形をとる場合には、人々が見すてた地域にすら達するのである。

都市が政府の財・サービスの恩恵を受ける以上に、国家は税金の形で都市に大きく依存している。一九一三年に、アメリカで所得税がはじめて導入されたとき（当時はまだ軽く、その該当者もきわめて少なかったが）、その三分の一はニューヨーク州からもたらされ、さらにその大部分は、当時経済が活気に溢れていたニューヨーク市からのものであった。ムンバイは、インドの所得税の三分の一を生み出し、ミラノはイタリアの所得税の四分の一を生み出している。コペンハーゲンとその都市地域は、住宅その他の福祉計画を補助する税収を生み出し、それらの計画は、コペンハーゲンとその後背地の住民だけでなく、その他の国内諸地域にも恩恵をもたらしている。それゆえに、このような福祉計画は、地域的規模ではなく全国的規模で行われるのであり、地域差による富の偏在を均一化するのである。

以上は、国家財政がただ一つの都市とその都市地域に依存している極端な例であるが、しかし、今日のアメリカの諸都市のように、数多くの都市がより公平に税負担を分かち合っている場合でも、都市が経済活動の金づる（ミルクをもたらす牛）であることに変わりはない。この比喩は、西ドイツの言い方からきている。この国の関係者がよくこぼすように、そしてその愚痴ももっともなのであるが、西ドイツは、ＥＥＣの金づるなのである。

しかしミルクを搾り取られるのは、総体としての西ドイツではない。EEC全体のみならずドイツ農村部、ドイツの銀行による対外借款、さらには国際通貨基金や世界銀行にいたるまで、この国の出資にふり向けられる剰余を生み出すのは、ドイツの都市と都市地域なのである。

現代では、資本を生む自前の都市を欠く地域に供与される借款、交付金、補助金は、歴史上かつてないほど豊富である。そして、都市が生み出してきた移植工場、仕事、市場に比べて、この資本がひどく不均衡であったことを示すものは、ボルタ・ダムのような失敗のほかにも数多い。たとえば、簡単に手に入る移植工場をめぐって激烈な競争が現在各地で発生していることからもそれはわかる。それは稼動すべき移植工場の資本設備への投資が、移植可能な工場数と比べてまったく均衡がとれていないことを示している。アメリカ南部の農村からジャワ島にいたるまで、土地から追われた何百万人もの人々が、都市で生産的な仕事や所得を得られないでいることは、農業生産性を上昇させるための資金が、都市の仕事の拡張と釣り合いがとれていないことを示している。

また、都市は、農村的財を優先して市場を準備することもなかったし、農村の産出高の増大と釣り合いがとれた形でその市場を拡張させることもなかった。農業生産への投資が、都市の市場を上まわったのである。そのことは、たとえばウルグアイやニュージーランドの経済的苦境からもうかがえる。これらの国は、食糧をきわめて効率よく経済的に生産していたが、それでも旧来の市場を失うにつれて、それに代わる他の市場を見出すことができなかったのである。また、エジプトの穀物市場をめぐって、フランスとアメリカの小麦が政府の補助を受けて競争した例や、EECがヨーロッパのバター、肉、家禽その他の生産物に対するヨーロッパ市場をEEC圏外の生産者の競争から守るためにとった、極端で高くついた措置の例からも、同じようなことをうかがい知ることができる。また、アメリカ中西部の農民がアフリカの植物油の生産者との競争に遭遇したときの落胆からも、同じことがわかるし、また、この新しい競争相手がアメリカの援助した資本によるものであったことへの彼らの怒りからもそれを知ることができる。また、カナダのプレーリーの農民が、ソ連や中国の穀物不足の知らせを聞いて、控え目ではあるが本心からの喜びを表わしたことにもそれはうかがえるし、アメリカがカナダのニューブランズウィック州のじゃがいもを輸入することに対して、アメリカ国内のメイン州のじゃがいも農家が抗議したことにもそれはうかがえる。カナダのニューファンドランド州の近代的で効率的な製紙工場が、州内での大規模施設が経済的存在理由がなくなったとして永久閉鎖を発表したとき、製紙への投資が紙に対する都市の市場を上まわったことがわかるのである。

もう少し抽象的に言えば、返済不能の拡大や執拗な通貨インフレからわかるのは、資本の量に対して都市の仕事、移植工場、市場が不釣り合いだということである。返済不能な対外債務の多くは、まさに自国の経済を発展させようとした国々が招いたのである。これらの諸国は、自国の借金返済やコストの維持に充分な市場、仕事、工業の拡大――つまり、経済活動一般の拡大――を期待していた。貸す側もそれらの拡大を期待していたのである。しかし、その期待には根拠がないことが明らかになった。また、かりに返済できるとしても、ひどいインフレ通貨でしか支払えないとわかっている国内債務からうかがえることは、国内の慢性的貧困地域への投資のために政府が招いた負債――たとえば、カナダの地域経済拡大省が多年にわたって注ぎ込んだ資本のように――が、経済的拡大の点では成果をあげていないことである。

以上は、単に、あれこれの地域において資本が不釣り合いに利用されているというようなことではない。むしろ、われわれにわかるのは、全体としての都市は、同じく全体としての移植工場、仕事、市場を生むその能力とひどく不釣り合いに資本を供給しているということである。ボルタ・ダムは、こういった状況の一つのカリカチュアにすぎない。さらに、このように広く一般化した不均衡は、何十年間かたつうちに、明らかに強まってきている。つまり貸与された資金が多くなるほど、債務の不履行、過剰生産、失業手当も大きくなり、移植工場の争奪戦もその範囲が広がり、うまくいかなくなり、インフレはさらに蔓延することになる。

過去において、都市が、仕事、工業、市場を生む都市自身の継続的な能力と均衡がとれないような資本輸出を開始した場合にはつねに、都市は自らの経済を放置し、致命的な結果をもたらしている。たとえば、大英帝国は、はるか遠くの投資先に途方もない資本輸出をしたが、そうするうちに、イギリスの都市はしだいに停滞し、衰退へと向かい、いままでのところそれを逆転させることは難しかった。また個々の都市を例にとってみれば、たとえばデトロイトは、自動車製造の中心地として全盛を誇っていた時代には、巨額の資本輸出を行っていた。しかし同時に、デトロイトは都市経済としては停滞しつつあった。デトロイトは、一連の新しい種類の輸出の仕事を創出することをやめ、広範な輸入品の置換をやめただけでなく、自動車工学や生産方法における指導的地位さえも失ってしまった。資本輸出が大規模になるほど、そしてそれが長く続けば続くほど、輸出される資本とその都市が経済活動を拡大発展させるための他の諸力との不均衡は大きくなる。

それゆえ、今日見られるような全般的で拡大した不均衡は、不気味でさえある。事実、デトロイトやイギリスの諸都市に起こったことは広がりつつある。いわば、経済活動の中核である都市が、しだいに全体としてその発展のネジをゆるませて、都市自体も経済活動全体も、深刻な衰退の兆しを見せているのである。

しかし、こうした状況をもっと楽観的に見たならどうなるだろうか。自前の輸入置換都市がない地域は、前例のない豊富な借款、交付金、補助金の恩恵をある程度受けてきた。こうした恩恵によって、いままで輸入置換都市がなかった諸地域に輸入置換都市が生まれると仮定してみよう。その場合、たとえ多くの古い都市が経済的衰退を免れえないとしても、全体としては、事態はさほど悪化しないだろう。新しい都市が出現すれば、そこから、新しい都市の市場、移植工場や潜在的な移植工場、豊富な新しい都市の仕事と所得、また、言うまでもなく自らの持続的発展のための資本が生まれてくるだろう。かつては活気のない移植工場経済だった供給地域、住民が排除された地域、住民が見すてた地域は、やがて多面的に繁栄する都市地域になるだろう。

残念ながら、このようなうれしい驚きはあまり生じていない。もし生じているのであれば、台北や高雄やソウルやシンガポールは、変わり種や例外的存在ではなくなり、それと似かよった都市が、あらゆるところで出現するだろう。南米、アフリカ、カナダ、イタリア南部、スカンジナビア、インド、ソ連、スコットランドとイングランド北部、アメリカの貧しい地域など、借款、交付金、補助金がこれまでになく豊富につぎ込まれてきた地域ではみなそうなるだろう。なぜなら、借款、交付金、補助金は、まさに経済活動に刺激を与えることを期待されているのだから。その場合には、これまで私が述べてきたような都市経済の力の不均衡が一般化し拡大するようなことはまったくないか、あるいは、悪化せずにすぐにもとの状態へと回復し始めるだろう。

活気ある都市をもたない地域に、借款、交付金、補助金がつぎ込まれても、その場合には、不活発で不均衡な、あるいは依存的な地域が形成される可能性があり、自立的な経済の創造、つまり、輸入置換都市の創造には役に立たないことを、私は以下で論じるつもりである。失敗の原因は、それらがまさに借款、交付金、補助金であるという事実の中にビルト・インされている。金《きん》の卵は、あくまで金の卵であって、孵化しないのである。

たとえば、TVAの例をとってみよう。TVAは、発足からすでに半世紀もたっているから、その経済的効果は、達成されたもの達成されなかったもの、両面から見ることができる。さらに、この地域の経済計画とそれを可能にした資金援助はそれぞれに典型的であり、これ以上の例は見当りそうもない。また、この計画は、政治不安、暴力、汚職、文化的格差、その他大きな歴史的障害等によって歪められることがなかった。この地域の失敗は、理由のない困難や偶然の不運によるものではなかった。テネシー渓谷は、決してガーナと同じではなかった――もっとも、TVA計画は、ボルタ・ダム計画とそれへの資金援助の背後にあった考え方と共通ではあったのだが。

TVAという一般的な呼び方は、地域を指すこともありその計画を指すこともあるが、Tennessee Valley Authority（テネシー渓谷開発公社）の略である。TVAは、アメリカ政府によって、計画が立案され、管理され、その資金を取り扱うために設立された公共体で、資金の一部は政府の交付金によるものであり、さらに一部は、TVA当局によって引き受けられた借金によっていた。当局は、その名称として、ミシシッピ川の支流をなすこの地域の大きな川テネシーの名をとったのである。都市地域とちがってTVAは、小さな国ほどもある自然的、地理的存在である。それは、テネシー川とその支流の流域として定義され、南東部の七州、つまり、テネシー、ケンタッキー、バージニア、ノースカロライナ、ジョージア、アラバマ、ミシシッピの諸州を含んでいる。

この地域の自然は温和だった。たまたまTVAのジョージア州側の周縁に位置するピケンズ郡の自然をヘンリー・グラディが温和だと言ったのと同じである。資源は豊富だった。雄大な水路、耕作適期が長い温暖な気候、豊富な雨量、肥沃な土壌、森林、鉱物、付近の巨大な石炭鉱床、並はずれた自然美、様々な景観。また、この地域には社会的な格差や歪みもなかった。人々は、大地主の支配下にはなかった。自分の土地を所有している農家の比率は、地域差はあるが、概して高いところが多かった。なぜなら、この地域は、奴隷労働によるプランテーション地域ではなかったからである。この地域内のミシシッピ州のはずれの農民でさえ、以前から自由土地保有者であった。人々の大部分は、自助の精神と厳しい労働の伝統をもっており、隣人同士も仲がよく、もてなし上手で、開拓者の子孫であるということに誇りをもっていた。彼らはまた、政治に関心があることを誇りにもしていた。この地域では、民主的な代表制による政府という精神がまだ生きていた。住民の中から選ばれて公職についた候補者の政策や人となりは、上流の山ひだの奥の村でさえみなの関心事であり、つねに熱心に論じ合う話題であった。概して言えば、自然と文化とが相俟って、この地域には、確固とした繁栄する経済活動の舞台が用意されていたように見えたのである。

しかし実際は、その経済はみじめであり、しかもしだいに悪化していた。一九三〇年の頃には、もしこの地域のどこの葬式に出ても、ヘンリー・グラディがその昔ピケンズ郡で訴えた類の弔い方になっていたであろう。経済福祉統計のどの数字――乳幼児死亡率、罹病率、栄養、住宅事情、読み書き能力、所得――をとってみても、全体としてこの地域はアメリカ経済の最底辺にあった。

土地そのものが破壊されつつあった。ほとんど、あるいはまったく施肥しないまま絶え間なく耕作したために、土地はやせ、収穫高はしだいに減っていた。丘は、浸蝕による深い剝き出しの雨裂の傷あとを残していた。新しい耕作地を欲してはいたが、段々畑をつくる伝統をもたなかった農民たちは、ただただ斜面の森林を伐採し、そこを耕作していた。ふもとの丘陵地帯や上流の山の中では、農民たちは、木々の樹皮を切りとり、立ち枯れた木の幹と幹の間に種をまくこともあった。彼らがこういう移動畑をデッドニング（deadening）とよんだのは適切だった。そのせいで、渓谷地の洪水はひどくなりつつあった。わずかばかりの工業でさえ、はなはだ破壊的だった。最悪の例が、有毒ガスのために何千エーカーにもわたって草木が枯れてしまったテネシー州のダックタウンという村の銅精錬所だった。

この地域には、農場と小部落のほかに、貧弱な市場町、サービス・タウン、さらに行政上・教育上の中心地であり集配の中心地である都市が散在していた。そこではほとんど何も生産されていなかった。ときたま、精錬所、製材所、移植された織物工場や家具工場があるほかは、工業らしきものはほとんどなかった。わずかばかりの雇用があっても、それは技術的に遅れていて給料は悪かった。

地域全体が輸入置換都市をもたず、また過去にももったことがなかったという事実を考えれば、その経済の貧しさも後進性もさして驚くにはあたらない。

どこから手をつけるべきか。TVAは、一九三三年から一挙に、急速に、エネルギッシュに、効率的にスタートした。その計画の基礎にはダム建設があった。それは、洪水を防ぎ、河川での航行を改善し、電力を生産し、貯水池に付随する湖岸——レクリエーションのためと、観光客の財布を地域に引きつけるための——を提供するという目的をもっていた。

電力は、とりわけ化学肥料の製造のためと、農場への電力供給のために使われた。肥料と電力はともに、農場の産出高の増大を目的とし、さらには、栄養を改善し、現金を獲得させ、辺境の耕作地から手をひかせてそこに再植林することを目的としていた。電力はまた、工業の誘致、したがってこの地域の製造業と農業の不均衡の是正を目的としていた。

TVAの行政官、事務官、専門家の働きぶりは神経が行き届いた立派なものだった。たとえば、コミック・オペラ『ミカド』のプーバー大臣のように人をアゴで使うのとはほど遠く、農業専門家たちは、アルファルファのようななじみのない土壌改良作物の栽培を試してみるという意欲のある農民、また、等高線式耕作その他の土壌保全技術を試みる意欲のある農民を探し出し、また肥料を無料で供与されれば指示どおりに使ってみて、近隣の人にその使い方を教える農民を探し出した。協同的自助の精神が何事につけ強調され、拠りどころとされた。電力が使えるようになるとすぐに、電力を購入しそれを農場や村に分配する農村電力協同組合が結成された。学校改善委員会、栄養と自家製瓶詰教室、少年少女のクラブ、手工芸協同組合の結成にも援助が与えられた。人々は、公衆衛生と健康のキャンペーン、図書館、スポーツグループの発足と運営に参加した。

土壌が流出し、浸蝕され、誤用されていた農場用地は、急速に肥沃度を回復し、不毛の山腹は再植林され、洪水は制御され、道路がつくられ、十二指腸虫とマラリアは撲滅された。また、新しい学校が建てられ、通学のための交通機関が提供され、キャンプ、釣り、ボート、水泳のための公園がつくられ、モデル住宅団地が建設され、水道と衛生システムがつくられた。工業戦略もまた素晴らしい効果をあらわした。電気が利用できるようになるとすぐに、TVAは移植工場を探し出してきた。大量の電気を必要とする工場、特にアルミ精錬所、肥料工場その他の化学工場がまず先頭をきった。第二次世界大戦が勃発したときには、武器や爆薬の製造工場が増え、戦争の終わる頃には、原爆を製造するために、テネシー州オークリッジのモデル・タウンが建設された。建設作業、移植工場、行政的、公共的サービス業務での雇用は、農場の繁栄と結びついて、市場町や停滞した小都市に利益をもたらした。人々は、それらの町や都市でより多くの金を使えるようになったのである。

これらすべての中心にあったのが、テネシー州の楽しく眠たげな小さな町、ノックスビルだった。ここは、テネシー大学とＴＶＡ本部の所在地であったために、結果的に地域の首都になったのである。

仕事が始まって一〇年以内で、この地域には新しい工業、新しい市場——とりわけ電力に対する——ができ、新しい仕事、新しい技術、そしてもちろん多くの新しい資本が生まれた。要するに、この計画は、都市が生み出す力を全部よび起こし、それらの力を互いに適度な均衡を保ちつつ用いたのであった。このようなことが可能であったのは、計画立案者たちが、都市地域の複製、すなわち人工的な都市地域を生み出したからである。欠けていたのは、輸入置換都市だった。この欠落はそのまま残った。ノックスビルも地域内のその他の都市も、一連の新しい輸出の仕事を創出したり広範な輸入品を地元の生産で置換するにはいたらなかった。ＴＶＡの伝説——それが土地の救済に非常な成功をおさめ、想像力豊かに、人間味溢れる形で、貧困や後進性を克服する道を求めたという思い出——は、ＴＶＡの最初の一〇年の伝説であり、人工的な都市地域がつくられた期間のことである。この期間にＴＶＡがもたらした多くのものはいまも残っているし、今後も長く残るだろう。

しかし、この地域は人工的な都市地域であったために、本来の都市地域のような機能を発揮する方向には進まなかった。この地域では、量の上でも種類の上でも、重要な都市の仕事が生じなかった。輸出品を生み出し輸入を置換する都市が一つもないのでは、そのような仕事は生じようがない。他地域のためだけでなく地元の生産者や住民のために豊かで多様な生産を行うということからはほど遠かったために、この地域では、ほとんどすべてのものを輸入に頼るか、またはそれらなしで済ますかした。輸入置換都市がないとすれば、そうならざるをえなかったのである。地元の都市の市場は、購入のあり方を大きくシフトさせたり拡大させたりすることはなく、都市地域でよく見られる農村の仕事の多様化を引き起こすこともなかった。新しい工業が、畳の上でも種類の上でも、それほどは生み出されず、したがって、工業は遠方から誘致しつづけるしかなかった。移植工場や軍需工場がもたらしたもの以外には、新しい種類の輸出の仕事が創り出されることもなかった。相変わらずほとんどあらゆるものが、よそで生み出された資本から融資を受けていた。

これらすべての経済的欠落は、TVAが、債務不履行のために、通常の不均衡な供給地域と同じように、その所有する一大資産にますます依存せざるをえなくなったということを意味する。TVAの場合には、その大きな資産とは、穀物や鉱床ではなく電力を生産する能力であった。

地域の改造期間中に達成されたものは非常に多かったが、貧困もまた広く残っていた。このことは、当初はさほど深刻には見えなかった。すみやかに改善されたものがきわめて多いという事実のために、他の多くのことがらは、計画がまだ初期段階であるためという理由で大目に見られた。すでに明らかにされた経済の多様化と拡大が、さらにそのままの勢いで続くだろうということが、多かれ少なかれ当然視されていたのである。

しかし、そうはならなかった。都市の仕事の欠如が響いたのである。同様に、地元のための生産の欠如と、地元の市場の不活発さが響いた。一九六四年までは、農村部や、ノックスビルに隣接する後背地の極貧の小居住区に住む人々の暮らしはひどかった。そこで、ジョンソン大統領は、特別にこの地方を訪れて、住民のうち続く貧困を理解し、同情していること、この地方を公式に貧困地域に指定する予定であること、したがってこの地方は貧困緩和のための特別移転支出その他の特別ファンドを受けることができるだろうと語った(信じられないことだが、このわずか一年後にジョンソンは、アメリカがベトナム戦争に勝ったあかつきには、TVA計画によってベトナム経済を再建するだろうと上機嫌で発表し、あまつさえデービッド・リリエンソールTVA局長をベトナムに派遣して、予備計画を立てさせたのである)。アメリカ政府の一九七〇年の医療調査では、TVA領域内にあるミシシッピ州の一部地域が、家計の所得と公衆衛生のひどさ、それと医療不足の点で、全国最低であるとされた。七六年に、ゼネラル・モーターズがTVAの多くの移植工場用地のあるアラバマ州のディケイターに、新しく自動車工場をつくったときには、一四〇〇人の求人に対して、およそ四万人が応募した、七八年には、ノックスビルから二五マイルのところにあるダムをめぐる環境問題論争によって、いまだに貧困にあえいでいるこの地域が、いかに環境をそこなおうとも、ダム建設を望んでいるという事実が明らかになった。人々は、雇用の面でこれに最後のそして唯一の期待をかけていたのである。

このような現実のために、そしてこの地域が他に輸出の仕事を生み出さないまま、輸入に大きく頼るかそれなしに済ませるしかないために、TVAは電力を生産して売る以外に選択の余地がなかった。この資産によって、人工的都市地域全体とその生活水準は、直接・間接に支えられていた。したがって、できるだけ貧困を排除するために、当局は一九四五年以来ずっと、電力生産に専念したのであった。四五年から五五年までの一〇年間に、電力生産は倍増した。それは、次の一〇年間でさらに倍増し、次の一〇年間でまたさらに倍増した。七五年から八五年に向けての計画は、それをさらに倍増させる方針だったが、おそらくこれは無理だろう。要するに、この地域は、かつては多面的な経済の様相を示していたものの、年月の経過のうちに、経済的にますます不均衡になったのである。

電力生産の増大は、やがてダムの能力を越えるようになった。そのため当局は、巨大な火力発電所もつくった。一九七〇年までに、総電力の八〇パーセントが石炭によって生み出されるようになった。あとでふれるような理由で、こうした拡大はいつまでも安いコストでは続けられなかったため、当局は原子力発電に切り替えた。七九年までに、ここは、国内最大の水力発電と火力発電のほかに、七つの原子力発電所が稼働中ないしは建設中であり、国内最大の原子力発電の中心地となった。この途方もない電力産出の顧客は五〇の農村電力協同組合と、一一〇の地方自治体組織（これらは地域のユーザーにだけでなく、多くの移植工場に電力を供給する地域内組織である）と五〇の特別ユーザーから成っていた。特別ユーザーは、TVAがそのために産出量を倍増させてきた顧客であり、電力を多量に使うユーザーであるが、ことの性質上、数も種類も限られている。最も大きいのがエネルギー省、次いでアルコア（アメリカのアルミ会社）である。その他の中では、軍需生産が大きく影を落としている。

さとうきびやニッケルとは異なって、電力の生産はほとんどどこででも行えるものである。したがって、TVAの大きな経済的な強みは、電力それ自体ではなく電力の安さにある。コストが重要な意味をもつのである。電力が水力だけで生産されていた初期の頃には、TVAの電力コストはアメリカ一般の半分にすぎず、国内の都市化が最も進んだ地域に比べると半分以下だった。ダムが役立つようになるやいなや移植工場がこの地域に移ってきたのは、この節約のためである。ダムと貯水池の用地獲得のためのコスト、およびそれらの設計監理、建設のための用地獲得のコストの大部分は、電力生産のためには計上されず、洪水対策、水路改善、土壌保全、レクリエーション等のコストに計上されたのである。ダムのメンテナンスや操業のコストの多くも同様だった。こうした目的のために、もろもろの交付金が利用できたのである。電力は副産物とみなされ、こうした仕組みのコスト計算のために、電力を安く売ることができたのである。

しかし、電力が単なる副産物とはいえない発電所に対しては、こういった有利な計算はできない。したがって、石炭火力による蒸気発電所がこの地域の電力総生産高に占める割合が大きくなるにつれて、TVAは火力発電所と水力発電所とをこみにした計算で、三〇パーセント安の電力しか提供できなかった。原子力発電は安いどころではなかった。事実、それは非常に高くつくため、現在TVAは、原子力発電のコストの面および電力市場に変化がみられないことから、すでに計画されて一部は着手していた八つの原子力発電所を、建設中止ないし無期延期せざるをえなくなっている。

コスト上の有利性が減少し始めたときに、当局は事態を転換する方法を求めた。その一つとして、当局はもっとダムをつくる計画を立て、それに対する慣例的な交付金を獲得する方向に進んだ。実際にはダムが発電以外の役には立たず、さらに悪いことには、それまでの農地や森林や景観を破壊していたのにである。問題を糊塗するために、当局は――その総監督があるとき法廷で認めたように――プロジェクトの目的と環境に与える影響とについて偽りの報告を出さざるをえなかった。当局が買いつけた石炭は、おもに、この地域の北東のケンタッキー州やウェストバージニア州の山地で、供給業者が露天掘りで採炭したものだった。露天掘りの規模と過酷さは、その石炭を消費する巨大な発電とみごとなまでに一致していた。表土や森林は無残に荒らされ、渓谷は瓦礫で窒息させられた。洪水はひどくなり、被害は倍加した。当局と石炭供給業者による破壊ぶりは、貧しい農民なら一〇〇年以上もかかるほどの完璧なものだった。というのも、石炭供給業者がその破壊の跡を修復すべきだとする立法、規制、法廷行動、世論の高まりに対して、当局は力の及ぶかぎり抵抗したからである。破壊後に土壌の再生をしたのでは、石炭価格の上昇を招き、ひいてはTVAが移植工業に提供する電力価格の上昇を招くからである。何年もの闘いののち、環境保護論者たちはついに、当局が石炭供給業者に対して再生基準を設置することを認めさせた。しかし、当局は基準の実施を怠った。さらに法廷闘争が続いた。連邦政府が大気汚染物質を減らすための集塵器(それは一つが約一〇〇万ドルだった)の取りつけを命じたとき、当局はそれに従うのを渋ったが、この場合も理由は、そうすれば電力のコスト上昇を招き、地域に新しい移植工場を獲得することがより難しくなるということだった。はっきりとは言えないが、いまのところ、環境保護論者は、煙突に集塵器をつけ露天掘りには土壌の再生をはかるという闘いでは、勝利をおさめたようである。

しかし、この地域自体のグロテスクな経済は、何一つ修正されていない。何よりもまずこの地域は、輸入置換都市を欠いていたために非常に貧しかったが、いまだにそれを欠いたままである。電力の産出と引き替えに、遠方の資本、遠方の市場、遠方からの移植工場をあてにすることで達成できるものは、ここではほとんど出つくしてしまった。この地域の次の段階は、ひととおりのコースを終えていびつな経済なりに行けるところまで行った不均衡な供給地域のつねである停滞と貧困の深化ということになるだろう。もっとも、当局のほうは、いまや、その専門家集団を後進国に貸すことに明るい展望を見出しているが。専門家たちは、ブラジル、トルコ、バングラデシュに対して、発展にかかわる助言をし、一九八二年には、フィリピン、インドネシア、エジプト、スーダン、中南米のエネルギー計画を援助するためにアメリカ国際開発局と合意を取りかわした。

一九七〇年代にTVA批判がまたしても高まったときに局長をしていた人物は、たまたまTVAの伝説的な最初の一〇年間の職員の一人で、当初からこの企画に参加してきた人間だった。TVAによって生み出されつつあった被害の証拠を前にした彼の返事はこうだった。「われわれがまちがってないと言うつもりはない。だが、かりにまちがっていたとしても、すすんでやっているわけではない」。

これは経済のワナにとらえられた人間の弁である。そもそもの最初から、彼の任務は、地域の貧困克服に手を貸すことだった。彼はこの地域がもち合わせているものについては最善をつくしてはきたが、輸入置換都市を欠いていたために、この地域が手に入れたものは驚くほどわずかなものにすぎなかったのである。当局のとった道以外に選択肢があるとしたら、それは、この地域が、遠方の都市の仕事——もしあればだが——を求める大量の労働者に見すてられる地域となることだけだったろう。

しかし、借款、交付金、補助金で買うことのできる資本財が豊かに存在するこの地域で、輸入置換都市が一つも発生しなかったのはなぜだろうか。一つの答えとしては、輸入置換都市が興隆し繁栄する時と場所では必ず、輸入された財・サービスがその経済で三つの異なる役割を果たしているということが考えられる。第一に、都市は他の地域と同じく輸入品を利用し消費する。

しかし、都市経済の発展に関するかぎり、この点は、輸入品が都市で果たす役割の中ではほとんど無に等しい。輸入品は「都市の輸出の仕事によって稼得されたもの」を表わしてもいる。この点が重要なのである。輸入品を稼得する過程そのものが、都市の経済を発展させるのである。というのは、輸入品を稼得するには、生産の多様化とインプロビゼーションとを必要とするからである。すなわち、稼得の過程自体が、供給業者と生産者の共生的な場を促進し支え合うのであり、この点が都市の経済にとって決定的に重要なのである。都市が創出した輸出の仕事が分化し多様化するにつれて、地元の生産者も分化し多様化し、そしてまた都市が稼得する輸入品も、生産の多様化に奉仕する形でおのずから多様化する。それゆえ、活気ある都市を生み出すには、輸入品を稼得する過程が決定的に重要であり、また発展の持続のためにも、それは決定的に重要でありつづける。発展は与えられるものではない。それはつくりだすべきものである。それはできあがった資本財の集合体ではなく、一つの過程なのである。

輸入品が都市で果たす第三の役割は、もちろん、地元の生産によって置換されるものとして役立つことである。しかし、これは、それまでに輸入品の稼得の過程によって多様化の基盤ができていなければ、経済的に実行可能にはならないし、まったく不可能なこともある。

ＴＶＡ地域では、地域の再建期間中もそれ以後も、大量かつ多種多様な輸入品が入ってきた。しかし、それらの輸入品のうち、都市の仕事によってこの地域で稼得されたものは、種類、量ともに目ぼしいものはなかった。なぜそういうふうになったのか。それらの輸入品は、交付金や補助金によってもたらされた贈与であったし、あるいは当局の保証した借款によって購入されたものであった。借款でさえ、都市の仕事で支えられたり都市の稼得で返済されたのではなかった。主要な借款の利子を払い、元金を返済したのは、電力の販売によってであった。他の借款は、農業の稼得で返済された。要するに、交付金や補助金によって獲得された輸入品の場合には、そもそも都市の稼得は関係なかったし、またこの地域が借款で獲得した財・サービスの場合にも、都市の稼得はまったく関係なかったのである。

ここで、台北における近年の驚くべき経済発展の過程で、この都市に生じたことを思い起こしてみよう。台湾は、アメリカから借款、交付金、補助金を受け取っていたが、しかし、それらが輸入置換都市としての台北の発展をもたらしたのではない。それとはまったくちがう何かがこの都市には起きていた。台北では、ミシン、工作機械、染料、原材料、建築資材その他の輸入品を稼得したのは、都市の企業の仕事であり、その大部分は小規模でインプロビゼーションを得意とするものであった。これらの稼得は、大規模な借款、交付金、補助金によって即座に融資される大がかりな資本財のファンドに比べれば、地味ではあったが、そういった取るに足りない都市の稼得によって、台北の発展は、分化した多様な生産を行うものとなり、さらには都市地域の発展がもたらされたのである。台北の発展の原動力になったのは、都市の仕事によって稼得された輸入品であって、それ以外のものではなかったのである。

ＴＶＡ地域では、都市経済を振興させようという意図はまったく見られなかった。というのも、それが重要なことだとは全然考えられていなかったからである。そして実際に、ＴＶＡ地域内の既存のどの地区も、特に将来性があるようには見えなかったのである。しかし、都市経済を振興させる意図があり、また充分に輸入置換都市になる見込みのある候補地があったとすれば、その場合には、ありあまる借款、交付金、補助金によってそのような経済が促進されただろうか。

現実の経験からすれば、この場合も、答えは否である。一例を挙げれば、一九五〇年以来、イタリア政府は国内南部の、例の『パンとチョコレート』に描かれた哀れな移住労働者が流出してきたもとの場所に、道路、発電所、学校、住宅等の建設と工業の誘致、農業の補助等々を目的として、大量の借款、交付金、補助金を注ぎ込んできた。特にアドリア海に臨むバリとナポリのすぐ近くには、バリとナポリの経済発展の援助を目的として工業的移植工場が設置され、そのうちのいくつかは、政府の工業創出部門からの融資によって莫大な費用をかけてつくられた。農村の場合も都市の場合も計画の一般目的は、貧しい農村的な南部と、繁栄する都市化された北部との経済的格差を是正することだった。しかし、ナポリとバリは相変わらず昔のままで、贈与された工場という形態の、自ら稼得したのではない輸入品によっては、経済は本質的には変わらなかったのである。一方、皮肉なことに、輸入品を稼得しつつあった北部の諸都市は、この過程でいっそう多様化しつつあったのである。

イタリアのエッセイストであり、ジャーナリストでもあるルイジ・バルツィーニは、このはなはだ失望的な結果を次のように要約している。TVAの場合と同様イタリア南部が、借款、交付金、補助金によって輸入品や専門技術として買ったものから大きな恩恵を受けたのはたしかである、と。バルツィーニは、新しい設備によってもたらされた驚くべき「SF的雰囲気」について語っているが、同時にその変化の驚くべき皮相さについても語っている。「……古代から続く絶望的な貧困は、いまだに残っている。多くの村では、老人と子供しかおらず、実にみじめである……農村地帯は空っぽである」。さらに、たとえ建設労働や再建計画によって雇用がもたらされたとしても、また、たとえ導入された工業によってこれまでこの地域になかった仕事がもたらされたとしても、豊かな北部と貧しい南部の経済的格差は縮まっていない。むしろ逆に、格差は実際には広がっている。「もし当初の希望をまだ忘れずにいるなら」とバルツィーニは言う。「明らかに、この政策は、金ばかりかかった大失敗であるし……、さらに悪いことには、歴史的なチャンスが永久に失われてしまったのである」。

TVAと同じように、イタリア南部でも、はじめは素晴らしく希望に満ちた変化の期間があり、その後に幻滅が生じた。チャンスが何らかの形で失われたことについては、計画立案者をはじめとして衆目の一致するところである、とバルツィーニは言う。しかし、借款、交付金、補助金のもっとましな使い方をめぐって非難の応酬があっただけであり、しかもそういった議論は意味がないのである。実際には、できるかぎりの手が打たれたのかもしれない。

初期のTVAを記憶していて、その結末を知っている人々は、ともすると、何かの理由で計画が裏切られたと考えるかもしれない。しかし、伝説的なTVAと現在のTVAは、実は同一のものなのである。イタリア南部に借款、交付金、補助金が流入したということ、にもかかわらず、そこが依然として遠方の都市の仕事を求めて——それがあるとして——労働者が見すてる地域であるということは、矛盾するものではなく、相互補完的な事実なのである。

したがって、発展のための借款、交付金、補助金によってできることとできないことの区別を理解することが、重要になる。これらのものは、うまく利用すれば、すみやかに必要な変化をもたらし、すぐに現実的な改善を生み出すことができる。しかし、そこで期待できるのは、借款、交付金、補助金を使うということだけである。それ以外に残るのは、失望と停滞、また、遠方の都市の力——通常は不適切な——にいつまでも深く依存することである。一九八一年にアルジェリアの革命家アーメド・ベンベラは、こうした悲惨な結末にふれて、それまでの四半世紀にわたる発展のための借款、交付金、補助金をめぐって第三世界が経験したものを総括し、それを苦渋に満ちた筆致で描いている。「北は自分たちのパターンや基準をわれわれに押しつける。われわれは、より多くの工場より多くの道具を輸入するだけでなく、より多くの小麦や食料品も輸入し、ますます依存度を強めている」。

　ベンベラの言っていることはまったくそのとおりである。しかし、これは「北」側の誠意も思慮もない陰謀なのではない。こうしたもろもろの結果は、取引そのものの性質の中にすでにビルト・インされているのである。豊かな国の貧しい地域も、貧しい国の場合と同じような結末となっているのである。

　自ら稼得したのではない輸入品は、他の点ではどんなに有益であろうと真の経済発展を引き起こさないことを理解しさえすれば、移住労働者が貧しい故郷に送った金が、そこの経済活動をほとんど変えないこともまた理解できる。こういう送金は、まさに、その地でないのである。

都市の仕事によって稼得されたものでないがゆえに、一時的に貧困を軽減する以外には、経済活動では何の役割も果たせない。豊かな地域から貧しい地域への移転支出についても同様である。それらは貧困を軽減はするが、本質的には貧困の原因を克服することはできないのである。

かつて多くの都市や都市文明が滅びたように、移転支出に全面的に依存している現代の都市や文明が滅びる運命にあるとするなら、おそらく、現代の最も印象的な記念碑はダムであろう。道路は長もちしない。そのつくり方はあまりに雑だ。しかし、沈泥が堆積してかぶさるように大きくなったダムは、たとえ下部がひび割れてぼろぼろに崩れてはいても、巨大な黙して語らぬ驚異として残るだろう。「人々はいったい何をする気だったのだろう」と未来の発掘者は不思議がるのではないだろうか。「信じられない。ほかの物とおよそ関係がないような場所にこんな物をつくったりして。多分、神々の怒りをなだめるか、加護を祈るための偶像崇拝的なものだったのだろう」。これはわれわれの時代を割り切りすぎた描写かもしれないが、そうまちがってはいないはずである。

第9章　取り残された地域

かつては都市の市場に奉仕し、都市の仕事に人を送り出し、あるいは都市の技術、都市の移植工場、都市からの収入を受け取ってきた経済が、最終的にはそういった都市とのつながりを失うこともある。そうなると人々の生活は、農村的最低生存の暮らしに落ち込む。しかし、まったくの最低生存の生活に適応しているうちに、人々は以前の実践経験や技術の多くをすてさり、失ってしまう。たとえば、エジプトでは、パピルスから紙をつくるのは古代において定着していた実践経験だった。ローマ帝国の時代までは、紙はエジプトの主要輸出品だった。しかしその後、エジプトのほとんど全土が農村的最低生存の生活に落ち込んだとき、製紙業は放棄された。日本人は例外だが、最低生存の経済で最も必要度の低いものは紙である。紙をつくる原料となる種々のパピルスさえ、エジプトでは絶滅してしまった。現代のカイロの学者、ハッサン・ラガブがいなかったら、今日誰もその製紙法などわからなかっただろう。ラガブは、スーダンの川岸に生えていたパピルスを発見し、それをナイルの川岸に植え直して、何年かの試行錯誤ののちにパピルス紙を再発明したのだった。彼の設立したパピルス協会は、遠方の欧米諸都市に再び輸出を始めた。パピルス紙は、値段は高いがほかの紙などと比較にならないほど丈夫なために、これらの諸都市で、小規模で特殊な市場を見つけたのであった。

私は、一九三〇年代のはじめ、アメリカの最低生存の経済を営んでいる土地にしばらく滞在したことがある。そこは、都市の経済との接触や交流をほとんど失ってしまったのち、伝統的な実践経験と技術をすてさる方向へと進んでいた。その匿名性を守るために、その小さな部落をいまかりにヘンリーとよぶことにする。ヘンリーは、のちにTVAの一部になった地域のいちばんはずれ、ノースカロライナ州西部の山あいにあり、互いに道路が通じていない農場が散在する部落であった。ヘンリーの場合、帝国の没落とか都市の崩壊というような重大な出来事によって都市との経済的つながりが断たれたのではなく、移住とそれに続く孤立によってそうなったのである。ヘンリーはまったく平穏裡に、経済的衰退をむかえたのであった。

そこの住民はイギリス系だった。彼らはアメリカに来て、はじめカロライナの東部に入植し、その後あらたな土地を求めて山を越えて西に進み、最後にケイン川の源流近くの、壮麗な折り重なった山々と硬材林と大きな音をたてて流れ落ちる支流のある、美しい場所に移ってきたのである。私のおばのマーサ・ロビンソンは、一九二三年に、長老教会派のホーム・ミッション委員会のフィールド・ワーカーとしてここに派遣されていた。彼女が来た頃のヘンリーは、およそ一五〇年もの間都市の経済からほとんど切り離されていた。小さな郡庁所在地と市場町は、ほんの一二マイルしか離れていないのに、ヘンリーの住民の大部分は、そこには行ったことがなく、行ったことのある人間でも、ほんのまれに徒歩かラバの背に乗って行ったのだった。道は四輪馬車が通るのはほとんど無理だったし、事実、ヘンリーの人々が使用しなかったものの一つが四輪馬車だった。

この地でのおばの仕事の一つは、教会を建てる面倒をみることであったが、もちろんこの教会も北部にある遠方の都市の資金援助によるものだった。ある農民が、用地として川べりの美しい小山を寄付した。おばは、付近の小川や川床からとってくるだけでほとんど仕上げの必要がないような素晴らしい大きな石があるので、それを建物に使うように勧めた。「いや」と村の長老たちは言った。いい考えだが無理だ。モルタルではごく小さな石しか支えきれない、と彼らは説明した。そして、煙突が必ず小石でできているのはそのためだ、それに、小石でもそれほどもたない、石だけでできた壁や建物は安全ではない、と彼らは言うのであった。

これらの人々の出身地たる母国の文化は、はるか昔から、そびえ立つ石造りの教区教会だけでなく、壮大な大聖堂をももっている。十八世紀カロライナの海岸地帯や山麓地帯においてさえ、彼らの祖先は石造建築を知っていたはずである。しかし、石造りの建築の実践経験を失ってしまったために、人々は何世代かの間にその記憶も失ってしまい、そんなことができるという信念も失ったのである――その後はじめて最寄りの都市アッシュビルから石工が来て、小さな石を用いた石造りの教会を彼らに教えた。次に彼らが建てた建物は、おばの木造の小屋が焼けたのちにつくられた大きな石でできたものであり、その次に建てた集会、手工芸、図書館用の村の建物も大きな石造りだった。小さな石でできた教会と、大きな石でできたその他の建物は、いまでも残っている。

ヘンリーの住民の祖先がいまの山間の地にたどり着いたときには、先祖伝来の製品と技能という経済的遺産を豊かにもち込んでいた。その中でめぼしいものは、紡ぐこと、織ること、織機づくり、家具づくり、穀物を挽くこと、家や水車場をつくること、酪農業、家禽や豚の飼育、造園、ウイスキー蒸留、猟犬飼育、さとうもろこしからの糖蜜づくり、籠を編むこと、ビスケットを焼くこと、バイオリンを弾くこと等々であった。彼らはまた、交易の実践経験と習慣をもち込んだのだが、一五〇年の間にその大部分は物々交換の習慣に変わった。水車の持ち主は、穀物一袋の挽き賃として一定量の穀物または卵四個を受け取り、上等の椅子をつくった男は、採集に苦労するチンカピン栗一籠か、ラッグラグ（ぼろきれを織り交ぜた敷物）一枚を受け取った。

実際には、ヘンリーの人々は、自前で生産できるものに全面的に依存していたわけではなかった。彼らは、現金を得るためにいくつかの畑でタバコを栽培し、不作の年を別とすれば、さとうもろこしの糖蜜にはいくらか余剰があった。タバコと糖蜜は付近の村の人々には売らなかった。なぜなら、ヘンリーの人々と同じように、そこの人々もほとんど現金をもっておらず、しかも同じようなものをどうにか生産している状態だったからである。タバコはラバの背に乗せられて郡庁所在地までいき、そこからノースカロライナの東部にある工場にいった。糖蜜は、郡庁所在地で消費された。ヘンリーの人々は、それらと引き替えに外の世界からの貴重な輸入品をいくつか受け取った。丈夫な作業靴、デニムのオーバーオール、金属の道具類、食用のリスを獲るための古びた猟銃の弾薬、そして終生大事に着る日曜日のための晴着。現金が少なかったために、熊手が折れたり鋤がさびついたりすると、たちまち台所具合は深刻になった。

外部世界とのこのような貧弱な交易は、ヘンリーの人々が直接に自分たちのニーズのためにわりふる土地や労働に比べればほとんど取るに足りないほどのものだった。生存のために必要なほとんどあらゆるものを農村経済から供給することがいかに過酷な要求であるか、そしてそのような生活がいかに不安定であるかがわかれば、昔ながらの実践経験が失われて絶対的に必要なものだけが残ったわけを理解するのは容易である。ヘンリーでは、何をするにも大変な労力と時間がかかったが、その仕事の能率をよくする補助具はほとんどなかった。よいのこぎりがないため、さとうもろこしの汁を煮て日常の重要な食物である糖蜜をつくるのに必要な大量の木を集めたり切ったりする仕事に、一家総出で何週間もかかった。さとうもろこしの搾液機自体が、鉄製の圧搾チェンバーと歯車のついたねじ式の古代の遺物のような代物で、とぼとぼ回りを歩くラバの力を利用するというものだった。これも三つの部落で共有されていて、各家庭が順番を待つのだが、凍てつく冬の寒さが訪れないうちに順番がくるかどうか気のもめることであった。

ヘンリーの人々は、経済的に徐々に衰退していたが、一九二三年でもまだ衰退過程にあった。彼らの継承してきた技能は衰えかけており、いくつかはほとんど失われていた。ある老婦人は、籠のつくり方とそのための蔓、ヨシ、ヘギ板、染料の探し方、用意の仕方をまだ覚えていた。多くの人はロウソクのつくり方を知っていたが、それに必要な時間と労力のためにロウソクはぜいたく品になった。各戸がロウソクなしで済ませ、火明かりで間に合わせるようになるにつれて、ロウソクはしだいに消滅しかかっていた。織物はすでに衰退していた。なぜなら、生きていくというだけのために、人々は大分前から織機をつくることをやめ、誰もそのつくり方を覚えている者はいなくなっていたのである。古い織機は、大部分が十九世紀初頭のもので、まだ毛布を織ったり、スカートや外套用の布を織ったりするのに使われていたが、いたって不手際な修理のために織物の質も悪くなっていて、ひどく脆い箇所があったかと思うと、ひどく部厚い箇所があったり、耳の部分がゴロゴロしていたり、ほつれたりした。バターをつくれる女性はたった一人しかいなかったし、乳牛を飼育できる人間もほんのわずかしかいなかった。酪農製品は食卓からほとんど姿を消しかけていた。

農業の衰退も問題であった。従来の土地が消耗したときには、私が前章で述べたような森林伐採によって新しく当座しのぎの麦畑がつくられたが、浸蝕によってその土地も破壊されたため、さらに森の奥に新しい森林伐採地が切り拓かれることになった。こういった類の実践活動は、最低生存の農業ではよくあることだが、必ずしもそれが破壊的であるわけではない。土壌の専門家はそれを移動農業とよんでいる。しかし、ヘンリーの狭い峡谷の上方の土地がそうであったように、それが傾斜地で樹木が茂っている場合には、移動農業は土地を永久に破壊する可能性がある。歴史的には、移動農業はスペイン、中国、中東において広範な森林伐採と土壌流失を引き起こしてきたし、今日では熱帯地方の森林破壊の主因となっている。ヘンリーの人々が森林伐採によって山の奥へ奥へと蚕食していったとき、彼らの行為は、取り残された最低生存の文化に属する人々がこれまでやってきたこと、そして現在でも生き延びるために多くの人々がやっていることと同じだったのである。

ヘンリーの人々はよく働き、物事に責任をもち、倹約家であらゆるもの（土地を含めて）を消耗するまでくり返し使用し、しかも快活で好奇心に溢れ、誰にも劣らぬ知性をもっていた。彼らは漫画やジョークに出てくるような無気力で無骨な山男などではなかった。しかし、地力の衰えと旧来の技術や工芸の喪失とのはざまで、ヘンリーの経済は一九二〇年代には、祖先の頃より零細で貧しく原始的なものになっていた。彼らの最低生存の生活は、ロマン主義的な人間が考えたがるように経済活動がどのようにして始まるかを示すものではなく、経済活動がどのようにして衰え消えていくかを示すものだった。

ヘンリーが再び都市とのつながりをもつようになると、その経済はゆっくりと向上し始め、再び多様化の兆しを示し始めた。消滅寸前の伝統工芸が復活した。おばは市のミッション委員会の援助によって、籠、手織りの羊毛やリネン、ラッグラグ、また、いまでも素晴らしい出来栄えを見せている伝統的な椅子とほうきに対する都市の市場を見つけた。籠をつくる人は見習い人をもつようになった。織機は、外部の人の助けでちゃんと修理された。

アメリカのほとんど全土で大不況が猛威をふるっていたのに、ヘンリーでは、長期にわたる最低生存の不況から立ち直り始めたために、経済は向上しつつあった。新しい道路がそれに手を貸した。一九二〇年代末に舗装が行われて、ときどきトラックや車が通るようになると、若者の中にはヒッチハイクをする者も現れた。そうした冒険者の中の二、三人が、ウェストバージニアの炭鉱でたまたま季節労働にありついた。数年のうちに、十八、十九歳の丈夫な息子がいるヘンリーの家族の大部分は、大不況にもかかわらず、炭鉱から多少の所得を得るようになった。のちに戦争が始まると、所得は、こんどはアメリカ陸軍から入るようになった。戦後は、若者たちは遠方の都市の仕事を求めてヘンリーを永久に見すて始めた。六〇年代末には、何人かの都市住民が夏期や週末の休暇のための家を建てたが、ヘンリーがコミュニティとしてはもはやほとんど活力がないために、昔からの住民の多くが去っていった。取り残された、興味深い生活風習をもった古い最低生存の生活の消滅を悼むのは結構だが、そういう生活をヘンリーで送らなければならなかった人々は、都市とのつながりの機会があれば、何にでも飛びついたのである。都市とのこういったつながりは、ある意味では新しいものだったが、またある意味では全然新しくなかったともいえる。歴史をさかのぼれば、ここの人々の祖先は都市とのつながりをもっていたのに、経済的に孤立するにつれてそれを失ったのである。

現在では、創造的経済活動の夜明けを示してくれるような原始的で素朴な経済は、地上には残存しないといってよいだろう。あちこちで散見されるきわめて少数の狩猟・採集社会は、なるほど原始的で何の変化もないように見える。しかし彼らは、一般的に、武器、ワナ、日常用品、建築方法、装飾品をもっており、またしばしば楽器類ももっている。これらは明らかにその昔発明や変化があったということを物語っている。ヘンリーのように、あるいはエジプトの最低生存の生活のように、こうした狩猟・採集社会は、祖先の経済よりも原始的かもしれず、始まりというよりは終末を示しているのかもしれない。道具をまったく所有していない野生植物採集者の集団（フィリピンのジャングルの奥地でちょうどそのような集団が発見された）でさえも、論理的には、夜明けではなく衰退を示している。採集者の集団の先祖は、いつの頃か海を渡って来たのだが、それはまったくの素手ではほとんど無理な仕業である。おそらく移住後に、彼らは、孤立状態の中で経済的に衰退したのだろう(一九七二年に「発見」されたミンダナオ島の「石器時代人」については、マルコス失脚後、学界から疑義が出されている)。

それはそうとして、現在見られる取り残された最低生存の経済――インド、中国、東南アジア、中東、アフリカ、中南米の、貧困に打ちのめされた農村的停滞地域――の人々は、基本的にはみな発明や創造が過去にあったことを示す経済の中で生活している。メキシコのナピサロ地域のモロソス――希望のない人々――もその一つである。これらの人々の背後には、発展する経済とのかかわりの歴史があり、その一部、断片、残滓は、いまだに残っているのである。

たとえば、エチオピアを考えてみよう。耕作可能地上の典型的な居住地を示す地図には、住宅を表わす点々が高い密度で連続的に散在しているために、それは、フランスの一倍半の大きさをもつこの国の中に溢れ出る巨大な郊外スプロール現象のように見える。しかし、アジスアベバとアスマラ――そのどちらも大した経済はもってないが――を除いてこの巨大な居住地群は農村的であり、ヘンリーが最も孤立していたときに比べても、はるかに都市との接触を断たれている。獣皮、綿、コーヒーが輸出されているのはたしかだが、そういった遠方の都市の市場向けの生産は、農村のエチオピア人がこの土地で生き残るための直接の闘いのためにわりふる土地と労働に比べれば、何ほどのものでもない。エチオピアの三〇〇〇万の人口の一〇分の九は最低生存の生活の農民か牧夫である。平年より降雨量が少なかった一九七三年には、一〇万人以上が餓死したが、外部の世界はその出来事にほとんど気づかなかった。天候に恵まれた年でさえ、無数のエチオピア人が飢えている。

エチオピアの国内、国外を問わず、いかなる種類の都市のエネルギーも、所詮、何百万というこれらの丸太小屋や畑にはまったく届かない。これは都市によってほとんど全面的に放置された経済である。しかし、実際には決して原始的で素朴な経済ではない。エチオピアは取り残されてばかりいたわけではない。はるか昔、エチオピアは古代エジプトの都市生活と結びついていた。その関係がどのようにして生じ、どのように機能していたかは、エジプトでもエチオピアでも記憶から消えてしまっているが、両者に関係があったことはたしかである。というのは、アメリカの文化がヨーロッパに由来し、日本の文化が中国に由来しているのと同じ意味で、エチオピア文化はエジプト文化に由来しているからである。のちにエチオピアは、富と権力と重要性を具えたエチオピア帝国になった。しかし、エチオピアはすでに停滞しつつあり、ローマの建設中には、その富は失われつつあった。現在見られるエチオピアの貧しく後進的な生活は、貧弱化し頽廃した経済活動、長期にわたって阻まれた発展の最終結果なのである。

エチオピアの停滞それ自体には、特にきわだったものはない。エチオピアは、諸帝国のいまも昔も変わらぬ典型的な宿命に従ったのである。きわだっているのは、むしろ、その経済がひとたび都市および都市とのつながりを失ったのち、かくも長きにわたって都市から取り残されたことである。それがいかに長いかを見るために、かつてのバルドーのことを考えてみよう。もしも、かつてのバルドーが、そこにあったローマの鉄鉱山が放棄されたとき以来、エチオピアの大部分と同じ長さにわたって都市から取り残されていたとしたら、おそらくいまも取り残されたままだったろうし、村は少なくともこの先一〇〇年以上は完全に経済的停滞のままだろう。自前の都市を失い、しかも遠方の都市からほとんどあるいはまったく用のないものとされる経済では、取り残された状態がいつまでも続くのは明らかである。

現在取り残されている経済のすべてが、遠い昔に都市とのつながりを失ったのではない。たとえば、中央アフリカのいくつかの地域では、一世代前には、大英帝国やベルギーの植民地被支配者として、人々は遠方の都市の市場向けに換金作物をつくったり、鉱山で働いたりしていた。政治的結びつきは断たれたが、それと同時に経済的結びつきをも断たれたケースもある。現在は、政治的、軍事的暴力や騒動のために、市場向けの作物をつくることができなくなり、従来の集配機能の崩壊のために、地方の人々は経済的孤立を強いられ、最低生存の生活に陥ることとなった。他に道があるだろうか。こうした変化は一時的なものにすぎないかもしれないし、またそうでないかもしれない。

現代のアフリカにおいて、帝国のこうした前哨地点に起こったことは、西ローマ帝国の前哨地点において、軍団（レギオン）がブリタニア（イギリス）から引き揚げたとき、あるいはバルドーで鉄鉱山が放棄されたときに起こったことと、原則的にはあまりちがわない。ローマの経済はその名残りをヨーロッパ各地に残し、その程度は地域によってまちまちだが、ヨーロッパが最低生存の生活に落ち込むにしたがって、いかに多くのものがすてられ、そしてまったく忘れられたことか。作物の輪作という実践経験でさえ、生き延びるためにすてられ、そして次には、それが可能であるということさえも忘れられた。金属の農器具が磨耗しても取り替えられもせず、それらをつくる技術もすてられ忘れられた。パンを焼くことが放棄されるにつれ、オートミールのかゆがヨーロッパ共通の穀物食品となった。経済活動の中で、一連の工業製品や工芸品が消え、上質の織物が消え（例外は、北海沿岸の低地帯にある小さな飛び地で、ここではその技術が保たれた）、染色した毛織物、安い大量生産の陶器類、写本、ガラス製品も消えた。人々は衰退した最低生存の生活の中で保持されていたわずかな残存部分に頼って、より原始的な生活を営みながら、より創造的だった過去に頼ってより貧しい生活を営んでいた。ローマにおいても、六世紀の経済活動では、もはや鉱石を採掘したり溶解したりすることがなかったために、金属が必要になると、人々が扉から蝶番《ちょうつがい》を略奪し、泉から管を略奪したときには、文字どおり過去からの経済的残存部分に頼って生活していたのである。

私は、発展しつつある経済活動はすべて都市の経済に依存していると述べてきた。定義からしてそうなるのである。つまり、経済活動が発展しているところではどこでも、発展の過程そのものが都市を生み出すからである。たとえそういう都市の中には——たとえばコロンブスが来る前に消滅していた北米インディアンのホープウェル文化の諸都市、あるいはそれよりもっと前に消滅したメキシコのオルメック文化の諸都市のように——まったく奇異な例外と思えるものもあるにしても、おそらくこれまで、つねに経済の発展過程は都市を生み出してきたからである。私はまた、経済活動の拡大はすべて都市との有機的なつながりに依存すると述べてきた。このことが正しければ、経済的創意の産物や実践経験を利用する最低生存の経済は、それがいかに過去の残余や断片にすがっているとしても、都市経済とまったく無関係なのではないということになる。どこかで、いつか、その経済は創造的都市とのつながりをもっていたのである。そのつながりがどんなに短期であろうと、どんなに希薄なものであろうと、どんなに昔のことであろうと。

このことから、取り残された最低生存の経済が再び都市経済とのつながりを確立することは、原則としては、ありえないことではないだろう。もっとも必ずそうだというわけではない。取り残された最低生存の経済とのつながりを再び確立する都市が異質の文化に属している都市であるならば、それらが最低生存の経済にとっては無関係なこともありうるのである。

ヘンリーの場合は、一九二三年以後その経済に介入し再び強いつながりを確立した諸都市が、自分と異質の文化に属するものでなかったことは幸いだった。また、かつてのシノハタのような、日本の最低生存の共同体や最低生存の供給共同体の場合も、同じ意味で幸いだった。また同じことが、ヨーロッパの全部とはいえないまでも大部分の最低生存の生活の居住地についても言える。つまり、取り残された最低生存の生活とのつながりを再び確立しようとする諸都市は、自らが転換させようとした農村地域と同じ文化から出てきていたからである。

これと反対のことが起きると、創造的な経済活動とのつながりを再確立することは、恩恵をもたらすどころではなくなる。自分たちとは相容れない異質な諸都市からは、むしろ取り残され無視されたままのほうがありがたいくらいである。北米インディアンは、毛皮に対する遠方の市場をもった異質のヨーロッパ人に侵害されなかったほうが、またインディアンの土地をどう利用するかという彼らの思いつきによって侵害されなかったほうが、はるかに暮らしは安泰だったであろう。アイルランド人も、クロムウェルの時代とその後二世紀にわたるイングランド人から取り残されたほうが、はるかに暮らしは安泰だったろうと私には思える。現在、ビルマは、かつてのヨーロッパとの結びつきを断ち切って、頑固に、借款、交付金、補助金を断り、支配者はほとんどの対外貿易を禁じている（もっとも、密輸や闇市は栄えてはいるが）。ビルマは現在、遠方の市場のための生産をほとんど行っていないだけでなく、植民地経済の頃に比べて、自国民のためにさえ、生産の豊かさ、多様さが減っている。彼らが創造的で創意に富む経済活動を送っていた遠い昔に比べても、明らかにそうである。現代のビルマは、大部分が農村的最低生存の生活に落ち込んでおり、どう見ても昔より貧しく、原始的な経済になっている。もっとも、彼らは、自分たちが遠方の異質な都市に取り残されたために暮らしが安泰になったと考えているようである。彼らのほうがおそらく正しいのだろう。もちろん、彼らにとっての今後の新しい選択肢は、異質な都市の方法によってではなく、ヨーロッパや日本のように自前の流儀で発展することであろう。

西ローマ帝国の崩壊後、ヨーロッパは中世諸都市の形成のおかげで、エチオピアが経験したような果てしない停滞を免れることができた。しかし、それはきわどいところだったにちがいない。新しい都市が形成されるには、(次章で見るように)その初期の交易を始めるにあたって、その相手としてより古い都市が必要である。ヨーロッパにとって幸運だったことには、アドリア海の北端の干潟や湿地にみすぼらしい小居住地があり、ヨーロッパの他地域が衰え退化している中世暗黒時代に、この小地域は、コンスタンチノープルに、塩、続いて木材の都市市場があることを発見したのである。しかし、ヨーロッパ経済のさきがけ的都市ベネチアは、いつまでも単なる供給地域にとどまってはいなかった。ベネチアは、そういった塩と木材の交易を基礎として出発し、自前の生産を多様化させることによって発展を遂げ、さらにそのことによって北方と西方の集配地域に対してベネチアという都市市場を提供し、さらにそれらの地域が今度は、自らの都市の生産を強化したのである。ヨーロッパの都市が互いに活気溢れた創造的な経済活動を通じて成長していくにしたがって、それらの都市は周辺の最低生存の生活を交易の場に巻き込み、それを転換していった。かつてのバルドーは、ヨーロッパ全体が取り残されていた時代の、ヨーロッパ最後の時代錯誤的遺物の一つだったのである。

ある帝国の都市が全部たてつづけに停滞している一方で、その瀕死の経済の腐朽と破壊の中からときを同じくしてそれらの損失を埋め合わせるだけの、新しい若い都市が生まれてこないということはよくある。都市が死にかけているのに新しい都市生活が生まれないということは、西ローマ帝国でも、のちには東ローマ帝国でもあった。ベネチアに対してコンスタンチノープルがもっていた意味を思うならば、のちにという事実を喜ぶべきだろう。これまでのところ、古く新石器時代にまでさかのぼってみても、全世界の都市が同時に滅んだことはなく、したがって経済活動すべてが、取り残された最低生存の生活であったこともないように思う。アジスアベバが滅びかけていたときには、ローマが興隆していた。中国の大都市が停滞していたときには、ベネチアが興隆していた。イギリス諸都市が滅びかけていたときには日本の諸都市が興隆していた、と将来言われることだろう（もちろん、核兵器のワナにはまっている世界に、未来があるとしてだが）。

しかし、世界が、衰退し停滞しつつある単一の帝国のようにふるまうと仮定してみよう。そういった事態は、都市がきわめて多くの場所で、同時に、またはたてつづけに停滞すれば起こりうるだろう。あるいは、世界が事実上単一の停滞した帝国になれば、そういうことが起こりうる。

万が一、地球的規模で都市の停滞が起こるなら、経済活動はいたるところで停滞し退化し、そこから脱出するすべはないだろう。もはや、いくら機会があっても活気ある諸都市が介入することもなく、新しい都市が興隆することもない。もしそうなれば、発展する都市経済の実践経験は消滅して、問題をいかに解決するかという記憶もまた消滅し、その後には、ごく普通の人間にそんなことができるという信念さえ受け入れられなくなるにちがいない。事実、今日でさえ、世界の多くの地で、そういうことが可能なものとしては信用されていないのである。孤立したヘンリー、かつてのバルドー、最後にはエチオピアさえもがその手本になるだろう。いたるところで、すべての人が、モロソス、つまり希望のない人になるだろう。われわれはみな経済活動の将来について悪夢を抱いているのだが、私が抱いている悪夢がこれである。

第10章　なぜ後進都市は互いを必要とし合うのか

イランの国王（シャー）は、アメリカや日本や北ヨーロッパのような経済がイランにもほしいと思った。彼は、それらの経済がもっているのと同じ設備があれば、同じような経済が得られるだろうと考えた。そこで彼は、マサチューセティとよばれる人々を顧問として、それを手に入れる算段にとりかかったのである。マサチューセティとは、イランのある社会学者の命名になるもので、その意味は、マサチューセッツ工科大学出身者を連想させるような教育と外見を具えたテクノクラートのことである。実際、シャーの経済・技術専門家の中には、この大学で教育を受けた人が多かった。

一九七五年に政府が聖都イスファハンのために発注したヘリコプター工場は、イランで何が起こりつつあり、シャーがどこで、いつ発展を買い入れているつもりでいたかをよく示している。新しい一九人乗りのヘリコプターを設計し工場を建てて設備を取りつける契約が、アメリカのテキストロン社との間で結ばれ、さらに、ヘリコプターの組み立てとサービスにたずさわるイラン人機械工の訓練と、ヘリコプターを操縦するパイロットの訓練に対して、テキストロン社に報酬を支払うというもう一つの契約が結ばれた。こういう契約は通例のことであった。イランは、アメリカの企業だけでなくヨーロッパや日本の企業との間でも、化学肥料工場、セメント工場、鉄鋼工場、発電所、病院、自動車工場、はては農村まるごとまでもの契約を結んだ。いくつかの施設は、まずイランの国内需要のための生産を目的としていた。その他の施設は、ヘリコプター工場のように、国内経済向けと輸出向けの両方の生産を目的としていた。イランはこれらに対して石油で支払いをした。石油が枯渇するときまでには、イランは複雑高度な商品をもはや輸入する必要もなくなり、食糧もほぼ自給できるようになり、石油に代わるあらたな輸出品もできるようになるだろうという考えである――要するに、他地域のためだけでなく地元のためにも豊かに多様に生産する、多面的で自生的な経済が考えられていたのである。ともかく、理論上はそういうことであった。

テキストロン社は、その名が示すように、繊維工場として出発したが、他社を買収することによって多角的なコングロマリットになった。買収された企業の中に、ニューヨーク州バッファローのベル・ヘリコプター社（旧社名ベル航空機）があり、のちにそれはテキサス州フォートワースに移植された。このベル社は、巨大で複雑なプロジェクトを得意としており、それもあってテキストロン社はこの契約を獲得したのである。というのも、シャーとその配下のマサチューセティは、このプロジェクトが、工業に基づく経済を樹立しようとしてウルグアイが味わったような混乱、浪費、不条理にはまり込んで動きがとれなくなってはいけないと考えたのである。テキストロン社は、新しくベル・オペレーションズ社という子会社を親会社からあまり遠くないテキサス州のユーレスにつくり、この仕事だけに専念させた。技術者たちがユーレスで新しいヘリコプターの設計をし、工場自体の設計にも取り組む一方で、ベル社の他の技術者たちや経営幹部は、イスファハンに現地での作業を準備する本部をつくった。工場は、五〇棟の建物から成る巨大な基地になるはずであった。

やがてベル・オペレーションズ社は、ノースカロライナ州シャーロットにある、別の有能で経験豊富なジョーンズ建設会社に、工場建設を請負わせた。ジョーンズ社は、関連する種々の特製品を下請に出した。たとえば、ワシントンDCのハワード・P・フォーリー社は、電気設備の設計、監督、購入に責任をもった。テキサス州ダラスにあるフォーリー社の支社から送られてきた購入注文書は、たとえばニューヨーク市のグレーバー・エレクトリック社のような電気関係の卸売業者六社に発注された。そのグレーバー社はダラスの支社を通じて、機械類、部品、資材を大小様々おびただしい数の製造業者に発注した。たとえば、ルイジアナ州アレクサンドリアのディストラン・プロダクツ社には変電所を、またテキサス、ノースカロライナ、イリノイ、アイオワ各州の四つの工場で生産を行っているゼネラル・エレクトリック社には高圧用開閉器を発注した。これらディストラン社とゼネラル・エレクトリック社は、グレーバー社がイスファハンの仕事のために発注した九〇社の製造会社の中の二社にすぎない。またこれら九〇社のすべてには、資材、部品、道具の供給業者がさらに多数控えていた。グレーバー社以外の卸売業者五社からの注文に応ずる多数の製造業者についても、同じことがいえた。

ほかに、主要特製品である暖房工事、空調工事、配管工事は、ジョーンズ社からダラスのサム・P・ウォレス社に請負に出された。ウォレス社は、一五〇の業者や企業と関連をもっていた。そのうちの、たとえば、テキサス自動スプリンクラー社は、客の注文で防火用スプリンクラーのヘッドを設計・製作する会社であるが、もちろんその関連で、自社の道具、資材、サービスの供給業者を抱えていた。ウォレス社の他の一四九の請負業者も同様であった。

こういった部品その他もろもろをイスファハンへ輸送する手だてを得るために、ジョーンズ社とウォレス社とフォーリー社とは、共同で貨物運送業者ダニエル・F・ヤング社を借り上げ、ヤング社はそのために、フォートワースの郊外に事務所をつくった。ヤング社は、ヒューストン、ニューオーリンズ、チャールストン、ノーフォーク、ボルチモア、ニューヨークの各港から大量の商品を積み出しするための発送予定を調整した。同社は遠洋輸送のために四つの航路を使ったが、ここでようやくイランがかかわってくる。毎月二週間おきにアメリカのどこかの港で工場用積荷を載せる運輸会社のうち、主要なものはイラン・エクスプレス社で、これは株の四九パーセントがフロリダ州タンパのアルタウィック社の所有、五一パーセントがイランの所有だった。イランはまた他の三つの貨物航路のうちの二つでも、過半数を所有していた。

何百億ドルにも及ぶ何百もの他の似たような契約は最後まで履行されたが、テキストロン社の契約の場合は、そうはいかなかった。一九七八年秋、工場の三分の一がほぼ完成したとき、イスファハンでシャーに対する激しいデモが起こった。ベル社の従業員用バスが爆破されたが、戒厳令が布かれて、建設工事は続けられた。しかし同時に、政府は、石油収入に依存しすぎていたことを知ったのである。イランが海外から買いつけたものはみな、石油収入によっていたのである。政府はより多くの外貨を獲得するために、将来の石油収入と引き替えに借金をする方向に切り替え、国内の支出増大をカバーするために、急激な紙幣増刷に着手した。そのため物価は急上昇し、イランの自生的商業は崩壊しかけていた。一九七八年十月、イランはテキストロン社への支払を滞納した。支払の停止と同時に、テキストロン社は仕事を中止した。以下、系列の会社はベル・オペレーションズのユーレスの製図室から、シカゴ、ニューヨーク、フィラデルフィアの第二次下請、第三次下請というような無名の末端企業の押し抜き機（ポンチプレス）の作業場にいたるまで、労働者が解雇された。他方、幹部連中や事務部門では、それ以外のアメリカ人労働者が新しい顧客の獲得を急ぎ、製造されたままでまだイスファハンに発送されてない設備を廃品・余剰品業者に売ろうとしていた。ベル社は、ヘリコプターを自社で生産するか、あるいは別の外国の顧客が見つかれば共同で生産するかの計画を検討し始めた。支払と作業がストップして二カ月後、そしてシャーが追放される直前に、イラン政府は公式にテキストロン社との契約を取り消した。

イラン政府がこの計画を考え直していたちょうどその頃に、『ニューヨーカー』誌の特派記者が一人の高校教師をインタビューしていた。彼は熱烈なイスラム教徒で、イスファハンの反国王デモの指導者の一人であった。記者は、この人物に政治的抑圧と社会的無秩序の増大について聞いたのち、話を経済のほうにもっていった。一五年前にテヘラン大学を卒業したというこの教師に、この一五年間に「イランが経済発展への大幅な前進を遂げた」のは事実かどうかを記者は訊ねた。

いや、と教師は答えた。「残念ながら、わが国の経済成長はたまたま石油という資源があるからです。わが国の現状を考え、同時に日本のような先進国の現状を考え合わせるなら、われわれがなし遂げたことがいかにわずかであるかがわかります。日本のことを考えるときは、こんな詩を思い出します」。

　レイラとぼくは人生の道づれ
　レイラはわが家にたどりついた
だのにぼくはいまだにさすらい人

しかし、と記者は彼に迫った。よその国がイランよりうまくいったとしても、「イランだって結構やったではないですか」。

教師は答えた。「ここにいまあるのはインフレです。食糧価格は上昇しています。わが国の石油埋蔵量は枯渇しつつあります……農業はないに等しいくらいです……わが国の工業はといえば、よその国でつくられた製品の組み立てラインだけです……」。

このとき、インタビューを聞いていた一人が、記者にりんごをさし出した。記者は書いている。「その男は私のために皮をむき始めたが、ナイフをあてたとたんに刃が柄からとれてしまった。彼は壊れたナイフをさし出して見せた。『万事この調子ですよ』と彼はうんざりした口調で言った。『わが国はドイツのクルップ社の株の二五パーセントを所有しているというのに、国内では果物ナイフ一本つくれないんだから』」。

イランが購入している生産財と、イランがつくることのできる財との断絶のカリカチュアとして、ナイフを選んだのは適切である。発展する能力と、生産財をつくる能力があるということは経済活動のまさに核心であり、ナイフその他もろもろの刃物をつくれることは、消費財ではなく生産財の開発と生産にとって基本的に重要である。自らのために広範な生産財の生産を増大させていかないような経済は、たとえ何を買い入れようが「発展への大幅な前進」を達成できない。あるいはまた、石油成金が絵画や彫刻を買うことができるからといって、芸術家になったわけではない、とも言える。

シャーが買いつけた物にかかわるいかなる発展も、イラン国内ではなく、どこかよその土地で起こったことだった。シャーの工場は、借款、交付金、補助金の援助によってまかなわれた諸設備とは異なり、（最初は）すべてイランが稼得したものではあったが、イランの都市の仕事によって稼得されたものではなく、したがってその稼得は、イランが多様で生産的な都市経済を増強する能力、あるいはその結果としての都市地域を生み出す能力には結びつかなかった。それゆえ、買いつけは、石油に依存したこの国のグロテスクで不均衡な供給経済の特徴をいっそう強化するだけだった。

発展を大々的に金で買いつけることができると考えた独裁者は、イラン国王が最初ではなかった。十八世紀の初頭、ピョートル大帝は、オランダなど当時の先進経済から生産財と技術を買うことでロシアの経済発展を実現しようとした。ヨーロッパで教育を受けた専門家、いわば当時のマサチューセティを補佐や顧問として、ピョートルは西ヨーロッパから何百という設備を買いつけたが、その範囲は、鋳物工場や運河の閘門から、リボン工場やモデル首都サンクトペテルブルグにまで及んでいた。ピョートルは、ロシアを近代化したことで西ヨーロッパでは大いに讃美された。ちょうどシャーがイランの近代化のゆえに各方面から讃美されたのと同じである。ピョートル大帝の場合、その資金は臣民に課した税金によるものであった。ロシアの生産の大部分は農村的であったから、それはおもに小作農民の負担となった。多額の金を使い、また、買いつけた様々の進歩的見せかけにもかかわらず、そのことによってロシアの経済は、ピョートル大帝が真似ようとした経済の方向には進まなかった。シャーと同じようにピョートル大帝も、発展を、生産のための物の集合と考えて、変化の過程とはみなさなかった。この過程は、大帝が買えるものではなかったし、西ヨーロッパが売れるものでもなかった。西ヨーロッパの場合は、この過程をとおして多面的な経済発展を続けたが、ロシアの場合は、複合的な都市経済がないままに発展が阻害されて、停滞したままであった。こうして、ピョートル大帝の買いつけ後も、西ヨーロッパ経済とロシア経済との格差はピョートルの期待したようにはせばまらず、むしろ広がったのである。

発展とは、自前でやる（ドゥー・イット・ユアセルフ）過程である。いかなる経済も、自前でやるか、さもなければ発展しないかのどちらかである。今日高度に発展している経済は、かつては後進的だったその状況を乗り越えたのである。それらの経済の経験を蓄積することによって、問題を実際にどう処理するかが示されるのである。歴史的には、二つの主要パターンないし主題、すなわち、後進諸都市の相互依存および経済的インプロビゼーションが見られる。シャーとピョートル大帝そして彼らの顧問たちは、先進経済との単純な双方向交易によって何とか発展を実現しようとし、また、すでに発展し終えた方式と製品とによりかかって、手っとり早く自生的な試行錯誤やインプロビゼーションの手間をはぶこうとした。しかし、それはまったくの的はずれであった。

前章で私は、新しい諸都市が興隆し繁栄するためには、既存の諸都市が新しい諸都市の製品に対する市場とならなければならないと述べた。しかし、後進的な都市がその種の取引に自己限定してしまうのは危険である。というのは、そういう取引は、それとは異なるタイプの都市間交易、すなわち自分たちと同じような環境、発展段階の都市との交易を開始するためのスプリングボードにすぎないからである。後進都市は、他の後進都市との交易の比重を大きくしなければならないのである。さもないと、自分たちが輸入するものと自分たちの生産によって置換できるものとの断絶が大きすぎて、両者を結びつけることができないのである。要するに、これはイスファハンの怒れる教師の不満と同じものであり、彼の言ったことは正しかったのである。

ピョートル大帝が発展の産物を買い込みはしたものの理解はしなかったその発展過程の先鞭をつけたのは、ヨーロッパではベネチアであった。ベネチアは、コンスタンチノープルとの単純な先進–後進間交易を利用して、多くの新しいベンチャー的事業を始めた。ベネチアの創始者、ベネティ人は、略奪と騒乱からの避難所としてアドリア海北端の干潟と低湿地を根拠地にしたとされている。そうした環境の中で、彼らは六世紀までにはそこに住みつき、その地で海の浅瀬を利用して天日製塩によって塩を生産し始めた。おそらく最初は、自分たちのために生産しただけであろうが、塩は貴重な商品であり、しかもコンスタンチノープルには、それに対する市場が存在していた。コンスタンチノープルは、帝国の行政の中心地であっただけでなく、交易の中心地でもあり、当時の都市製必需品やぜいたく品の主要生産地、集散地であった。ベネティ人が塩の見返りとして何を受け取ったかは不明である。おそらく、敷物、ガラス製品、ぜいたくな布や宝石、そしてのちにベネチアの人々が称讃したさまざまな品であったろう。彼らが金属の木材裁断用具を買ったのはほぼまちがいない。というのは、これらの道具は造船に欠かせないものであり、またのちにコンスタンチノープルへの主力輸出品となった木材の発展にも欠かせないものだったからである。

勃興期のベネチアがその当初もち合わせていた資産は次のようなものであった。売るための自然資源、それらを買ってくれる遠方の都市の市場、したがって、より先進的な地域から都市製の輸入品を稼得する方法である。要するに、ベネチアは、当時も現在も、まさに供給地域がもっているものをすべてもっていたのである。

かりにベネチアが、この単純な先進コンスタンチノープルとの双方向交易に専念しつづけたと仮定してみよう。その場合には、ベネチアは自前の都市経済を発展させはしなかったただろう。ベネチアが生産したかもしれない粗末な都市製商品——それらは、コンスタンチノープルの大して複雑でもない生産物の模倣だったが——は、コンスタンチノープルではおよそ関心を引かなかったであろう。また、そういった環境のもとでは、勃興期のベネチアが、コンスタンチノープルからの広範な輸入品を、自前の生産で置換することも不可能だったであろう。ベネチアが買うことのできるものの大部分と、ベネチアが生産できるものとの断絶があまりに大きすぎて、両者を結びつけることはできなかったであろう。ベネチアに必要だったものは、ベネチアがどうにか生産することのできる都市製の財に対する市場だった。その場合にのみ、ベネチアはその発展過程を開始することができたのである。

事実、ベネチアは発展した。コンスタンチノープルの経済なしに、コンスタンチノープルのように行動することによってである。漁師、製塩業者、木こりの原始的な小地域が、どこをもうしろ楯としないで、豊かで強大な中心地コンスタンチノープルのように行動し始めたということは、滑稽とも見えるかもしれない。だが、ベネチアはやったのである。ベネチアが用いた手段というのは、ベネチアと大差ない他の後進地域——つまり、ベネチアが生産できたコンスタンチノープルの商品の模造品すべてを必要としていた地域——を相手に、交易を開始することであった。これらの後進地域にとっては、ベネチアは、資源や原材料に対する小規模な市場となったが、それはちょうど、コンスタンチノープルがベネチアに対して市場を提供したのと同じであった。

ベネチアは、自前の単純な（この段階では）工芸品を売るだけでなく、コンスタンチノープルから手に入れたぜいたく品の一部を、封建ヨーロッパの城や荘園の有力者たちに再輸出することができた。ベネチアは、この二種類の製品——ベネチアの自前の製品とコンスタンチノープルの製品――の見返りとして、皮革、羊毛、錫、銅、毛皮、(鹿の)角、こはく、鉄などの資源を手に入れたが、これらは、ベネチアがそのゆっくりと分化しつつある一群の製造業に取り込んでいけるものであった。

それはきわめて緩慢な過程であった。ベネチアが取引していた後進経済は、過酷な最低生存の生活に近い状態から出発しつつあった。それらの地域は、周期的にひどい飢饉に見まわれ、生産財の欠如ははなはだしく、鉄の鋤――それがあればの話であるが――は、王領にも匹敵する財宝なのであった。にもかかわらず、まさに、コンスタンチノープルとの交易を後進地域との交易のスプリングボードとすることによって、ベネチアは、十世紀までに、爆発的に拡張する都市経済をもつようになり、しだいに自らのために複雑高度な生産を行えるようになって、ヨーロッパの資源に対する大市場となった。こうしてベネチアは、変化し拡大する市場として、ヨーロッパの停滞した最低生存の経済を少しずつ供給地域に転換させていった。それはちょうど、かつてコンスタンチノープルの市場が、ベネティ人の最低生存の生活を供給経済に変え、その集配地域としてベネチアが発展したのと同じである。

ベネチアが相手としたヨーロッパの集配地域が、ベネチアとの単純な双方向交易に満足していたなら、それらは発展性のない供給経済にとどまったであろう。しかし、これらの地域は、ベネチアとの交易をスプリングボードとして相互に交易を始めたのである。アントワープの商人は、羊毛を買いつけてベネチアに水路輸送しただけでなく、後進的なロンドン、パリ、ジェノバへ輸出する布を生産し始め、やがてヨーロッパ全土にわたって交易を行うようになった。ロンドンは当初、ベネチアと交易すべきものをほとんどもっていなかった。というのはロンドンの最初の重要な輸出品は、塩づけのタラであったが、類推のために何世紀か飛び越えて言えば、それは石炭の産地ニューキャッスルに石炭を運ぶのと同じく余計なことだったろう。しかし、ヨーロッパ大陸の内陸部には、ベネチアをも含めて相互間で交易を行う諸都市がほかにもあり、それら諸都市はロンドンの魚に対する市場でもあった。そして、スコットランド低地地方の織機用に送られるイングランドの羊毛も、やがてロンドンを経由するようになった。そこでロンドンは、輸入品の一部を模倣し始めた。つまり、それらを置換し始めたのである。たとえば、ベネチアと同じようにまずコルドバから皮革製品を買いつけ、そのあとで皮革製品をつくるのだが、最初はコルドバの皮革を使っていたが、あとではもっと安いもっと粗製のイギリスの皮革を用いるようになった。こういう品物は、ベネチアでは何の関心もなかったであろうが、ロンドンと大差ないような地域では評価されたのである。

もしこういった脆弱で小さな諸都市が、相互に輸出品を生産するだけだったら、その経済はほとんど拡大・発展はしなかっただろう。全体としてそれらの都市は、いわばお互いの洗濯をし合っているだけで繁栄しているという物語の中の町に似てくるだろう。自らの経済も他の経済も強化、多様化、分化するための鍵は、それぞれの都市が、お互いの輸入品を自前の生産によって置換するようになったことである。これらの都市は、実際に即したことがらとして、これを行ったのである。なぜなら、彼らが近隣から輸入していたものと自ら生産できたものとの断絶は、両者を結びつけられないほど大きくはなかったからである。ある後進的な都市が生産できるものは、他の都市も似たような形で生産できるのである。

都市相互間の輸入置換は、都市におけるイノベーションの産物に対する市場を刺激した。諸都市が広範な輸入品を地元の生産物で置換する場合には、そうでない場合に比べれば輸入が減少しない。むしろ、その都市は、地元で生産されるようになった輸入品に代わる別の製品をあらたに輸入するようになるのである。これまで私は、農村の財、資源、原材料に対する都市の大市場に力点を置いて説明してきた。この点は重要である。しかし、経済活動の発展に関してより重要なのは、輸入品を置換し、それゆえに輸入をシフトさせる諸都市が、他の都市で生産される新しいタイプの財に対する重要な市場となることである。それらの都市にはイノベーションの産物を買う余裕があるから、イノベーションに対する重要な市場となるのである。こうして輸入置換都市は、他都市で創出されるあらたな輸出の仕事を刺激する。こうしたメカニズムによって、一連のイノベーションによる産物が、日常生活の中に入ってくる。さらに続いて、それらが地元の生産によって置換され、次のイノベーションに対するあらたな都市の市場が開拓されるのである。

以上のことが意味するのはこうである。つまり、発展中の諸都市間の交易は流動的であり、諸都市が互いにあらたな輸出品を創造し、次いでその多くを置換するにつれ、交易の内容が絶えず変わるということである。ヨーロッパ後進都市の発展の場合がそうだった。これらの都市は、互いにつねに新しい輸出品を生産していた。鐘、染料、締め金、羊皮紙、レース、梳毛用の櫛、針、塗りの家具類、陶磁器、ブラシ、刃物類、紙、細かいふるい、粗いふるい、砂糖菓子、万能薬、状差し、乾燥用熊手、六分儀——こういったものを、諸都市は地元の生産で置換し、次のイノベーションに対する顧客となったのである。諸都市は互いにもちつもたれつの関係で発展したのである。

こうした過程を経てヨーロッパの都市は、ピョートル大帝の時代までに高度な発展を遂げた。その過程は以後も持続したが、大帝は過程の結果を購入したものの発展過程そのものは購入できなかったのである。今日にいたるまで、ロシアは、この発展過程には中途半端な形でかかわってきたにすぎない。ソ連の都市は、互いに輸出品を生産しているが、自前の生産物で置換しているのはそれらの財のうちほんのわずかにすぎない。この先五カ年間に何が生産されるか、どこでいかに生産されるか、その先の五カ年間、さらにその先等々をできるかぎり知りコントロールしたいと望む支配者にとっては、流動的な都市間交易——その内容が予測できず、その場その場で変わる都市交易——は、まったくの混沌のように思えるのである。しかし、もちろんそれは混沌なのではない。それは複雑な秩序の形態なのであり、生きとし生けるものすべてにつきものの有機的形態であり、たとえ不安定性(この場合、置換可能性をもつ輸入品)が増大したとしても、続いて修正が生ずるのである。不安定性と修正とは、いずれも生命過程の本質そのものなのである。

ヨーロッパの発展過程は、アメリカ北部ではさらに急速に再現された。植民地時代には、それはまだゆるやかに、局所的に始まったが、アメリカ革命後には急速に進展した。最初のスプリングボードは、アメリカの資源集散地と先進ヨーロッパ諸都市との双方向交易である。木材と魚の輸出から出発したボストン、および穀物を輸出していたフィラデルフィアは、ベネチアと同じように、この単純な双方向の交易から脱出した最初のアメリカ都市だった。この両都市は、植民地都市ではあったが、ヨーロッパ諸都市のように行動し始めた。すなわち、ヨーロッパからの輸入品のうち、より単純なものを複製し、それらを相互間および他の後進地域に輸出し、互いの輸入品を置換し始めた。ある一つの後進都市が生産できるものは、他の後進都市でも同じように生産できる。このことは、植民地に資源供給者としての役割だけでなく、本国の製造業者や商人の顧客としての役割をも望んでいたイギリスにとっては、面白くないことであった。ニューヨーク(の毛皮)は、ボストンとフィラデルフィアとは対照的に、経済的には従順だった。しかしニューヨークは、革命直後からボストンとフィラデルフィアが開拓した後進都市間交易の、流動的な小規模ネットワークに全面的に引き込まれていった。革命後のニューヨークの制度と経済は、他の後進都市向けの輸出品を生み出しそこからきた輸入品を置換する企業家たちにとっては非常に好都合だったために、ニューヨークは一世代そこそこでボストンやフィラデルフィアよりもっと多様な製造業を発展させ、やがて規模の面でもそれらをしのぐようになった。シンシナティ、ピッツバーグ、シカゴのような新しい都市が形成されるにつれて、それらの都市も流動的交易のネットワークに加わった。カリフォルニアの金の発見によって、一八四九年にサンフランシスコが形成されたときには、サンフランシスコはヨーロッパやアメリカ北部の諸都市と同じように行動した。大ざっぱに言えば、ボストンとフィラデルフィアが東部で経済的にベネチアの役割を果たしたのと同じように、サンフランシスコは、極西部でベネチアの役割を果たしたのである。

南部では、諸都市はそれとはちがう行動をとった。チャールストン、サバンナ、リッチモンド、セントオーガスティン、ウィリアムズバーグの諸都市は、相互の交易に専念するよりも、最初はヨーロッパの先進都市、のちには北米の先進都市をも相手とする、大部分は単純な双方向の交易に自己限定した。これらの諸都市は、換金農作物を水路で運搬し、その見返りとして都市の工業製品を受け取ったが、この交易を相互の流動的交易に突入するためのスプリングボードとしては利用しなかった。結果として、それらの都市は自前の経済を発展させなかった。それゆえ、アトランタが（綿）集散地となったときにも、国内のこの地域には流動的都市間交易のネットワークは存在しなかった。ヘンリー・グラディの時代のアトランタは、ピケンズ郡の葬式のための輸入品が北部から運ばれてくる中継地ではあったが、それらの財を自らは生産しなかったのである。

ここで、ウルグアイのモンテビデオと、ラプラタ川をはさんでその対岸に位置するブエノスアイレスが思い起こされる。両都市は、川ぞいの他の多くの経済的後進地域と同じく、ただひたすら先進経済との単純な双方向の交易に専念していた。これらの都市はお互いにもちつもたれつの関係がなかったから、あまり発展しなかった。後進都市はそれぞれお互いを必要としているのである。

日本が一八七〇年代に近代経済を発展させ始めたときに、日本の諸都市は、ヨーロッパや北米の都市のように行動した。それらの都市は絹の国際貿易を利用して、相互の交易の強化と分化のスプリングボードとしたのである。そして、東京がベネチアの役割を果たした。絹の輸出によって先進経済から買えるものだけで満足せずに、東京は模倣可能な輸入品は模倣し、それを日本国内の他の都市に輸出した。今度はそれらの都市がその交易に満足せずに、東京からの新しい輸入品の多くを自分たちの生産によって置換し、東京に売るための新しい輸出品をつくりだした。日本の諸都市がお互いに輸入品を置換し合った——ある後進都市が生産できるものは、他の都市でも同じように生産できる——ために、それらの都市は互いに新しい種類の輸出品の恰好の市場となり、こうして互いにもちつもたれつの関係で発展した。日本の近代の発展のそもそもの始まりから、日本の諸都市間の新製品（日本にとって新しいもの）の交易は、外国貿易よりもはるかに強力に推進されてきた。これは今日でも言えることである。こうして一九八〇年には、日本は国内総取引高の割合で、アメリカに次ぐ位置を占めるようになった。アメリカの多くの資源が国内で生産されるのに対し、日本の場合は原材料の大部分を輸入しなければならないことを考慮するなら、日本の実績はアメリカの実績よりも素晴らしいといえる。日本が工業製品の国際輸出に成功したのは、その諸都市間の流動的交易の副産物としてなのである。すなわち、最初は日本の都市や都市地域内部で利用するために、そして国内の他の都市の生産者や消費者のために生産された財・サービスが、のちには対外輸出品になったのである。たとえば、輸出された日本のロボットは、最初は日本の生産者のために生産され、そして利用された。これは日本が最初にヨーロッパ製品の模倣から出発して以来、一貫して用いてきた発展パターンであるが、いまでもまったく同じように、高度に発展した日本は自国のイノベーションの産物に対する最初にして最高の顧客なのである。

香港はわずか二世代前には、経済的に後進的な植民地集配都市であった。現在〔一九八四年〕でも香港は名目上は植民地であるが、経済的にはまったくちがう。香港はその生産財やサービスを、シンガポール、ソウル、台北に輸出し、見返りとして安い労働力による製品を買って香港製品を生産し輸出契約をとりむすぶことによって、パシフィック・リムのベネチアの役割を果たしてきた。しかし、ヨーロッパ諸都市と同様、パシフィック・リムの諸都市も相手が香港であろうがその他の先進都市であろうが、単純な双方向の交易には満足せずに、さらに都市相互間の交易と後進地域との交易に力を入れるようになった。たとえば、台北は高雄との交易を強化し、高雄は台北からきた輸出品のすぐれた顧客となる過程で台北からの広範な輸入品を置換したのである。

アメリカの経済発展は、ヨーロッパの場合に比べて急速だった。近代日本の発展はそれよりさらに急速であり、パシフィック・リムの場合は、これまでのところ最も急速である。このことから推測されるのは、現在後進的な経済のいくつか、おそらくその多くは、もしそこの都市が先進経済との交易を相互の流動的交易へのスプリングボードとして利用すれば、急速に発展できるだろうということである。しかし、その過程、つまり発展の実際の過程は、後進都市あるいはその国家が、シャーやピョートル大帝のように、「発展」の買いつけによろうが、あるいは借款や贈与による「発展」の獲得によろうが、先進経済との単純な双方向の交易に依存しようとするときには、実を結ばないのである。

後進経済の発展の第二の主要なパターンないしモチーフは、歴史的にはインプロビゼーションである。この場合もまた、シャー、ピョートル大帝そして彼らの顧問たちは、あらかじめ決められた製品を生産するという既成の計画をそのまま受け入れた点で的はずれであった。

実際に発展した後進都市の場合には、たとえ輸入品のサル真似ではあっても、創意工夫を加えてその模倣品を生産する手段をつくりだしてきた。その一例が、東京の諸企業が世紀の変わり目頃に自生的な自転車製造業を発展させたやり方である（第2章参照）。日本はその過程で自転車製造をものにし、そのための自前の生産財を開発しただけでなく、他のタイプの複雑な輸入品をも、一つ一つは小さく単純な工場が集団となって共生的に生産するための、インプロビゼーションに基づく方式をつくりだしたのである。その方式は、たとえばミシンの製造で用いられ、のちには無線や電気製品の製造で用いられた。このシステムの現代版が、トヨタ自動車会社が用いたシステムであるが、これは供給業者の密な集団がそのときどきの組み立てに必要な部品を、毎日あるいは毎時間の単位で、手配するシステムで、最近アメリカの工業家たちの間で、研究と称讃の対象になっているものである。日本人が自前の自転車製造業を発展させたとき、彼らが輸入した自転車は、高度に統合され巨大で完備したアメリカの工場でつくられており、ミシンの場合も同様だった。日本が完備した工場をそっくり買いつけるか、借款で入手するかのいずれかの方法で輸入したなら、日本人が自前の生産財や生産方式を開発する機会は失われたであろうし、自転車、ミシン等々も、もっと高価で日本人にはなかなか買えなかったかもしれない。そうはしないで、日本人は、当時の先進経済との交易をもっぱら自らの発展のスプリングボードとして利用したのである。

中世ヨーロッパの後進諸都市が創意を加えて改良しなくてはならなかったのは、選択の余地がほとんどなかったためである。現代の後進都市がそれをしなくてはならないのは、一つには、先進経済と比較してコストを削減しなくてはならないためであることはたしかである。言い換えると、それらの都市は、製品の価格を地域の住民や企業——および他の後進都市の住民や企業——が買える範囲内におさえなければならない。その場合の一つの利点は、通例、労働力が安いことである。しかしこれも、労働集約的生産方式のほうが、先進経済から買う輸入品が生産される際の資本集約的方式よりも割安なものとして創意を加えて改良できる場合にしか実際上の利点はない。企業の規模が小さいことは、日本の自転車製造業の発展におけるように、一つの強みである。なぜなら、小規模であるために、個々の企業もまた総体としても、大規模操業の間接費と比べて管理費その他の間接費が削減できるからである。創意を加えて改良された資材は、より豊かな先進経済——ときには他の後進経済も——がたまたま使っている原材料を盲目的に模倣するのとはちがって、生産者の手近にあるものや安く手に入るものを利用することでコストを削減できることが多い。中世ロンドンの職人たちが、コルドバの良質な皮革製品を真似るためにイギリス製皮革を使い始めたときには、それと同じことをしていたのである。また香港の企業が、革靴を真似た布製の靴を製造したときにも、それと同じことをしていたのである。

もちろん関税というものがあって、後進経済において製造業者がスタートをきるための手助けとなってきた。(次章で、私は、関税を必要とする環境とその理由について説明するつもりである。)しかし、関税は消費者のふところから出ているのであり、消費者の負担には限度がある。ちょうどウルグアイの場合、消費者が、ウルグアイの製造業者のための保護関税が含まれている製品を買うことができず、また、製造業への補助金の源である税金やインフレーションを負担できなかったのと同じである。

インプロビゼーションの直接的、実践的利点は別としても、この実践そのものは、発展段階のいかんにかかわりなく、すべての経済発展に不可欠な精神のあり方を育てる。インプロビゼーションという実践それ自体が、それをうまくやってのけるという喜びを育み、また非常に重要なことだが、一つのインプロビゼーションがうまくいかないとしても、他の似たようなうまいインプロビゼーションがあるはずだという信念を育む。発明、実践的問題解決、インプロビゼーション、イノベーションはすべて密接な関連がある。たとえば、話を自転車にもどせば、ヨーロッパやアメリカで不細工なおもちゃとか珍しいものという域を越えて、それを実用的乗物にさせた多くの改良はすべて、すでに達成されたものの模倣にもう一つ何かをつけ加える形の、長期にわたる一連のインプロビゼーションから成り立っていた。そのときどきの経済の中で手に入る手段を駆使し工夫してつくった人たちが考案したものの中には、ボールベアリング、ローラーベアリング、空気タイヤ、チェーンとギヤによる駆動装置、重い金属フレームにかわる金属パイプフレーム、リムブレーキ、ブレーキケーブル、バンドブレーキ、バックペダル式ブレーキなどがあり、彼らは、ある意味では車輪そのものを再発明したともいえる。つまり、車輪にスポークを非対称的につけるというこれまでにない方法によって、材料をこれまでになく節約し、これまでにない軽さと強さを得たのである。

自転車用に開発されたこれらのインプロビゼーションは、ほかにも様々の用途をもつことがわかった。そのよい例として、オートバイやモペット（ペダルで走らせることもできるオートバイ）などがある。さらに、トラクター、自動車、飛行機の発展の基礎にも、これらのインプロビゼーションがある。自転車のインプロビゼーションは、新しいタイプの潤滑油や特殊鋼の市場を形成し、それらにはまた様々な用途があった。今日でもイノベーションは、基本的にはインプロビゼーションに基づいている。それは、スペースシャトル用に創意を加えて改良されたセラミックタイルが、ちゃんと機能してはがれ落ちたりしないかどうか、息を殺していた人なら周知のことである。あらゆるイノベーション、エネルギーを含めて材料節約の新しい方法は、成功するものもしないものもすべて、インプロビゼーションと実験の産物なのであり、すでに達成されたものの模倣と結びついている。

それゆえ、シャーやピョートル大帝が試み、本書を執筆中の現在サウジアラビアが試みているように、発展した経済を買いつけようとしたり、あるいは、発展を贈与するという口実で後進経済にうわべだけの進歩を売ったり供与したりしても、効果はない。なぜなら、そのような形の発展は、よその土地のものであって、そういった取引は真の創造的発展のための実践を育むよりは、むしろそれを妨げるからである。

インプロビゼーションがうまくいく場合には、身近な環境に対する適正な技術が含まれていることが多い。「適正技術」というのは、どちらかと言えば現在はやりことばで、農村の貧しい人々に対する適切な装置というほどの意味あいをもつ。しかしあいにくと、このような装置の多くは、根本的なところで不適正であることがわかる。理由は、それが効果がないからというのではなく、むしろ効果がありすぎるからである。たとえば、自転車の力を利用した紡ぎ車の開発は、立派なインプロビゼーションであり、インド政府のうしろ楯もあって、それを使えば、村人一人で伝統的な紡ぎ車を使う労働者一二人分の量を紡ぐことができるという意味では、大成功をおさめた。しかし、その結果はインドの貧しい農村にとっては破壊的なものであった。豊かな国々に輸出されるインド製手紡ぎ布に対する市場は、とてもその割合では拡大しないからである。大部分のインド人自身が、はるかに安い機械紡ぎの繊維でできた布をまとっている。自転車の力を利用した紡ぎ車と低賃金の労働者による手紡ぎの布でさえ、手が届かないのである。こうして新しい紡ぎ車は、ただ単に、それに代わる仕事も所得もない貧しい村の紡ぎ手を排除するのである。それゆえ、紡ぎ車の発展を後援した政府も、その利用を促進できないのである。

理論的には適正な農村の技術の多くが、現実には不適正であることが判明したにもかかわらず、いまだに適正技術のために創意工夫が重ねられている。この目的のための種々の発明は、最低生存の農業を美化する人々にとってはロマンチックな魅力をもってもいよう。しかし、このような装置のために費やされた創意工夫は、本末を転倒しているために方向を誤っている。すなわち、それは農村の生産性上昇を目指しているのではあるが、しかし、本来その生産性上昇は、それに先行する都市の発展なしには経済的に実現しえないのである。

一例として、インプロビゼーションと創意工夫の行き届いた、ある素晴らしい、経済的に過保護の「温室」を見てみよう。それは南米コロンビアのオリノコ川流域の、最寄りの町から三〇〇マイル以上離れた熱帯サバンナ地域にある。このプロジェクトを管理しているのは、コロンビアの首都であるボゴタから来た一人の若い技師である。ボゴタは、経済的にはウルグアイのモンテビデオと似ていて、単純な双方向の先進－後進間交易に深く依存している。ボゴタから来た技師を補佐しているのはフルタイムの七人の技術者チームで、他に、ボゴタからの二〇人のパートタイムの技術者と各分野の専門家がアドバイスする。彼らはコロンビア政府、国連開発計画、オランダ政府からの資金援助を受けている。

このチームのイノベーションの一つに、風車がある。その羽根車は非常に敏感で調整力があるため、時速四マイル以下の微風でも回転し、一つの風車で一日約四〇〇〇ガロンの水を汲みあげることができる。この成功したモデルは、六六番目の実験風車である。チームは最初、中西部アメリカの農場で水を汲みあげるのに用いられていた多翼型からスタートしたのだが、サバンナの風は非常に弱く、この種の風車では、年間四カ月しか作動しなかった。続いてチームが試みたのは、同じく風が弱い地中海のクレタ島で使われている風車を原型とする設計で、多くの試行錯誤ののちに、帆布のブレードをつけた変形版をつくったが、これは完全に作動し、しかも安価だった。しかし、これもサバンナを吹き払う野火のためにだめになった。そしてついに、彼らは、アメリカ宇宙計画のために開発された翼型のアルミブレードをつけた型を開発するのに成功した。しかし、おもに最低生存の農業に頼って生活しているコロンビアのこの地域の農民にとっては、あいにく、それは途方もない価格だった。利潤ぬきに大量生産しても、五〇〇ドルほどかかるのである。

その他に考案されたものの中には、焼き切れた蛍光灯の管からつくった太陽熱温水器、小学校など小規模な公共の建物に電力を生産するのに充分な、高さ四フィート以下のダムで済む小型水力発電機、家庭用の手動さとうきび圧搾機、自転車動力によるキャッサバの根茎の裁断機——これは労働者一人で伝統的方法による二〇人相当分を裁断する——等がある。

この計画は、それ自体は成功したにもかかわらず袋小路に陥った。それは装置が機能しないためではなく、例のごとき理由による。これらの装置の開発目標であったこの地域は、入植が始まったばかりであり、装置が導入されたからといって労働者やそれまでの仕組みを駆逐しはしないが、入植者には手が届かない価格であった。そもそもコロンビア政府がこの土地を入植用に開拓したのは、国内他地域の貧しい最低生存の農民の多くが、これまでの土地ではその最低生存の生活さえ維持できなくなったからなのである。そして、都市にはそれに代わる仕事や所得がないために、彼らは熱帯原野であったその土地への定住を許されたのであった。入植者の貧しさと経済基盤の脆さのために、この農業技術計画は、目論見どおりの自給を実現するにはいたらなかった。当初の考えでは、市場に輸出するものをほとんどあるいはまったくもたない貧しい最低生存の農民が、地元で生産される工業製品に対する市場を自分たち自身で形成するだろうということだった。

しかし、いくつかの原材料は必ず輸入しなければならないため——最低生存の農民には、自転車の部品、発電機、アルミニウム、ガラス管等々を生産することができない——工場を地域で自給するのは無理である。打開策を求めて、担当の技術者は、工場の生産物の輸出市場を、他の熱帯農業地域——中南米の他地域、スリランカ、インドネシア、アフリカの農場——に見出し、それによって工場に必要な輸入品の支払いにあてて工場の維持をはかろうと思いついた。しかしこの考え方の難点は、輸出市場と目された地域の貧しい農民もまた、そのような装置を買う余裕がないということである。もっと悪いことには、それらの輸出市場においては、その装置によって排除される農村労働者をどうするかというやっかいな問題が発生することだろう。このような装置は、熱帯の都市地域の農場でなら充分意味があるかもしれない。しかし、現在、熱帯には都市地域はめったにないし、あったとしても、その住民は風車、発電機、圧搾機、キャッサバ裁断機を手に入れるためにわざわざオリノコ流域の奥まで発注することなどまずないだろう。

このコロンビアの計画には、経済的に予測しなかったことが含まれていた。発明した人たちはむしろとまどったと思われるのだが、焼き切れた蛍光灯の管からつくった太陽熱温水器は、小規模ではあるが、実際に商業的成功をおさめたのである。とまどいの原因は、成功をおさめたのが農村地域でなかったことである。この装置は、ボゴタの北西およそ二〇〇マイルにあるメデリンという小都市の新しいアパートや、首都ボゴタのアパートでも利用された。思うに、これは、ある後進都市が他の後進諸都市へ輸出できる自生的インプロビゼーションなのであろう。さらに重要なことは、ある後進都市に生産できるものは他の後進都市でも同じように生産できるために、こういったインプロビゼーションは、顧客としての後進諸都市で、地元の生産によって置換しうるということである。たしかに、この装置がある程度の成功をおさめるならば、焼き切れた蛍光灯の管はすぐに供給不足になるだろう。それでよいのである。次には、その代わりに何か別のものが創意を加えて改良されることになるだろう。経済活動は、まさにそのようにして発展するのである。

これらの若いコロンビア人のような、工夫に富み倦むことなくインプロビゼーションに取り組む人々が、もし自分たちの後進都市経済にとっての適正な技術や他の後進諸都市との交易に目を向けるなら、彼らが次に何をするか予想もつかない。逆説的なことに、後進都市にとって適正な技術とは、ときとして最もラジカルで新しい技術でありうる。なぜなら、新しいもの――たとえば、太陽熱温水器のような――は新しい単純さをもって出発する傾向があるからである。後進都市は、その成り立ちから言っても、先進都市で見られる手間のかかる物事の進め方をしなくとも済む。つまり、これまでのやり方があるからとか、それらに多額の投資がすでになされているからというだけの理由で、新しい出発を妨げるような面倒なことがないのである。

しかしながら、全体として経済活動が発展していればいるほど、相互に流動的交易を行う後進都市にとっては都合がよい。つまり、有利なスタートがきれるのである。東京の自転車部品製造業者や組み立て業者は、自分たち自身の発展方式を創意を加えて改良しなければならなかったが、自転車を発明する必要はなかった。コロンビアの技師や技術者は温水を貯めることを思いつく必要はなかったし（そしてそれはもともと何と奇妙で、ラジカルなアイディアであったか）、ガラス管を発明する必要もなかった。ベネチアの時代から香港の時代にいたるまで、後進都市の発展がスピードアップするパターンが見られるのは、おもにこういった事情によるのである。

もしも経済発展を一語で定義するとすれば、それは「インプロビゼーション」ということになるだろう。しかし、実行できないようなインプロビゼーションでは意味がないから、より正確に言うなら、発展とは、日常の経済活動の中にインプロビゼーションを取り入れることができるような状況のもとで、絶えず創意を加えて改良する過程である。こういう状況を生み出せるのは相互に流動的な交易を行っている都市だけであり、それゆえ、後進諸都市はお互いを必要としているのである。

第11章　都市への誤ったフィードバック

相互に交易する前史時代のごく初期の原基的都市および都市は、相手方の領地の黒曜石、銅、貝、動物、鹿の角、顔料、イグサ等の財を、物々交換していたと思われる。通貨によらずに物々交換された財は、相互の関係によってその価値が微妙に変動したであろう。需要の大きい品目は、その地域に多種多量の輸入品をもたらすが、供給源が増えたり代替品が発見されたりして需要が減少すれば、それまでの地位を奪われて、より少ない輸入品しかもたらさないだろう。それはちょうど価値の下落した通貨が、より少ない輸入品しかもたらさないのと同じである。そうなれば、その品目の輸出者たる地域は、それ以外の交易品を探し出すか、それまで輸入していた加工品のいくつかを自ら模倣するという、前史時代にその形跡が見られる「経済的借用」の過程をとらないかぎり、難しい状況になる。

諸都市が通貨を発明したとき、最初は各都市がそれぞれの通貨をもっていた。ともかく、これまでにわかっている地中海ヨーロッパ、近東、中国、インドなどのごく初期の都市国家は、自前の通貨をつくり、それらを交易に使っていた。それらの鋳造硬貨には通例、一般に固有の価値をもつとみられていた金属が用いられていた。しかしそれでも、後世の金や銀の尺度に基礎を置く紙幣と同様に、硬貨の価値は、必然的に、ある時代のある都市でそれらがもたらす財あるいは労働との関連で変動した。穀物が不作だった都市国家では、豊作だった都市国家よりもその価格が高くなった。青銅製の剣の価値は鉄製の剣の登場によって低下した。かつては、陶器の登場によって頭蓋骨の価値が低下したことだろう。

古代のある都市国家が、より強力な近隣の都市国家に征服されたために一地方都市に変わったあとでも、あるいはその都市国家が自発的に主権の大部分を連邦に譲渡したあとでも、その都市は、相変わらず自前の通貨を鋳造し流通させるのが普通だったようだ。ローマ帝国が征服した地方や属国でも、ローマ以外の通貨は徐々にしか排除されず、ディオクレティアヌス皇帝時代の努力の過程で、ローマはようやく領土内で厳密に標準化された通貨価値の標準価格を定めたのである——もっともそれは、インフレ対策としては成功しなかったのであるが。

中世初期のヨーロッパでは、再び都市の通貨が、例外としてではなく、この規準となった。ベネチアは、東ローマ帝国との交易のために、ビザンチン帝国の硬貨を歓迎し利用したが、ベネチア自身の通貨も流通させた。ベネチアに続いて興隆し流動的交易のネットワークを拡大させてきた諸都市も、自前の通貨をつくるのが普通だった。たとえば、ハンザ同盟のドイツ北部諸都市とバルト海沿岸の諸都市は、多くの共通目的で結ばれていたが、同盟としての共通の通貨はもたなかった。加盟諸都市は、それら都市間の多通貨交易に用いるために、現代の信用状や預金証書に類する手段を考案したが、通貨はそれぞれがつくっていた。

ヨーロッパ中世都市の通貨はルネッサンス時代にも生き残り、諸都市の増大とともにヨーロッパ経済が発展し、それにつれて通貨も増大した。フィレンツェ、ジェノバ、アムステルダムのように、厳密には都市の通貨でないものも、都市国家の通貨として機能することが多かったにちがいない。というのも、鋳造する主権それ自体が非常に小規模だったからである。たとえば、ブランデンブルク選帝侯領の通貨はベルリンの通貨であり、ザクセン公国の通貨はドレスデンの通貨であり、ミラノ公国の通貨はミラノの通貨である、等々。このような通貨の多くは、近年にいたるまで存続した。ドイツの通貨は、ドイツ帝国形成のさきがけとして一八五七年にはじめて制定された。スイスでは、フランス革命に触発されて生まれ不幸な結果をもたらした中央集権政府の短期間の経験を別とすれば、カントンというよび方で知られる国内諸都市は、一八四八年まで自らの通貨をつくっていた。

現代では、数多くの通貨を排除して少数の、国家あるいは帝国の通貨を優先することが、経済的進歩であり経済活動の安定を促進すると考えられている。しかし、この慣習的な信念は、通貨が経済的フィードバック・コントロールの機能を果たすという点からすると、再検討の必要がある。私がここで問題にしたいのは、国家あるいは帝国の通貨は、都市経済に誤った破壊的フィードバックを与えるということ、また、そのことが深刻な構造的、経済的欠陥へと導き、それらの欠陥のいくつかは、容易に克服できないということである。

周知のとおり、一国の通貨の価値がその交易相手の他国の通貨に比べて下落するときには、理論上は、その下落によってその国の経済が修正されるはずである。その国の輸出品は自動的に顧客の国にとってはより安価になり、したがって、輸出品の売上げは拡大するはずである。そして同時に、その国の輸入品は自動的により高価になり、それによって国内の製造業者が助けられるはずである。理論的には、一国の通貨の価値が下落するのは、輸出が少なく輸入が多すぎるために国際収支に赤字を出し始めるときであり、通貨価値の下落が自動的に輸出補助金と関税のような働きをするはずである。さらに、この自動的な輸出補助金と関税とは、それが必要とされる期間だけその役割を果たすはずである。一国の通貨価値の変動が及ぼす効果がそういったものであるとすれば、通貨価値の変動は、経済が修正を必要とすることを表わしていると同時に、実際に適切な修正を引き起こすものとして、フィードバック・コントロールの働きをする好例ということになろう。

実際には一国の通貨がそのような建設的機能を果たさない理由を理解するには、フィードバック・コントロールがどのように機能するかを理解する必要がある。何よりもまずフィードバック情報は、それに対応するメカニズムを必要とする。たとえば、われわれが呼吸するときに、二酸化炭素の濃度が血液の中で瞬間的に上昇すると、自動的に、脳幹の呼吸中枢に対して、肺に横隔膜を収縮させ再び空気を入れるよう信号が送られる。この場合、それを引き起こす情報は、血液中の二酸化炭素の量であり、それに対応するメカニズムは横隔膜である。有機体として、われわれはおびただしい数のフィードバック・コントロールに依存しているが、それぞれがきわめて適正に自動的に働いているために、研究者が教えてくれないかぎりは、それを意識することがないのである。不安定なシステムは継続的に修正と調整を必要とするのであり、さもなければシステムはその不安定性に屈伏してしまうだろう。

フィードバック・コントロールという言い方こそしなかったが、私は本書で、すでに多くのフィードバックに言及してきた。たとえば、ある都市で新しい企業が急激に増え多様化するとき、その情報は、都市空間の過密化、不便、競争増大という形でフィードバックする。そしてそれは、適切な修正を引き起こす。すなわち、いくつかの企業は都市を出て、自らが必要とする都市のサービスと市場の範囲内にある地域へと移る。同様に、都市の仕事と市場とが増大させた情報は、都市の後背地における農村の労働力不足という形でシステムにフィードバックする。そしてそれは、適切な修正を引き起こす。すなわち、農村での労働節約的設備の利用、あるいは、必要とあらばその開発という修正である。都市地域とは、多様なフィードバック情報のインプットによる多様な修正の産物なのである。もちろん、修正が完全に自動的とは言えないが、われわれの呼吸も完全に自動的なわけではない。われわれは息を止めることはできるが、それにも限度がある。

フィードバック・コントロールは、われわれの選好とは関係なく、つねにそれ自身のことばで機能する。たとえば、政府が紙幣を多量に増刷すれば、情報はシステムにフィードバックされ、適切な修正、すなわち、所定の単位の貨幣で買えるものが減るという修正が引き起こされる。経済的拡大といったような、それとは異なる修正は実現されない。拡大というのは、まったく異なるコントロール下にある異なる反応なのである。比喩的に言えば、サーモスタットは、温度の変化を感知して適切な修正を引き起こすという仕事をみごとにやってのけるが、しかし、それに回転ミルのスピードを制御することを期待したところでむだである。われわれは、サーモスタットにそんなことをさせようとは思っていないのだから。しかし、別のフィードバック・コントロールにはそれができる。要するに、フィードバック・コントロールは、まさにそれが修正しようとするシステムにビルト・インされているのであって、修正はおのずから制約されているのである。フィードバック・コントロールとは、特定の問題にのみかかわるものであって、その特定の問題とはつねに、それ以前に起こった特定のことがらのもたらす結果を特定の形で修正することである。

建設的フィードバック・コントロールを行うものとしての国の通貨の問題は、それが無力であるということではない。その逆である。新聞に載っている国際為替相場の無味乾燥な小さな欄は、日々何分の一パーセントかの差で上下しているが、これが全産業の生死にかかわる力を表わしているのである。一九七九年と八〇年に、イギリスのポンドの価値が徐々に一〇パーセントも上昇したとき、イギリスの大手の陶磁器の生産者は労働者を解雇し、いくつかの中小の生産者は業界から全面撤退せざるをえなくなった。これは、それまでは強かった外国市場で、陶磁器の価格が上昇したために買い手がつかなくなったからである。同様に、ポンドの上昇によって外国からの輸入品が安くなり、陶磁器は国内市場でも割高となったために買い手がつかなくなった。最大の製造会社であるウェッジウッド社の社長は、ポンドの上昇は、スコットランド沖の北海の石油生産——これによってイギリスの貿易収支は改善された——と、外国資本の誘致によって経済の改善を試みるために政府がとった高金利政策に関連があるとして非難した。この社長の言ったことは、おそらく正しいだろう。彼の会社としては、こうしたことの結果が、大量解雇および会社が生き延びるために生産の多くの部分を永続的にイギリスから顧客の国々に移植せざるをえないという決定につながったからである。

通貨は、フィードバック情報の強力な担い手であり、したがって有力な調整要因ではあるが、本来的にそうなのではない。一国の通貨は、とりわけ、一国の国際貿易に関する統合情報を表わす。財・サービスの純国際輸出が他の国のそれに比べて増大すると、その国の通貨への需要が増大し、その価値は上昇する。輸出が減少するとその価値は下がる。資本の輸出入の場合はこれと正反対の動き方をする。ある国の資本輸入が資本輸出より多い

(たとえば海外からの貸付によって)と、通貨の価値は自動的に強められる。反対に、(貸付、贈与、以前の対外借款の利子支払、多国籍企業の利潤の輸送によって)これまでの資本輸入より多く資本を輸出すれば、通貨の価値は自動的に下がる。そういうわけで、外国の資本が(利子率の上昇に刺激されて)イギリスに輸入されたことと、イギリスの国際貿易収支を向上させた北海油田の生産とが相俟って、ポンドの価値の上昇となったのである。

資本のこうした逆方向の運動は、財・サービスの国際貿易に対する通貨のフィードバックを相殺するが、しかしそれは長くは続かない。長期的には通貨の要因のほうが支配的なのである。たとえば、ある国が、経済発展のために巨額の対外借款をすると仮定しよう。その国の通貨価値は借款という事実そのものによって自動的に強められる。しかし次に、発展計画を通ずる財・サービスの国際輸出の拡大あるいは外国からの輸入品の置換によって借款を支払えないとしよう。通貨価値は下がらざるをえない。借款が債務国の通貨を強めているときには問題がないと見えた借款の利子費用も、通貨価値が下がるにつれて破壊的な影響を及ぼす。それゆえ、債務国の貿易収支が大幅に改善されたとしても、巨額の国際借款を支払いきれなければ、債権国が、貸付の続行と返済や利子の条件緩和に同意しないかぎり、その国の突然の破産につながる。当然のことながら、破産の脅威は、債権国の破産へとつながる。

通貨のフィードバック情報はきわめて有力であり、しかも政府が耳を貸したがらない情報であることが多いために、諸国家は極力その情報を遮断したり、抵抗したりすることがよくある。さらに、それでも情報が入ってくるとき――どう逃れようとも、早晩そうなるのである――には、情報の効果は、大部分のイギリス製陶業のあるイギリス中部でそうだったように、どうみても望ましいものではない。すでにイギリス全体でも失業率が高くなっていたが、中部では非常に高かった。この地方ではすでに工業製品の輸出が減少しつつあり、しかも何十年来減少してきていたのである。しかし、そういった現実は、北海の石油および高金利に刺激された外国資本の輸入という、別の現実のために無視されたのである。

そうなると、一国の通貨は、フィードバック機能としては有力であるが、適切な修正を引き起こすには無力なのである。それがいったいどういうことかをイメージするために、横隔膜と肺をちゃんともっている人々が、呼吸中枢としては脳幹を一つだけしかもっていないという場合を考えてみよう。このような奇妙な仕組みでは、呼吸中枢は、集団全体の二酸化炭素の統合されたフィードバック情報を受け取るが、その発生源がどこかはわからない。それゆえ、各人の横隔膜は、同時に収縮するよう指示される。しかしかりに、このうちの何人かは睡眠中で、何人かはテニスをしていたとしよう。また何人かはフィードバック・コントロールを読み取っており、ほかの何人かは木を伐っているとしよう。何人かは自分たちがやっていることを中断して、もっと低水準の活動に切り替えなければならないだろう。さらにぐあいの悪い場合には、水泳中で水に潜っている人がおり、たとえば、波が押しよせてきたために潜水時間を調節できなかったとしよう。その人がどうなるかを想像してみよう。このような状況においては、フィードバック・コントロール自体は完璧に機能するだろうが、結果のほうは、システムに内在する欠陥のために破壊的なものとなるだろう。

私は、突拍子もない例を挙げざるをえなかった。構造上こういう欠陥をもったシステムは、自然界には存在しないし、あっても存続できないのである。また、機械的、化学的、電子的フィードバック・コントロールを組み込むように考慮して設計してある機械にも、そういうシステムは存在しない。そういうひどい機械は機能しえないだろう。そういった観点からすれば、国家も機能しえないはずなのであるが、にもかかわらず、国家は厳然と存在しているのである。

このように、国家は独立した個々の経済単位でないために欠陥を抱えているのである。しかし、われわれは理論上では国家を独立した単位として扱ったり、右に述べたような愚かしい前提に基づいて統計を収集したりするのである。国家に含まれている経済的な混淆物では、とりわけ、様々の都市経済が重要である。それらは、一定の時期にそれぞれ異なる修正を必要としているにもかかわらず、すべてに同じ情報を与える通貨を共有しているのである。それらの都市経済にとっては、そういった統合情報は対外貿易にはまったく役に立たない特殊な情報であり、ましてや国際貿易とは異なるものとしての都市相互間の交易に関しては、まったく情報の体をなさない。にもかかわらず、このお話にならないフィードバックは強力に働いているのである。

通貨のフィードバックは、根底においては、輸出と輸入が均衡しているか否かに関係があるため、そうした情報に適切に対応するメカニズムは、都市と都市地域ということになる。都市は輸入品を自前の生産物で置換できる固有の経済単位であり、かつまた一連の新しい種類の輸出品を創出する固有の単位である。国内の様々な経済の漠然として画一的で統計上のみの集合体が、こういった機能を果たすと思うのは無益なことである。そういうことはまずないのである。

理論上は、ある都市の輸出が順調なときには、その都市は、できるだけ多種多量の輸入品、特に他の諸都市からの輸入品を稼得する必要がある。なぜなら、そのようにして稼得された輸入品は、その都市の輸入置換という重要な過程に不可欠な糧だからである。反対に、輸出が不調なときには、理論上は輸入品が割高になるはずである。なぜなら、輸出の仕事が減少して衰退するのを免れるためには、都市はどうしても地元の生産で広範な輸入品を置換する必要があるからである。また都市は、自らすぐ創出できる新しいタイプの輸出の仕事に対して、刺激を必要としている。言い換えれば、都市は輸出の減少に伴って、自動的な関税、自動的な輸出補助金の働きをする通貨価値の下落を必要とするのである。

しかしそれは、必要な期間だけにかぎられる。ひとたび輸出が順調になれば、都市は、できるかぎり多種多量の輸入品を稼得するための通貨価値の上昇を必要とする。事実、個々の都市の通貨は、その対応メカニズムに、適切な修正を引き起こさせ、みごとにフィードバック・コントロールの機能を果たすのである。

このような形でビルト・インされた機構上の利点が、過去の多くの都市にはあったが、現代の都市にはほとんど見られない。シンガポールと香港は現代の例外的な存在であり、自前の通貨をもち、したがってビルト・インされた利点をもっている。これらの都市には、関税や輸出補助金の必要がない。そこの通貨は、必要なときにはそうした機能を果たすが、それも必要な期間にかぎってである。他方、デトロイトにはそのような利点がない。デトロイトの輸出の仕事が最初に衰退し始めたときには、何のフィードバックもなく、デトロイトは修正されないままひたすら衰退したのである。

諸都市が、一国の統合的通貨から欠陥のある不適切なフィードバック作用を受けるとき、そのフィードバックは諸国がとりむすぶ国際貿易によって異なる働きをする。主として三つの困難が生ずるが、私はそれを一括して取り上げることにする。

一国の国際貿易がおもに農村的財や資源によっている場合には、それら輸出品とそれがもたらすフィードバック情報は、都市の交易と生産との現実を誤って伝え、むしろそれに対立する。ウルグアイとその都市がよい例である。ウルグアイ経済の形成期に、この国の通貨の国際価値は、もっぱらこの国の肉、羊毛、皮革、その他若干の農村的財の輸出に依存していた。ウルグアイは、これら対外輸出品に関しては順調で、外国からの輸入品は比較的安く、その結果、首都モンテビデオは、これらの広範で豊富な輸入品を自前の生産で置換する方向には向かわなかった。ウルグアイの豊富な農村的財の貿易が強化されるに伴って、この国の通貨の価値と購買力が大きくなり、外国からの輸入品も安くなった。要するに、モンテビデオは、ウルグアイ国家の国際貿易の状態については有力な情報を受け取っていたのであるが、一国の通貨が伝えることができるのはそれだけである。しかし、モンテビデオは、自らの交易についてのフィードバック情報は受け取っていなかった。モンテビデオは、自らの輸出品を生産もしなければ、輸入品を稼得することもせず、国内の離れたところにある農村的仕事に依存していたのである。

一九五〇年代以後にウルグアイの外国市場が衰退したとき、ウルグアイの通貨の相対的価値の下落は動かしがたいものとなった。政府は、当座は借款によって通貨を支え、その結果一九六〇年代には輸入品は流入しつづけた。しかし、政府が借款によってまかなおうとしたプロジェクトでは、事実上この国の貿易収支の悪化を食い止められなかったために、それも長続きしなかった。ついに、下落する通貨からのフィードバックによって、大きく、はっきりとまがうことなく情報が伝えられた。「ウルグアイよ、おまえは売れる輸出品を充分に生産していない。おまえはこれらの輸入品すべてを買いつづけることはできない」

と。

ようやくモンテビデオ自身が、それまで創造的でも生産的でもなかったその経済について、正確なフィードバックを受け取ることになった。しかし、そのメッセージが届いた頃には、救済には間に合わなくなっていた。モンテビデオは適切な対応ができなかった。その対応能力は退化していた。この都市は、多年にわたって国内の農村の稼得によって生活している間に、自己の生産能力を強化することができなくなっていたのであり、そのため生産財やサービスの基礎も技術の基礎もなく、またこの段階で提示された自動的関税と自動的輸出補助金を利用しようにも必要な生産の多様性をもち合わせていなかったのである。比喩的に言えば、ウルグアイでは二酸化炭素の濃度が上昇したのであり、それらが上昇しているという事実も、この国の通貨価値の下落によってはっきり示されていた。しかし、何かを開始する修正能力がなかったために、二酸化炭素の濃度の上昇がそのまま命とりになったのである。修正されないままに、その経済は崩壊した。

かつてウルグアイの通貨が誤ってモンテビデオに伝えたように、ある都市の輸出貿易が好調であることを伝える通貨のフィードバックが、つねに命とりになるわけではない。そのような誤ったフィードバックは、しばしば関税によって克服できることもあり、たとえば初期のアメリカ合衆国は、国内の萌芽期の都市に誤ったフィードバックが作用したときに関税によってそれを回避したのである。

アメリカ植民地が独立を勝ち取った当時と、以後の約一〇〇年間というもの、アメリカの国際貿易はウルグアイ同様に圧倒的に農村的であった。南部は、その金銭的価値のあるタバコとインディゴとのちには綿とによって、この貿易に寄与するところが大きかった。しかし、北部でも、国際輸出品は最初は自然資源と農村的財――毛皮、魚、木材、穀物――であった。北部の小都市がお互いのために生産した都市製の輸出品は、ヨーロッパの諸都市ではもっと安くつくれるものばかりだったので、国際貿易では役に立たなかった。実際、外国製の工業輸入品はすべて、アメリカ国内の農村的輸出品によって稼得されたのであるが、この国の通貨が海外で購買力をもっていたおかげで、輸入品の大部分は非常に安く、アメリカの諸都市が自前の生産で置換するには及ばなかった。しかし、それらが非常に安くてアメリカ人なら誰でも買えたというのではなく、国内生産による同一製品よりは安かったということである。アメリカの輸出品の価値と量がはなはだしく下落しないかぎりは、輸入品は比較的安くて豊富であった。そして、ちょうどウルグアイの場合と同じように、この国の農業輸出品の国際貿易が続いているかぎり、下落は起こりえないし現に起こらなかった。そうこうするうちに、都市の生産によって稼得されたものではない輸入品が流入しつづけ、都市の生産は弱体化した。ほどなく、アメリカの小都市は経済的に行き詰まった。

このような状況は、フィードバックの欠陥によるものとはみなされず――実際はそうだったのだが――単なるアメリカ製造業の苦境とみなされた。しかし、その対応は適切だった。なぜなら、それによってアメリカの都市が受けていたフィードバック機能が是正されたからである。一八一六年以後、連邦政府は一連の関税措置をとり始めた。それは、アメリカの初期の関税のように収益をあげることを目的としたものではなく、工業製輸入品を人為的に高価にすることを目的としたものだった。要するに、都市の住民と生産者は、自分たちの都市の経済にとって大切なことは何であるかを、すなわち輸出品を生産しなければ、輸入品は稼得できないという事実を関税によって知らされたのである。関税は効果があった。外国製の工業生産物が国産の同一製品より手に入りにくくなったという事実は都市の輸入置換を刺激し、都市の経済は、都市から離れたところにある農村的供給経済の稼得に依存しないで、急速に発展した。

不幸なことに、通貨のフィードバックが是正されたときには、それは都市と農村とを問わず一国全体の経済が対象となったのであった。南部のように都市が生産的にならなかったところでは、関税は、生活費を上昇させただけで、北部のように経済的利益を生むことはなかった。南部農村の生産者は、現に自分たちが稼得した安い輸入品を奪われつつあった。要するに、彼らは都市を補助するために犠牲になったのである。このことは南部で非常な憤りをよび、関税問題は一八六一年の南部の連邦脱退の動きとその後四年間にわたる殺戮状態の原因の一つとなった。

なぜ南部諸都市が北部のように建設的に関税に対応しなかったかは不思議でもある。関税が制定された頃、南部の都市はすでに北部の都市に比べて後進的であった。したがって、もしそれらの都市が援助を受けるとしたら、北部の製造業者がヨーロッパとの競争から保護を必要としたのと同じように、北部の製造業者との競争から保護を必要としたであろう。もし南部が独立を企てて軍事的敗北を喫していなかったら、南部はその後北部に対して関税障壁を設けたであろうし、そのようにして南部の都市経済を発展させたことであろう。

関税が実施された一八一六年に、南部諸都市が北部より後進的だったのは、それ以前に、技術的、経済的に可能な輸出品を生み出しておらず、それゆえ北部で見られたような都市間交易の流動的小規模ネットワークをつくりだしていなかったからである。しかし、このちがいはどこからくるのだろうか。私の推測では、その原因は、南部のタバコとインディゴの貿易が早くからうまくいきすぎたからかもしれない。北部の場合は、農村経済による外国からの稼得がより貧弱だったために、ボストンやフィラデルフィアは、その貧弱な農村経済の補いとして、ある程度の経済的穴うめをする役割を担ったのかもしれない。理由は何であれ、ボストン、フィラデルフィアその他の北部都市は、南部のチャールストンやリッチモンドとは異なるやり方で、関税というフィードバックを利用したのである。

日本は、その近代経済を発展させ始めたときに、かつてアメリカがやったのと同じように、都市の衰退につながるような通貨からのフィードバックを回避した。日本が十九世紀なかば以降国際貿易に門戸を開放したとき、その主要国際輸出品は絹であったが、それはすぐれて農村的な生産物であり、とりわけ、紡ぎ糸としてリヨンやニュージャージー州のパターソンのようなところに輸出したときにはそうであった。絹による稼得のおかげで、日本は自転車、ミシン、鉄製の船、その他の安すぎて日本の生産者には競合できないもろもろの外国製工業製品を輸入することができた。もし日本が関税の制定によって通貨からのフィードバックを是正していなかったなら、それらの輸入品はそのままになっていたであろう。私が前に述べた日本の自転車部品生産者と組み立て業者は、コスト削減にすぐれており、日本の生産財の発展を支える過程でも独創性を発揮したが、彼らは、関税という、おそらくなくてはならぬ助けを受けていたのである。しかし、関税のおかげで日本の諸都市が発展できた一方では、アメリカにおけるのと同様、農村の経済が犠牲になったことは記しておく価値がある。ドーアは、シノハタとその変化を描いて、農村の人々が農村の仕事で稼得できるもっと安価な外国の輸入品を使わずに済ませて、都市の工業を補助したその犠牲について鋭く指摘している。シノハタのような村は、八〇年から九〇年間もそういうふうに搾り取られてきた、とドーアは言う。もちろん今日の日本の農村の人々の暮らしは、この国の経済発展のおかげでよくなっており、経済発展を推進した政策に悔いはもっていない、とドーアは指摘している。農村をめぐるこのような不公正について、彼はこう述べている。自分のごく親しい友人は現在の世代に属しており、自分が会ったこともなく愛着も感じていない先祖のほうに味方して、友人に貧しくなってほしいなどとはいえない、と。しかし、それにしても彼は先祖の人々に同情せずにはおれないのである。

自国の誤ったフィードバックを是正するために関税を利用した小国の例が、スウェーデンである。およそ一〇〇年ほど前、スウェーデンで関税が制定された頃、この国の主要な国際輸出品は木材、魚、鉱石であったが、ヨーロッパの多くの国に比べると、この国は貧しく後進的だった。スウェーデンはヨーロッパの流動的都市間交易に加わるのに遅れをとっていたのである。

スウェーデンの関税は広範で強固であり、当時のノルウェーの小都市ベルゲンで大部分が生産されていたわずかな工業製品にまで（政治的な不和による部分もあった）適用された。ノルウェーは当時スウェーデンの支配下にあり、スウェーデンの領土の一部であったが、その工業製品にかけられた関税が、究極的には一九〇五年のノルウェーの分離独立につながった。

農村的財あるいは資源に基づいた通貨価値からの不適切なフィードバックのために、今日の都市あるいは潜在的都市が自動的に不活性化している例は、もと植民地だった国に多いが、全部が全部そうというわけではない。もとは帝国であったがいまは頽廃し、貧困にあえいでいる国もある。ポルトガルやトルコはその例である。またすべての国が貧しいというわけではない。経済的に後進的な産油諸国はすべて、不適切なフィードバックに苦しむ都市を抱えている。イラン国王が発展の産物を買い込むことによってこの国の後進性を克服しようとしたやり方は何ももたらさなかったが、しかし、自由貿易とそれに結びついた自生的発展に頼ったとしてもむだであったろう。

低開発都市あるいは長期停滞都市を抱えているが資源と農村的財との国際貿易がかなりある国では、関税は必要であるが、しかしそれは、不活性化を招く都市への誤ったフィードバックの救済策としてはあまり望ましいものではない。関税は流動的都市間交易にとって障害となる。それは、小国にとっては特に有害である。なぜなら、関税は報復的障壁を招くばかりでなく、事物自然のなりゆきからいっても、小国の都市は国家の枠を越えて諸都市と頻繁に流動的交易を行う必要があるからである。さらに大国であろうと小国であろうと、関税は都市地域の外部にある農村経済を犠牲にする。カナダでは、国際輸出品の大部分は農村的財や資源であり、カナダの通貨の国際為替相場——および国際輸入品に対するその購買力——は、この貿易のいかんにかかっているのである。カナダの関税から得られる利益が最も大きいのはトロントであり、当然のことながら、トロントは国内の供給地域から憎まれている。その地域の人々は、トロントを豚の町（ホッグタウン）とよび、国の関税政策はトロントの利益のために自分たちの生計費を上昇させていると考えている。彼らの言うことは正しい。にもかかわらず、関税の保護がなければカナダは極端に貧しい後進国になってしまうだろう。また、あとで簡単にふれるように、国内都市間にかかわるもう一つのフィードバックが欠如しているために、カナダの都市の発展ははかばかしくない。

イギリス支配下の植民地都市シンガポールは後進的だった。マラヤ連邦が一九六三年に独立したあとも、この国の国際輸出品は錫やゴムなど第一義的には農村的財や資源であったから、シンガポールがそのまま後進的である可能性はあった。しかし、一九六五年に中国人人口の優勢なシンガポールは、マレーシア――現在のよび名である――から追い出された。というのは、国内他地域の農村的マレー人の目には、シンガポールは望ましくない外国的部分だったからである。主権をもち独立した都市国家として、シンガポールは自らの貿易状況を反映する通貨をもっている。さらに、マレーシアからの追放とともに、国として共有していた「脳幹」の変則性も消滅した。シンガポールは、自らの発展のために農村的マレー人を欺いて彼らに権利がある輸入稼得をまき上げる必要もなくなり、また、統合化されたマラヤ通貨の不適切なフィードバックによって不活性化されることもなくなった。シンガポールは、自前で輸入品を稼得しなければならず、自前の輸出品を生み出さなければならなくなったが、しかし適切なフィードバックによってその両方が可能になり、輸入品の置換も可能になった。フィードバックという点からすれば、シンガポールはなかなかよくできた装置といえる。シンガポールは、情報を伝えて対応を引き起こすメカニズム（通貨）と、それに対応するメカニズム（生産能力）を具えており、敏感に自己調整する経済単位を形づくっている。香港も同様によくできた装置である。そして台湾や韓国も、これまで私が論じてきた見地からいって、それほど悪くはない。というのも、両国の国際貿易は、おもに農村的財や資源を基礎とする輸出品から成ってはいないからである。このように、これらパシフィック・リムの経済は、発展を試みる大多数の経済には欠けているビルト・インされた重要な構造的利点を具えている。

重要な発展を見せていた時代そして場所で、都市国家の通貨が広く普及していたという事実は、現代の世界では、国家の通貨がまだ時期尚早にすぎる地域もあることを示唆している。南米のことがただちに思い起こされる。現在の国家制度と無関係に、主権をもった都市国家が南米に出現することなどとてもありそうにはない。しかし同時に、南米諸国が、堅実な経済発展や自己修正能力のある経済的安定を達成する見込みもありそうにはない。まだウルグアイのような惨憺たる状況には陥っていない国でも、現にそうなりつつある国もある。南米のように大陸全体が経済的苦境にあるときには、過去の発展パターンの成功例を再現することはできず、それに代わる選択肢としては、慢性的な衰退と混乱と抑圧しかないであろう。

ひとたびある国が、政治的統合や軍事的征服の過程で、どうにか活力ある都市経済を発展させたか、あるいはそういう都市経済を獲得した場合でも、誤ったフィードバックは、なくなるのではなく形を変えるだけである。こうした困難に対しては、関税のような当座しのぎの救済策では役に立たない。このような問題を抱えた国は、それらを抱えたまま生き、究極的にはそれらとともに滅びるほかないのである。

農村的財や資源ではなく大規模な都市製輸出品の国際貿易を行っている国の通貨は、一見したところ、シンガポールや香港の通貨と同じように、諸都市の役に立つ通貨として機能するように思われるかもしれない。しかし、難問は、都市および潜在的都市が無数にあるという事実、および相互に交易する都市（都市は多少とも発達すれば国内で交易を行う）は、約二五〇〇年前に老子が述べたように「天下の神器」のような環境から生ずる。

先を行くものがあれば、後に続くものもある。
熱するものがあれば、冷めるものもあり、
活発なものがあれば、疲弊したものもあり、
荷を積むものがあれば、下ろすものもある……。

諸都市には、それぞれ輸入品を置換するタイミング、イノベーションに基づく輸出品を生み出すタイミングがある。輸入置換が功を奏するためには、その定義からして、都市は、大量の重要な置換可能な輸入品を流動的に増やさなければならない。活気があり何世代にもわたってバイタリティを保っている都市のサイクルは、次のようになるだろう。第一に、

多種多量の輸入品を増大させる過程で、多様な輸出品を都市が生み出す時期。第二に、輸出品の産出が衰退するにつれて、輸入置換が大きく爆発する時期（置換可能な輸入品が相当量蓄積したということを前提とする。そうでなければ、都市は衰退するだけである）。第三に、イノベーションの産物を含む潜在力ある新しい輸出品が、大幅に拡大し多様化した都市経済内部に生み出される時期。第四に、活発な輸出品産出の時期。つまり、新しく多種多量の潜在的に置換可能な輸入品を稼得する時期、言い換えれば、サイクルの最初の局面にたちかえり、第二の局面に移る準備の時期である。

一つの局面から次の局面への移行が非常に速い都市や時代もあれば、遅い場合もある。しかし、速かろうが遅かろうが、ともかくそういうふうに都市の経済は進むのである。互いに流動的交易を行う諸都市の各サイクルは一致しない。むしろ、それら各都市が異なった局面で建設的に相交わり、「活発なものがあれば、疲弊したものもあり」「荷を積むものがあれば、下ろすものもある」のである。一国の全都市が同時に輸入置換の爆発期を迎えれば、それらが一体となって、経済ブームは狂乱的なものとなり、おそらく原材料不足や労働力不足が生じ、手遅れにならないうちに実際的な問題を解決する時間的余裕がないこと等によって、自らの首をしめるような事態になるだろう。しかし、このような不均衡な同時的拡大は、普通はまず起こりえない。なぜなら、諸都市はお互いにサイクルの異なった局面を必要としているからである。前例のない輸出品（諸都市のネットワークにとっても前例のない）を生み出す局面にある都市、あるいは真のイノベーションを生み出す局面にある都市には、輸入置換の局面にある顧客都市が必要である。なぜなら、これらの都市は輸入品の購買をシフトさせながら、イノベーションによる財・サービスを買うことができるのであり、最初にして最善の顧客だからである。出発したばかりの潜在的都市は、歴史的には、古い都市に依存してその成長の機会を獲得してきた。古い都市は輸入を置換し、目新しい財や農村的財へと購買をシフトし、それによって集配都市を発生させ、発展・繁栄させる機会をつくるのである。「先を行くものがあれば、後に続くものもある」ということである。

さて、例の、異なる諸個人が一つの脳幹の呼吸中枢に接続している奇妙な仕組みにたちかえってみよう。ただし今度は、三匹の羊と二匹の子犬と一匹のうさぎが一匹の象に接続しているものとしよう。どの動物の二酸化炭素濃度が、脳幹の指令誘因を支配するのだろうか。

一国内のいずれの都市が国際貿易に最も貢献しているとしても、そこは国家の通貨によってニーズが最も満たされる都市になる傾向がある。そのような強みをもった都市は、その経済がより安い輸入品の恩恵を得ることができるときにはそれを手に入れるであろうし、自動的な関税や輸出補助金（外国貿易に関してだけだが）のような援助を必要とするときには、それを得ることができるだろう。ある都市とその都市地域が、かりに小規模であってもその種の強みを得るなら、そうした優位性によって、その経済は国内の他の都市の経済よりも活性化し、成功をおさめるだろう。いったんその強みが獲得されれば、必然的に自らをより強化させることになる。というのは、その都市が経済的に成功すればするほど、国民総生産および国内諸都市の総貿易に占めるその都市の生産の比重は大きくなるからである。その比重が大きくなればなるほど、国家の通貨からのフィードバックは、その都市により緊密なものになるだろう。しかし、それは、他の都市のニーズとそれらの都市にとって必要かつ自然なタイミングとは一致しないだろう。場合によっては、それらとはまったく対立し、それらの都市を不活性化するかもしれない。ナポリはイタリアの国際貿易にほとんど影響力をもたず、したがって貿易によってこの国の通貨の変動に影響を与えることもほとんどなかった。イタリアの国際貿易に大きな影響力をもっていたのは、ミラノとミラノを中核として重なり合う周辺都市地域の集合体であった。国家の通貨の変動は、どの都市のニーズとタイミングに、最もうまく合致するだろうか。

以上で私が提示してきたものは一つの仮説である。もしもそれが正しいとすれば、都市製品の国際貿易を大々的に行っている国とは――一見するとそう思いがちなように――多くの都市地域をもった国ではなく、一つの圧倒的に重要な都市と都市地域および自前の都市地域を生むには弱体な他の諸都市をもった国である。そして、ときとともに「象」のような一つの都市がしだいに経済的に支配的になり、他の都市はしだいに受動的、地方的になるのである。

私がこれまで述べてきたフィードバックの変則性が必然的に生み出すパターンとはこういうものであり、事実このパターンは典型的な形で存在し、ときとともにしだいに顕著になっている。イギリスは何世紀かにわたって大々的に都市製の財・サービスを輸出したきわだった例であった。しかし、貿易が強化されるにつれ、ロンドンとその都市地域は経済的にますます重要になったが、イギリス第二の都市グラスゴーは重要な都市地域を生むことに失敗し、イングランド第二の都市マンチェスターも同様だった。バーミンガムは都市地域を生んだが、ロンドンには及ぶべくもなかった。その他の都市――リバプール、エディンバラ、カーディフ、ニューキャッスル、ベルファスト――は、ときとともにますます受動的、地方的になり、その傾向はイギリスの都市製の財・サービスの対外貿易が急成長し繁栄していた期間にも続いた。時の経過は、これらの都市とロンドンとの経済的格差を広げただけだった。

イタリアでは、一〇〇年前のこの国の統一以来、ミラノの経済的優位は、ときとともに大きくこそなれ小さくはならなかった。ローマでさえ、より貧弱な都市地域しかもっておらず、ローマ市の数マイル南や東で都市地域は終わり、すぐ先からは貧しいイタリア南部が始まるのである。ドイツでは、戦後の分割の前にはベルリンが優位にあった。ベルリンの大部分を失ったために、西ドイツの諸都市は現在互いに対等な関係にあるが、例のパターンが作用すれば、終局的にはそのいずれか一つだけがより強固な都市地域をもち、他の都市は経済的にはより不活性化し、より地方的になるだろう。フランスでは、現在パリだけが重要な都市地域をもっており、国内のいわゆる八大周辺都市——マルセーユ、リヨン、ストラスブール、リール、ルーアン、ブレスト、ナント、ボルドー——はそうではない。

こうしたパターンは、明らかにおのおのの国に特有な現象である。たとえばスカンジナビア諸国の場合、その人口はフランスの半分以下で、都市地域をまったくもたない南フランスより少し多い程度である。にもかかわらず、フィンランド、スウェーデン、ノルウェー、デンマークのスカンジナビア諸国は、それぞれ重要な都市地域をもっている。これら小国では、小規模ではあるが、私が先にふれた大国と同じパターンが見受けられる。たとえば、デンマークが都市製の財・サービスの国際貿易を強化する中で、コペンハーゲンだけが重要な都市地域を生んだ。オーデンセ、オールフス、オールボリなどはすべて経済的には受動的、地方的である。スウェーデンでは、ストックホルムとその都市地域だけが発展し、イエーテボリはそれに匹敵する発展を見なかった。

オランダでは、通例のパターンの、興味深い幸運なバリエーションが見られる。オランダの二大都市アムステルダムとロッテルダムは、国内の小都市の大部分と多くの町を含む単一の圧倒的に重要な地域を形成した。この地域を、オランダ人は「リング・シティ（環状都市）」とよんでいる。というのは、それらの都市とその合体した都市地域との融合体が、農地と内海によって形成された「ホール（穴）」を取り囲んでいるからである。一つには、これらの都市がもともと海岸や農地の周縁に形成されたこと、また一つには、オランダ人が賢明にも最も肥沃な土地を農業用に残しておいたことによって、諸都市はリングの周囲に都市地域を拡大し、穴のほうは侵略せずに、大きな輪の隙間のほうを埋めたのである。この国の都市と都市地域の発展は、こうしてうまく配分されたために、単一の塊りとなって国内の他地域を相対的に貧しいままに残すことはなかった。しかし、その場合でも、「リング・シティ」という一つの大きな都市地域が形成されたのは事実である。

日本でいま起こっていることは、オランダやイタリア北部で起こったこととといくらか似ているようだ。もっとも、東京を中核とする都市化された一大地域の形は、リング（環）にも大きな塊りにも似ておらず、むしろ名古屋を結び目とする巨大で不均衡な蝶ネクタイの形に似ている。東京とその都市地域は、このような全体のほんの一部を形成しているのであり、その点ではアムステルダムとその都市地域がリング・シティの一部を形成し、あるいはまたミラノとその都市地域が、都市化の進んだイタリア北部の一部をなしているのと似ている。論理的には、日本のこの都市化された支配的地域の外側にある都市はあまり活発に発展しなくなり、それぞれ自前の都市地域を生まなくなって、ときとともに相対的に不活性化し、経済的に受動的になる可能性はあるだろう。そして事実、まぎれもなくその徴候が存在する。本州の北部、四国と九州、および北海道では、関係者は自分たちの地域のための移植工場——日本の移植工場にかぎらず、外国の工場も——の誘致に懸命である。彼らの動機は、『ウォールストリート・ジャーナル』によれば、「若者がよりよい生活を求めて、農村的状態あるいは工業不況の状態から出ていくのを見てきたアメリカ人ならおなじみ」であり、「……地域住民のための仕事が求められているのである。問題はごく単純なことである」。しかし、実際にはそれほど単純ではないのである。というのは、これらの地域の諸都市では、なぜ自前の活発な経済とその後背地のための移植工場が発展しないかということが、問われねばならないからである。

それぞれの国は様々に異なる歴史、人口、地理的規模をもっているが、多くの都市をもつ国を準都市国家——つまり一つの都市地域とその地域内のいくつかの都市によって主として支配される国家——へと変える力が働いているように見受けられる。その力とは、私の考えに誤りがなければ、統合的国家通貨による誤ったフィードバックである。

小国では、国を準都市国家に変えても、必ずしも破壊的な作用を及ぼさない。その国がたとえばデンマークのように非常に小さいか、あるいはオランダのリング・シティのように充分大きな支配的都市地域をもっていれば、象のような都市地域と経済的にうまくやっていける。しかし、小国の場合でも、そのパターンにはペナルティが伴う。たとえば、デンマークでは、国の大部分は相対的に貧しく、コペンハーゲンとその都市地域から大きな補助を受けなければならず、次章で述べるような深刻な問題を生み出している。もう一つのペナルティは、準都市国家に変わった国は、経済上の卵をほとんど全部一つの籠の中に入れているようなものであり、その特徴はときとともに強まることである。小国の圧倒的に重要な都市と都市地域が活発な貿易相手を国外にもっているかぎりは、その国は、少なくともそれまでの発展能力を維持できる可能性が強い。そして実際、都市で生産された財・サービスから成る国際貿易の比重が大きい小国は、成功する傾向があり、経済的にも弾力性がある。弾力的なシステムとは、適切なフィードバックを受け取り、それに基づいて行動するシステムである。

大きい国が準都市国家に変わった場合には、問題は異なる。ときとともに不活性化し地方的になる多くの都市は、その経済的役割が小さくなる。それらの都市は、支配的な地域に対しては、よい国内顧客にはならない。支配的な都市と都市地域は、他の都市が停滞するにつれてそれらを補助しなければならず、しかもその補助金はその都市が自ら稼得したものでないために自生的な成長を生み出さず、したがって補助金の流出はいつまでも続く。最後には、国の大部分が自らを維持できなくなるか、あるいはかろうじて維持できるのみという状態になる。

象のような都市地域のパターンは、小国においてさえも非常な憤りをもたらし、少数民族《エスニック》的うらみつらみを激化させる。たとえば、第二次世界大戦前のチェコスロバキアでは、チェック人の都市プラハが支配的となり、着実に力をつけていた。スロバキア人の都市ブラチスラバは、相対的に不活性、相対的に地方的であり、しかもしだいにその度を強めていた。スロバキア人は、その差異は政府の政治的、文化的えこひいきによるものだとした。こうして育まれた羨望と怒りとが、戦争中のチェコスロバキア分割に力を貸し、現在でもそれは変わらない。プラハは、たしかに経済的にはひいきにされた都市だが、そのえこひいきは、チェック人にもスロバキア人にも、コントロールできるようなものではなかった。チェコスロバキアは、まったく典型的な国家的経済パターンに従っていただけである。

一国内の諸都市は、相互間の交易に関しては国の通貨から何のフィードバックも受けず、その他の国内交易でもその点は同じである。ということは、国内貿易に比べて国際貿易が少ない国では、都市は基本的に何のフィードバックも受けないということである。こうした欠落は、都市を不活性化させないまでも、都市が経済的につまずいたときに修正、回復をもたらさないのである。たとえて言えば、それは丘の上で均衡を保っている物体のようなものである。均衡が破られないかぎりは、フィードバックなしでも大丈夫であり、その位置を保てる。しかし、ひとたび均衡がわずかでも失われれば、それはひたすら坂をころげ落ちるのである。同じように、フィードバックを受けていない都市がいったん衰退し始めると、それ以後修正されないまま衰退しつづけることが多い。

中国は、その帝国の歴史上、大部分の諸都市が何らフィードバックを受けていなかった。中国は紀元前三世紀の終わりに秦のもとで統一された。諸国はそれ以前には、およそ一七〇〇の小都市国家あるいは公国から成っていたと言われる。この数字が正しいかどうかは別として、大きい単位は多くの小さい単位から成っていたのはまちがいない。

帝国がほぼ安定した頃（帝国は軍事的に統一されては崩壊し、軍事的統一、崩壊、軍事的統一、崩壊をくり返した）よりはるか前に、中国の芸術的、物質的文化すべての基盤が発展した。すなわち、言語、文字、文学、哲学、芸術、音楽、養蚕と絹織物、刺繍、装飾陶器、高度な技術を駆使した青銅と鉄の冶金、船、二輪戦車、煉瓦、鐘、ぶどう酒、将棋、磁石、漁網その他漁業や農業に欠かせない用具類、天体観測、統一法典、通貨その他もろもろである。統一下の中国は、それ以前の素晴らしい発展能力をしのいだことはなく、また予期されるような発展ももたらさなかった。諸都市は、はるか昔から停滞していたため、二十世紀にいたるまで人口の約八〇パーセントは農村人口であり、そしてもちろん、農村人口が優勢な国がすべてそうであるように、中国は貧しく、飢えに苦しみ、後進的であった。少なくとも、統合的通貨は、フィードバック機能を果たさないために、中国帝国の諸都市の役には立たなかったことはたしかであり、そして現在でも役には立っていないと思われる。

ローマが、及ぶかぎりの世界の大部分を支配するようになったあと、ローマ帝国の経済的支配が中央集権化すればするほど、個々の都市の受けるフィードバックは少なくなった。西ローマ帝国の崩壊後、東ローマ帝国が長く続いたが、東ローマ帝国も、ベネチアとの交易はあったものの、相対的に自給自足的であった。というのは、その交易はベネチアにとっては大きな額であったが、首都ビザンチウムでは最初はそれほどの額にはならなかったのである。東ローマ帝国の崩壊のあとを引き継いでさらに拡張したオスマン帝国もまた相対的に自給自足的であり、その諸都市は外界からほとんどフィードバックを受けなかった。統一された巨大な領土の歴史的運命は、控え目に見ても、あまり大した経済的展望がないのである。

このような領土の、現代の最もきわだった例は、アメリカである。この国を悩ました初期のフィードバックの欠陥が関税政策によって克服されたあと、アメリカは、都市が自らの貿易のなりゆきについて、通貨によるフィードバックをほとんど得られない国になった。繁栄する北部諸都市は、相互のために、また都市のない国内諸地域のために、また若干は外部世界のために生産を始める方向へと進んだ。外国から入ってきた輸入品目の大部分はすぐにあちこちの都市で代替され、その複製品、応用品、改良品が国内製品として売られた。アメリカの都市が自らの工夫によって創出した財・サービス——それらはこれまでにない財・サービスであることも多く、重要な実践上の問題を解決することも多かった——もまた、圧倒的に国内貿易にあてられた。やがて、アメリカの工業輸出品、および工事の設計・監督や設備の設置のようなサービスは、それを受け入れる国にとっては大きい額になった（ウルグアイもその一つである）が、しかしそれらの輸出品は、アメリカの諸都市の総生産および総貿易の中ではさほど大きなものではなかった。アメリカ諸都市の急成長につれて、かつてはそれらの経済をおびやかしていた農業的国際輸出品は、総貿易の中ではほとんど重要性がなくなった。アメリカの都市自体が、国内の農業生産物の主要な市場となったのである。綿はますますボストンの経済圏内にあるニューイングランドの紡績工場地帯に向けられ、その後は、ニューイングランドから南方に移植された工業に向けられるようになった。タバコはますますアメリカの消費者向けのものになった。肉牛と豚はカンザスシティやシカゴの精肉包装出荷工場に送られ、その後農村あるいは小都市の精肉包装出荷工場に送られたが、いずれの場合にも、主として国内消費向けであった。鉱石はアメリカの鉄鋼工場や真鍮工場に送られ、そこから大部分はアメリカの組み立て産業、玩具製造業者、鉄道、機関車・船舶建造業者、自動車製造業者、橋梁・建築請負業者に送られた。アメリカの国内貿易は、この国の対外、国内貿易を合わせた総貿易の約九五パーセントにものぼり、ときにはそれを越えることもあった。

アメリカの諸都市は、国家の通貨から何ら警告的フィードバックを受けないままに大いに繁栄したが、それにも限界があった。都市はすべて、多くの理由――その範囲は、さけられない不運、単なる近視眼、愚挙、過度の特化にまでわたっていた――から経済的苦境に陥る傾向がある。さらに、ときとともに、これまでに確立された各都市の輸出の仕事は、顧客都市における置換、遠隔地域への工場移植、陳腐化によって減少する。輸出の仕事を失いながらその損失を補償しない都市は、衰退あるのみである。そのような都市には援助が必要である。しかもそれは早急に必要なのであり、関税と輸出補助金による自動的援助が必要なのである。アメリカのような国では、どの都市でもこれが得られない。アメリカの諸都市はフィードバックの助けなしにその経済を驚異的に増強することができた（誤ったフィードバック情報を是正した関税は別として）が、それらの都市は、重要な輸出の仕事をゆゆしいまでに失い始めたときには、何の防御策も何の自己修正手段ももっていなかったのである。

現在、非常に多くのアメリカ諸都市が停滞し、経済的に衰退しているため、停滞と衰退が「全国的」問題とみなされている。しかし、個別に見るならば、アメリカの諸都市はいままで長期にわたって停滞してきたのである。はっきりと停滞し始めた最初の大都市は、おそらく世紀の変わり目頃のピッツバーグだろう。それから八〇年の間に、次々と都市が停滞し、立ち直れないでいる。小都市では、ロチェスター、ユティカ、スクラントン、アクロン、トレド、ウィルミントン、カムデン、大都市では、バッファロー、クリーブランド、インディアナポリス、シアトル、デトロイト、ニューヨークなどである。ニューヨークの経済は、少なくとも一九四〇年代から衰退し始めたが、それでも当時のニューヨークほど、修正のための対応装置を具えていた都市はなかったのである。しかし、実際には修正はなされず、いまでは対応装置それ自体――生産の多様性、生産財とサービス、技術

――が大部分失われている。そして、残っているものの多くは現状にそぐわず、陳腐化している。ニューヨークの貧困増大を示す徴候は多い。たとえば、市の老朽化した地下鉄、水道、道路、橋を修理することさえできないほど、いまのニューヨークは、一つの経済単位としては大変に貧しい。ニューヨークが経済的活力に溢れていた時代には、これらの大規模なシステムその他もろもろをつくる資本費用を市の歳入で負担することができたのであった。

そうこうするうちに、南部と西部のサンベルト地帯の都市が台頭してきた。そのこと自体は大いに結構なのだが、ただ、それらの経済基盤は、すでに本書でふれたように、大部分が軍需生産と、シャー支配下のイランへの輸出品のような、後進顧客国への輸出品から成っていた。軍需生産と、先進国から後進国への複雑高度な工業製品の国際貿易とは、次章で説明するように、経済活動の行き詰まりの最たる形態である。それらは拡大と発展の現れではなく、経済的停滞を一時的に引き延ばそうとする手段なのである。

一九六〇年頃から、アメリカでは国内貿易に対する国際貿易の割合が徐々に高まってきて、八〇年には約一五パーセントになった。アメリカの輸出品は、一方では、大豆や小麦のようなますます重要な農業的国際輸出品から成っており、他方の工業製品は主として顧客国へいくが、多くの場合それは借款によっており、軍事物資が増えている。アメリカの輸入品は、もはやこの国の諸都市が質的にも価格的にも競争できないような都市製の財が多くを占めている。日本製輸入品の製造方法は、アメリカの生産者の設備や技術をますます陳腐化させている。それゆえ、外国の工業製品に対して新規の関税ないしは輸入割当協定を要求する声が大きくなるのも驚くにはあたらない。しかしアメリカの諸都市は、関税によって是正できるような通貨のフィードバックの矛盾に苦しんでいるのではない。それらの都市が苦しんでいるのは、自らその経済を修正できず、次々と停滞し、そのために互いに停滞させ合ってきているという現実である。こういった形の都市の失敗には、関税は何の救済策にもならない。初期のアメリカ北部小都市は、弱体で後進的ではあったが、自らの経済を悪化させ停滞させることによって互いを停滞させ合うというようなことはなかった。だからこそ関税を有効に利用できたのである。

不当なせんさくをしないのであれば、アメリカ諸都市は経済原則——通貨価値の変動によって生じる原則、すなわち、通貨価値の変動によって提示されるもろもろの機会——の欠如にひどく悩まされてきたと言ってもよいだろう。もしそれらの機会が存在すれば、都市のつまずきは単に一時的なものに終わることができる。しかし修正されなければ、つまずきは最終的なものとなり、あとはまっしぐらに下り坂である。失敗は、都市、政府、アメリカ国民の罪ではない。それは領土に付属する構造的な欠陥である。世界政府や世界通貨がまだ夢にすぎないことに、われわれは感謝せねばならない。

都市とその都市地域が、輸入品を置換し活発に輸出品を生み出すかどうかについて、通貨価値の変動だけが決定要因であるなどと言うつもりはない。われわれが呼吸しなければならないということは、われわれが空気だけで生きていることを意味しない。他の要因もまた重要である。しかしそれにしても、通貨の変動は一つの強い力であり、善かれ悪しかれフィードバック・コントロールの有力な形態なのである。

先に私は、他の都市を不活性化し象のごとき都市に導く欠陥があると述べたが、そうした欠陥を修正するために、シンガポールの分離独立のパターンに近いような、都市あるいは国家のコントロールのきく救済策は、私の見るところでは存在しない。また、フィードバックの欠如を修正する救済策もない。しかし、だからといって、都市の腹立たしいまでの停滞や経済の衰退に対して、国が救済したり、是正したり、補償したりする努力をしていないということではない。通例、国は、まさにそうしたことを懸命かつ巧妙にやろうとしているのである。しかし、あとで見るように、その努力はむだというよりももっと悪い。というのは、それらは、都市の広範囲に及ぶ停滞と衰退を深め促進するのみで、知らず知らずのうちに、都市に対するフィードバックの誤りあるいは喪失というビルト・インされた構造的欠陥の上に、さらに構造的な経済的欠陥を積み重ねることになるからである。

第12章　衰退の取引

成功した帝国主義は富を獲得する。しかし、歴史上はペルシャ、ローマ、ビザンチン、トルコ、スペイン、ポルトガル、フランス、イギリスなど、成功をおさめた諸帝国は、いつまでも豊かではなかった。事実、帝国の運命とは、帝国の費用さえ維持できなくなるほど貧しくなることのように見える。帝国が長く続けば続くほど、より貧しく経済的により後進的になる傾向がある。ドイツや日本のように、早々と以前の植民地や占領地を失ったために、短期間しか成功しなかった帝国的大国、あるいは、オランダやオーストリアのように、突如として縮小して非常に小さな母国だけになった帝国的大国は、まだ幸運なほうであろう。しかし、帝国主義が帝国的大国のために富を獲得するものであるとすれば――疑いもなく、そうなのだが――どうしてそういうことになるのか。一つの逆説である。

私は、一つの帝国を獲得し維持し搾取するのに必要な政策と取引そのものが、帝国的大国の諸都市に対して破壊的な作用を及ぼし、それら諸都市の停滞と腐敗につながらざるをえないことを、論ずるつもりである。帝国の衰退は、まさに帝国の成功の中にビルト・インされている。この二つは互いに眼目となっているのである。また、帝国の衰退を必然化するような政策と取引は、それらを受け入れる非帝国的強国における停滞と腐敗を加速する可能性もある。

私が停滞と腐敗を「加速」すると言って「引き起こす」と言わない理由は、すでに見たように、無数の都市の上に君臨する諸国家の諸都市は、いずれにせよフィードバックの欠陥によって不利な立場に置かれているからである。つまり、領土に付属する欠陥である。それらの欠陥のために、衰退し始めた都市がその逆転をはかろうとしても不確かであるか、あるいは不可能になり(もっとも、その著しい例外についてはあとの章でふれるつもりであるが)、また新しい都市の形成と繁栄が妨げられる。こういったことすべては、多くの都市地域を必要とする大国にとってはとりわけ不利である。私がこれから究明しようとする特別な政策とそれを維持する取引は、フィードバックの欠陥に付随するものであり、少なくともその大部分は、都市の失敗と、これまで都市がその開発に失敗してきた地域の慢性的貧困に対する政府の対応なのである。

これらの政策と取引とは、その動機が何であれ、すべて都市経済を不活性化するものであった。それらは三つの主要なグループに分けられる。すなわち、(1)長期化した間断のない軍需生産、(2)長期化した間断のない貧困地域への補助金、(3)先進―後進経済間交易の重点的促進、である。これらは一見異なって見えるが、それらを支える政策と取引とは、その及ぼす害の点では似たようなものである。それらがいかに機能したかを探るために、軍需生産から話を始めることにしよう。

間断のない、長期化した軍需生産は、都市経済の稼得を間断なくむさぼる大食漢であり、その度合が大きいために、歴史上、長期化した間断のない軍国主義は、領土が相当に都市化されないかぎりは不可能であった。当時としては豊かで生産的な都市を有していた古代の諸帝国は、間断のない軍国主義が経済的に可能であったし、まさにそうすることが多かった。しかし、現在の世界を形成してきたヨーロッパ経済の伝統では、長期化した間断のない軍事活動が可能だったのは、たかだか過去四世紀間にすぎない。

われわれの目からすれば、中世とルネッサンス時代を通じて、ヨーロッパでは戦争がほとんどひっきりなしに続いていたように思われるが、実際はそうではない。ローマ帝国の崩壊後一〇〇〇年以上の間、ヨーロッパはいたって貧しく農村的であり、一度に何年も続く軍事活動を支えることはできなかったし、ましてや常設の軍隊をもつのは無理だった。陸軍も、そして海軍でさえも、召集や調達は散発的であり、除隊のほうはあっという間だった。傭兵たちは、われがちに雇用先を探しながら、次々と指揮官を替えなければならなかった。封建時代の陸軍は、小農とヨーマンから成り立っており、これらの人々は、農作業の時間を割けるときに短期戦のために貴族やその騎士のもとに駆り集められたのである。兵士への支払の多くは、略奪の機会を与えるという形をとったが、取得物はさほど豊かではなかった。十字軍のように、武装部隊がより永続的になったときには、彼らは物乞いや略奪によって何とかしのぐために多くの時間を費やした。いずれにしても、あちこちの領地から支給される食糧と装備に頼っていたのであるが、概してみじめなやりくりをしていたために、当初は、野たれ死にしたり、病気や栄養失調で死んだりする恐れがつきまとっていた。

そのような状況のもとで、軍需生産は散発的かつ突発的に行われるだけで、生産は他のニーズのためへとすぐに復帰していた。軍隊に対する余剰食糧が不充分だったのは、中世の打ち続く戦争のためであるとわれわれはみなしがちであるが、事実、農村的経済が優勢な場合はどこでもそうであった。しかし、それ以外の軍事向けの生産物を提供することは強制力では不可能であった。中世のロンドンの魚商人のギルドが、海賊征伐のための軍艦を国王に寄進したのち、造船所はすぐさま漁船や商船の建造にたちもどった。そうせざるをえなかったのである。この国は、軍用船の恒常的顧客である王立海軍を支える余力がまだなかったのである。ジェノバの馬具屋、あるいはオルレアンの鍛冶屋も、まずは兵士に一カ月間必要なものを支給し、商人や巡礼はあとまわしにされたのであろう。

十六世紀になってはじめて、ヨーロッパの領土は数年間も続く継続的戦争をするだけの経済力ができた。まず、スペインが先頭をきり、イギリスとフランスがそれに続いた。ロシアでは、イワン雷帝が常設の小規模な職業的軍隊をどうにかつくりあげ、丸太の家、食糧、カラフルな衣類、鉾槍、戦闘用の斧、槍を与えたが、兵士たちは戦争の合間にはモスクワの自分たちの居住区で店を経営したり（金持になった者もいた）、召使として働いたり、将校の庭番をしたりしていた。

トルコを除くヨーロッパでは、十七世紀の初頭になってはじめて、現代のような常設軍隊をもつ力ができた。すなわち、常時兵力を保持し、当面戦闘がないときでも兵隊以外の仕事はもたない、応戦態勢にある戦闘部隊ないし守備隊という意味の常設軍隊である。十七世紀中には、ついに常設の軍事編制のための間断ない生産が行われるようになり、この場合もスペインが先頭をきり、フランスとイギリスがこれに続いた。王立海軍は、常設のよく組織された編制をもっていた。しかしたとえそうだとしても、イギリスは二〇〇年以上にわたって、部分的には私掠船に依存しており、敵国もその点では同じだった。この私掠船というのは、平和時は所有者のために通商貿易を行い、政府から要請された場合には敵船の襲撃を行うという複数機能をもった武装商船である。

アメリカは、独立を獲得したときから常設の陸・海軍部隊をもつことができるほどに繁栄していた。しかし、それらは小規模であり、アメリカの軍需生産も戦時以外は小規模だった。それゆえ軍需生産の大部分は、数年間にわたる特定の戦争期間中だけ、散発的、突発的に着手され、同じように突然中断された。

しかし、一九五〇年の朝鮮戦争以後、アメリカは軍需生産を持続させ、多少の変動はあるがときとともにその比重が大きくなっている。第二次世界大戦終結後の五年間の休止を除けば（この休止はマーシャル・プラン援助が部分的に軍需生産の肩代わりをした期間だった）、一九四一年はじめにイギリスに対する連合国間の軍事物資貸与が始まって以来、軍事支出は、アメリカ諸都市の稼得の間断ない流出となったと見ることができる。

軍需生産は都市に輸出の仕事を、場合によっては途方もない量の仕事を与え、この仕事はその乗数効果と相俟ってブームを生み出す。アメリカの場合、第二次世界大戦の軍需生産ブームがこの国の不況を吹き飛ばした。いかなる地域においても、輸出の仕事が大幅に増大すれば、輸出生産の急上昇とその乗数効果とが相俟ってブームが生ずる。乗数効果とは、労働者とその家族および輸出企業に対して二次的な仕事と所得を生み出すことである。都市あるいは他のいかなる地域も、急増する輸出の仕事による乗数効果を吸収するには数年を要し、その数年は非常なブームとなる。こうして、突発的に始まった戦時の軍需生産はすべてブームとなり、それは非軍事的生産の統制や戦火の及ぶ地域の破壊をも黙認できるほどであった。

しかし、軍需生産の長期化が、経済ブームをも長期化するかどうかを理解することが重要である。ひとたび軍事的仕事の乗数効果が吸収されると、事態は鎮静化する。それ以後は、さらにその源泉から経済的拡大をはかろうとするなら、必要とされるのは軍事的仕事の拡大である。そして都市あるいはいかなる地域も、ひとたびその経済基盤の相当の部分を日常的に、長期化した軍事的仕事に依存するようになると、軍需生産は無限に維持されなければならず、さもないと経済は縮小してしまうのである。たとえば、シアトル市の最大の雇用主はボーイング航空機会社であるが、この会社は民間航空機を生産するだけでなく、爆撃機の開発と建造の契約にも大きく依存している。ボーイング社との軍事上の契約高が減少した一九七〇年代初期には、シアトルは非常に深刻な局地的不況にみまわれた。失業率ははね上がった。小売商の売上げは落ちた。住宅ローンの支払ができなくなった家は、抵当流れとなった。好景気のときに背負いこんでいた高額の出費のために、不景気になって糊口をしのぐ必需品すら買う余裕がなくなった人々のために、緊急の給食所が設けられた。シアトルは軍事的な仕事それ自体だけではなく、その乗数効果も失いつつあった。数年後に、ボーイング社との契約高が拡大して、シアトルの事態は通常に復した。

都市と都市地域は、一国内あるいは一帝国内で最大の産出源であり、それらが充分に存在し充分に豊かであれば、大規模で間断のない軍需生産を維持することができる。これは都市の稼得の流出なのであるが、一方ではたとえばシアトルのように、そのことによって自分たちが最終的に依存している軍事的な仕事の形でトレード・オフを与えられる都市もある。その仕事を維持するためには、都市の稼得を絶えずその源泉に向けていなければならない。そしてそれを拡大するためには、さらに多くの稼得をその源泉に向けなければならない。

都市およびその他の地域の軍事輸出のための仕事は、そのほとんどが都市以外の目的地に送られる財である。それゆえその仕事は、経済活動のいかなる局面においても、輸入置換過程にとってはおのずから不毛で役立たずとなる生産を表わしている。このことは、軍事的財が戦闘で消費されるときだけではなく、平和時に生産が行われて、戦闘で財が消費されないときでさえあてはまる。さらにこのことは、武器についてだけではなく、民間の生産とまったく変わらない財についてもあてはまる。

なぜそうなのかを見るためには、軍事基地や守備隊の駐屯する町の経済に注目すればよい。それらの経済は、輸入はするが、広範な輸入品を地元の生産で置換することはない。ノースカロライナ州オンスロー郡にあるアメリカ海兵隊の大基地、キャンプ・ルジュンでは、荷物を満載したトラックがゲートを通りぬけ、延々と日がな一日数珠つなぎに貨物受取所を通過しているが、その貨物の中身は、ピーナッツバター、ビジネス機器、歯科用ドリル、マットレス、金網、靴、ファイルホルダー、白熱電球、洗剤、調理機具、スパゲッティ、等々である。鉄道からもひっきりなしに荷物がおろされる。これが連日、くる年ごとに、何十年にもわたってくり返されるのであるが、製品のすべては、その送り先のゆえに、いかなる場所の輸入置換過程を刺激し育むのにもおよそ役立たないのである。輸入品がいかに多様であるか、その量がいかに多いか、あるいは、それらを受け入れる期間がいかに長いかということは問題にならない。駐屯兵の機能は輸入品を置換することではない。

とにかく、駐屯兵が財を手に入れることによっては、都市が稼得する輸入品の場合のように、生産の多様性を強めることにはならないのである。

キャンプそのものと同じく、近くの駐屯地の町ジャクソンビルは、輸入置換地域でも都市でもない。ジャクソンビルとキャンプのメインゲートとを結ぶ五マイルの道路づたいには、飾りたてたバー、ナイトクラブ、レストランが立ち並んでいるが、だからといってジャクソンビルがネオン管、赤や黄色のペンキ、ビールの冷却機その他いかなるものをもつくることができるというわけではない。この町には多くの入れ墨屋があって、ニューヨークから輸入した電動入れ墨針と墨が消費されているが、だからといってこの場所が、そうした生産財を自分たちでつくれるようになるわけではない。

キャンプ・ルジュンにはとりわけ米軍駐屯地売店、つまり国内と海外の駐屯地や基地のアメリカ軍人とその家族の便宜のためにつくられた小売店(PX)がある。このPXを利用する軍人の給料は、遠方の納税者の負担になるものであり、そして納税者が都市住民や都市企業であるかぎり、PXの売場の棚や倉庫に並んだ財は、実際には都市で稼得された輸入品——あるいはむしろそれらと等価のもの——なのであり、それらはもはや都市の手を離れてしまったのである。一九七〇年までに、世界中のPXは、世界第三の販売企業になった。そして多くの製品が、その送り先のゆえに輸入置換の能力を失った。もちろん、これらの財は駐屯地の人々を維持するのに必要なもののごく一部の量と種類にすぎない。

武器類は、軍事予算のうちでほとんど無限といってよいほどの大きさを占める。すなわち、戦車、ミサイル、核爆弾、核弾頭、大砲、機関銃、弾薬、爆撃機、戦闘機、偵察機、ミサイル迎撃機、輸送機、ヘリコプター、飛行場の技術設備、宇宙スパイ衛星、ロケット発射機、戦艦、巡洋艦、航空母艦、機雷敷設艦、掃海艇、潜水艦、駆逐艦、上陸用舟艇、他国の飛行機や船の検知システム等々を開発し生産するコストである。しかし、すでに私が民間の財・サービスに類似した軍用供給物について述べたことは、どちらかと言えば、武器についてはもっと厳密にあてはまる。それら供給物の送り先が倉庫であろうと、非常待機ステーション、訓練基地、試験場、演習場、哨戒基地、監視センター、海軍基地、空軍基地であろうと、武器類がこれらの場所に輸入されることによって、これらの送り先がその輸入品を地元の生産で置換できるようにはならない。そういうことは期待されてもいないし、期待しても無理である。この法則の唯一の例外は、武器生産者が他の生産者の武器を入手して、それを模倣または改造しようとする場合か、最初外国から武器を輸入したあと移植工場でつくるという、シャーのイランで一部試みられたような戦略をとる場合である。しかし、新しい場所でも、その製品はすぐに輸入置換には不毛となる。私は、例としてアメリカ軍を挙げたが、駐屯兵というのはどこでも大差はなく、哨戒基地にしても空軍基地その他にしても、同じようなものである。

要するに、都市の稼得が間断ない軍需生産を支える範囲内では、もろもろの計画は都市が稼得した輸入品を都市から控除し、そしてこれらを輸入置換をしない地域への輸入品へと変形させるのである。都市によっては、輸出の仕事というトレード・オフを得るところもあるが、しかしそれを維持するためには、一国あるいは一帝国の諸都市は、稼得した輸入品ないしその等価物を間断なく放棄しなければならない。したがってそうでない場合に比べて、都市はお互いがより貧しい顧客になるのである。また、そのために、諸都市は必然的に、そうでない場合に比べて、お互いのあるいは他のどこかからきた輸入品を置換する力が弱く、遅れがちになるのである。そうした欠陥は、都市が新しい種類の財・サービスを生み出す能力と、相互に問題を解決したりあるいはその他のイノベーションに基づく輸出品——かりに考案されたとして——を産出する能力とを切り崩してしまう。一国あるいは一帝国の諸都市が、軍事費のために稼得を失えば失うほど、またそれがしだいに長期化すればするほど、このトレード・オフによって与えられる軍事的な仕事にいっそう依存しなくてはならなくなる。そうしなければ、停滞するだけでなく衰退してしまうのである。それゆえ、こうした軍事的取引は、都市間交易を犠牲にし、また輸入置換過程をも犠牲にしているのである。

こうした観点に立って、拡大し発展するすべての経済には三つの大きな特徴があること、つまり、それら経済が興隆し繁栄するときに生ずる三種類の大きな変化があることについて考えてみよう。

第一に、全体として見れば経済活動の都市化が進み、農村的色彩がより少なくなる。都市の仕事と都市間交易は、絶対的にも相対的にも最大の利益をもたらす。農村の生産と交易も増大するが、しかしそれは、都市活動の副産物としてである。

第二に、都市間交易の拡大につれて、それは主としてそれまで最低生存の地域か供給地域であったような付随的都市に活気を生じさせ、それらを流動的な都市交易のネットワークの中に引き込む。

第三に、生産されるすべての財・サービスの量と種類が増大し、それが都市に輸入されてその地で輸入置換過程に入り込む。これは、先行する二つの変化の結果であり、またそれらの変化が続く条件でもある。

こうした変化は、経済的拡大と発展、すなわち活動状態にある発展のダイナミクスにほかならない。

経済活動が衰退および縮小の過程にあるときは、それとまったく逆のことが起こっているのである。

第一に、全体として見れば経済活動の都市化が遅れ、農村的色彩が強まる。都市の仕事と都市間交易は全経済活動において相対的に減少し、農村の生産と交易が相対的に増大する。

第二に、既存の都市は停滞・衰退し、その損失を補うには不充分な新しい都市が発生する。

第三に、生産されるすべての財・サービスの量と種類が減少し、それが都市に輸入されるが、輸入置換過程には入り込まない。都市が停滞し、重要な輸入置換をしなくなるにつれ、都市が依然として受け入れている輸入品でさえ輸入置換の役には立たなくなる。これは先行する二つの変化の結果である。

第二の系列の変化、すなわち、経済活動の悪化は、衰退のダイナミクスと見ることができる。それはまさしく衰退であり、崩壊が進行中なのである。これらの変化は、以前は拡大し発展しつつあった経済に、停滞と貧困と後進性をもたらす変化である。新しい種類の財・サービスが創出されて日常の経済活動に入っていくことが、量の上でも種類の上でも少なくなり、最後にはまったくなくなるのである。そして、未解決の急を要する実践的問題も、未解決のまま山積する。停滞が全体に及ぶと、衰退し縮小した経済活動は、今度はそれ以前の発展の残余部分に頼ることになる。

間断のない大規模な軍需生産は、発展中の経済活動の諸特徴が、その対極をなす退化中の経済活動の諸特徴へと直接に転化させる手段でもある。軍需生産にかかわる取引はまさしく衰退過程の一部なのである。

このことを理解すれば、帝国の衰退にかかわるもう一つの逆説を理解するのに役立つ。戦争と戦時生産によってしばしば刺激されたものには、冶金学、通信、疫学、外科医術、工学、化学、造船、航海術、航空学、天気予報、履物や衣類、地図製作、輸送等々があり、枚挙にいとまがない。それゆえ、高度に軍事化された国あるいは帝国は、経済発展の最先端をきりつづけるには好都合であり、いつまでも発展を先導するように思われる。なぜなら、軍事的な仕事の副次的効果と各種イノベーションを使用させる圧力が、そこに働くからである。

しかし、古代から現代にいたるまで、大規模に間断なく軍事生産に投資してきた社会は、発展を阻まれて、技術的には後進的である。たしかに軍事的開発は民間の経済発展を促進し、逆に民間の技術は軍事的技術を促進するが、それは生産が両者の間を往復するときにかぎられている。そうした往復運動は、軍需生産がいつまでも続き、生産者には戦時用の財の永続的顧客を提供するだけという場合にはほとんど生じない。しかし、さらに重要なのは、一般的に言って、停滞しつつある経済は日常の経済活動へイノベーションを取り入れることが少なくなることである。また非軍事的な仕事が発展するためには、軍国主義とその圧力は不要だということも注目に値する。そのよい例が第二次世界大戦後のスイスであり、あるいは日本である。経済活動を孵化するのは軍需生産ではなく、都市なのである。軍国主義が間断なく都市の稼得を食い荒らし、平常の都市間交易を歪めるときには、いかに独創性や研究心があろうとも、発展はそれによって遅れるのである。実際、独創性や研究心がさかんなほど、そうした努力自体が都市間交易を犠牲にした上での都市の稼得の貴重な流出となるから、事態はますますひどくなるわけである。

諸経済が拡大と発展を目指し、次にはその富を苦悶と恐怖と破壊と怒号の軍務にふり向けるという歴史の景観は、控え目に言っても、気のめいるものであるし、もちろん現代では滅亡という究極の恐怖もつきまとう。だから、人の道を尊び良識を有する人々がいつも提案するように、国家の軍事支出を建設的でもっと思いやりのある目的にふり向けたらどうか……たった一隻の戦艦の費用でどんなに善行ができるかを考えよ……月へ行くことができるのなら、住宅困窮者に家を建て、飢えた人に食物を与え、貧困とその恐れを克服するというもっと簡単な問題をなぜ理解できないのか……。

こうした目的をもった福祉計画と、貧困地域の生活水準とサービス水準を、繁栄する都市地域と同じ水準にまでもっていくための交付金や補助金は、不幸なことに、これまた「衰退の取引」として作用するのである。もしそれらが間断なく続けば、都市の稼得を間断なく流出させることになる。もしそれらが多少とも豊富であれば、むしろ、軍事計画以上に都市の稼得を食い荒らす。現代の福祉国家が経済の中に登場したのが常設の陸・海軍よりも遅れたのは、おそらくそれも一因であろう。一国内に充分に発達した生産的な都市がなければ、その国には、充分な移転支出その他の福祉計画を実現する余力はない。現代の福祉国家は、一〇〇年前に新しく統一されたビスマルクのドイツで先鞭をつけられた。ビスマルクは、労働者階級に対する普遍的、中央集権的な社会保険を構想したが、当時は経済的にも政治的にも、それを実行することは不可能であった。そのため、彼が手をつけたのは、地方分権的な労働者−事業者共同の疾病保険の推進であり、これは、所得が許せば、疾病、廃疾、老齢退職にまで対象を広げるというものだった。それ以後、何百種という社会保険、福祉手当、特別交付金および補助金が制定され、現在それらは余力のある多くの政府によって実施されている（すべての政府ではない。スイスでは全体として諸地域がさほど援助を必要としないくらい充分繁栄しており、国家補助金や交付金は数も量も少ない）。農産物価格補助やその他の農業補助金は、貧しい地域を援助するために都市地域の経済に依存している点では、福祉計画と似たところがある。

個々の都市および都市地域が、全国的福祉あるいは地方的福祉、農業その他への補助金計画に支払うものと、その見返りとして受け取るものとが一致しない分は、広範な輸入品を地元の生産によって置換しない地域にふり向けられる稼得の損失分を表わす。というのは、それらの地域がもし置換を行っていたのであれば、そのような取引において受け取る側ではなく与える側にまわっていたであろうからである。それゆえ、補助金で買う財・サービスは、軍事的財・サービスと同様に、地元の生産で輸入品を置換しない地域に向けられるのである。また、それらの地域は、受け取った補助金——稼得したのではない輸入品——によって置換が可能になるわけではない。これらの補助金は、それが稼得したものでないがゆえに、それを得た地域で生産の多様化を促進しないのである。要するに、補助金を得た地域に送り込まれた財・サービスは、およそ輸入置換過程に入り込まない財・サービスなのである。

軍事費に対する貢献によって経済的トレード・オフを受け取る都市があるのと同様に、都市はその補助に対する貢献によって経済的トレード・オフを受け取る。この場合都市が受け取るのは、補助金がなければ買えなかったであろう地域の人々からの消費財の注文であり、また、補助金がなかったら手の届かなかったであろう貧しい地域の病院、学校、大学、上下水道、消防署、農場、電気設備その他の施設からくる、建設と設備用の品目に対する注文である。

表面的には、これはなかなか素晴らしい永久運動機械のように見える。補助金取引は、都市からの貢献を引き出し、同時に、都市における輸出の仕事への注文を刺激する。このような取引が無限に続きさえすればよいとも思われるだろう。そして、経済活動は無限に進行していくだろう。マルクスが想定したように、それは購買力の有効配分の問題であろう。ディマンド・サイド経済学は、現実に機能するであろう。この種の永久運動機械では、都市経済の重要性とは、それが富を生むのを得意とすること、とりわけある種の財・サービスの生産に熟達しているという程度のことにすぎないだろう。

しかし、都市が経済活動にとって不可欠である理由は、そういうことではない。都市の決定的に重要な機能は、経済活動を発展の軌道にのせ拡大させる起爆剤となることであって、決して永久運動のような単調な働きをすることではない。都市は、二つの形で継続的なエネルギーのインプットを必要とする。すなわち、一つはイノベーションであり、それは根本において人間洞察のインプットである。いま一つは豊富な輸入代替であり、それは根本において、適応性のある模倣を行う人間能力のインプットである。都市の有用性は、こうしたインプット——洞察と適応——を日常の経済活動にうまく取り込めるような関係を提供できる点にある。

したがって、経済活動の推進手段としての移転支出およびその他の補助金の問題点は、それらが都市の稼得を貪欲に食いつくしつつ、都市と停滞地域との交易のほうを優先して都市間交易を減少させること、また、稼得された都市の輸入品を、生産代替できない地域にふり向けてしまうこと、さらにそのことによって、都市が相互のイノベーションの産物のよき顧客になる能力を減少させることである。それゆえ、都市から搾り取られる補助金は根本的には発展に逆行する取引なのである。

都市とその都市地域が散発的な緊急援助——たとえば、洪水、地震、火災あるいは戦禍の救済——を与える場合には、その援助は、散発的な軍需生産に似ている。その場合には、都市経済を永続的に歪めたり間断なく流出させることはなく、また流動的都市交易ができない代わりとして、停滞地域援助向けの財・サービス供給の仕事に都市経済を依存させることもない。

大規模で間断のない補助金は衰退の取引なのであり、ひとたびそれが開始されると、ときとともに補助金の必要はますます増大し、補助金を供給する側の資力はますます減少する。配慮と責任のある政府が福祉補助金やそれに類似した農業補助金を実施し始めた当初には、それらの補助金にはまだ問題はない。しかし、ほどなく——これまでの経験では二世代以内で——福祉国家の経済は、危険なまでに不安定となる。これまでの規模と範囲内では、補助金計画が維持できなくなるか、または、一時的な財政赤字ではなく永続的な赤字財政によってしか維持できなくなる。それゆえ、豊かで総合的な福祉計画をもった国は、それまで可能だった手当を大幅に削減するか、あるいは削減のためにインフレを許容せざるをえなくなるのである。

同情によって着手された福祉計画や、慢性的貧困地域の不当な貧困を撲滅するための福祉計画が、知らず知らずのうちに、停滞の蔓延と貧困の深刻化の道具として作用するというのは、道理に合わないように見える。しかしそれなら、あまり立派でない目的からではなく、飢えた人々を食べさせるというれっきとした目的で土地を利用するとき、やせたその土地が消耗するのは道理に合わないと言わねばなるまい。土地にとってはどちらでも同じである。創造的、生産的でありつづけようとして必要な栄養を切らした都市経済の場合も同様である。

さらにまた、補助金計画は必ずしも同情から発するものとはかぎらない。先鋭な、あるいは潜在的な分離独立運動に悩まされている帝国や大国は、抵抗や不満を押さえ込むために補助金を利用する。各国政府は、その地位を守るために補助金を利用する。諸帝国は、属国の忠誠を保つために、必要とあらば補助金を利用し、敵対する帝国に負けまいとして補助金を利用する。補助金は、まさに衰退の取引であるがゆえに、経済的時限爆弾なのである。補助金は、その供給が可能な間は平穏を買収する役に立つが、それだけのことである。補助金を大幅に削減しなければならないとき、またはインフレによってそれらが無意味になるとき、補助金に頼ってきた社会は、秩序を失い、混乱する。ウルグアイがそうである。本書の執筆中に、フランスの学生たちが補助金の削減を不満として暴動を起こしている。ひとたび間断ない補助金の投入が始まると、政府は、多少の曲折はあろうとも、それらを維持するために手段を選んではいられなくなるのである。補助金に代わるものとしては抑圧があるが、それもまたあまりに高くつき、しかも金銭的に高いだけでは済まない。

以上、私が述べてきたのは、都市の稼得の流出としての、またその見返りとして農村的地域への輸出の仕事を与えるものとしての、また、いかなる段階であれ、財・サービスを輸入置換過程での利用からさし引くものとしての、また都市と農村地域との交易を優先し都市間交易を非活性化させるものとしての、要するに発展のダイナミクスを衰退のダイナミクスに転換するものとしての、税金に支えられた取引についてだけであった。しかし、投資もこれと同じ効果を及ぼすし、それに加えて都市とその経済的ニーズを犠牲にした上で農業生産を促進するのである。

投資が、衰退の取引としていかに作用するかを概略理解するために、ある工場が、ある都市または都市地域を離れて、遠方の供給地域や移植地域に移植されるか、あるいは、人々が生活していけなくなって見すてた地域に移植される場合、何が生じるかを考えてみよう。移植工場がきた土地では、そのための多くのものが輸入される。窓ガラス、ユーティリティのパイプやワイヤー、建設機械、旋盤、織機、精製タンク、工場を建設し設備をとりつけるために必要な品、さらに、建設労働者がその給料で買う消費財等。こうした輸入品は、移植工場地域の輸出の仕事によって稼得されたものではなく、それゆえ移植工場への融資は、通例その親会社やそれに融資している遠方の銀行によってなされるのである。通例移植工場は、その資本費用を返済し、利子や利潤も生むものと期待されている。もしそのコストが経済的に見て妥当であり、したがってそのうちに返済できるものであれば、次に生ずるのは以下の二つのうちのいずれか、あるいは両方である。

一方では、返済ができるようになればその返済金を、今度は融資の源である都市に投資できるようになる。たとえば、その使途は次のとおりであろう。すなわち、既存の都市企業が陳腐化しないようにその設備を新しいものに換えること、あるいは、都市で発足し順調に拡大してきた新しい企業向けに輸入原材料を買うこと、あるいは、何らかのイノベーションが実用化することがわかったために、地元の市場あるいは輸出市場を見つけるまではそれを支えること、あるいは、輸入置換は行っているがそのための輸入品——たとえば、自転車のタイヤ用のゴム、または自転車のサドル用のレザー——を必要としている企業に資本を供給すること、といった使途である。もし返済金が、資本の最初の出どころに再投資されるのであれば、移植工場をめぐる取引は、都市のこうした稼得を流出させることもなく、また稼得した輸入品の等価物をそれきり他へそらしてしまうこともない。輸入品は一時的に遅延するにとどまり、流出も一時的である。もし、投資によって生じた利子や利潤ももとの都市で利用されるなら——その都市で消費財を買うためであれ、生産財を購入するためであれ——その都市経済は、余剰の稼得から余剰の輸入品を受け取ることさえある。

他方では、移植工場のコストが返済されるとき、それが都市と都市地域内部では再投資されず、もっと遠方の移植工場に再投資される可能性もあり、さらにどこまでも遠方へと再投資が続く可能性もある。その実践上の目的とはかかわりなく、同じような投資のくり返しによって、都市の稼得および稼得が表わす財が永続的に流出するが、それらの財はまたいかなる輸入置換過程からも離れてしまった財なのである。それは衰退の取引として作用する生産に投資することなのであり、経済活動がいかに進むかについてサプライ・サイド経済学が無意味な考察をしているのもそれが一因なのである。

都市からきた資本が、供給地域を再形成する場合、そこで生じたものを全部もとの都市に返すやり方をとった場合には、右に述べたのと同じ二つの可能性が生ずる。しかし、もし返済された投資が、続いて同じようなやり方で限りなく再投資されると、これもまた衰退の取引となり、また投資の拡大が続くならば、それらの投資を生む都市からの流出はますます増大する。帝国は、とりわけこうした取引に傾きがちである。

都市の融資による農業生産への投資のうちで最も破壊的な影響を及ぼすのは、排除された労働者にとって都市の仕事そのものがないような地域へ、労働節約型の設備を融資する投資である。もちろんこういう投資は、補助金を受けていることが多い。しかし、そうであろうとなかろうと、都市の稼得は他へそらされ、また余剰人口となった人々を援助するために、あるいは補助金による移植工場を誘致するために、ますます多くの都市の稼得をその地域にふり向けなければならなくなる。住民排除地域への投資は、必然的に補助金が必要となるだけでなく、さらに限りなく補助金が必要となる。もちろん、農村の労働節約型設備を生産する都市は、設備の販売という形でトレード・オフを手に入れる。都市経済が停滞すればするほど、ひたすらそのような販売が求められ促進されるのであり、住民排除をもたらす計画がいかに悲惨であろうとも顧みられないのである。そして、軍事的財と同じように、これらの財の送り先は、地元の生産で置換することのできない地域なのである。しかし、もちろん、住民排除地域ではなく都市地域に向けられる農業用労働節約型設備の場合には、そういうことにはならない。

後進都市に輸出される複雑高度な都市製の財・サービスも、輸入置換に関するかぎりは不毛である。すでに見たように、このような財と後進都市で生産できるものとの断絶はあまりに大きく、両者を結びつけることができない。だからこそ後進都市は、相互の流動的交易を必要とするのである。モンテビデオで何十年かにわたって見られたように、工業製品がいかに多種多量であろうと、それはまったく輸入置換過程の役には立たず、その点では農村地域に送られたのと同じであった。

この種の発展性のない先進―後進間交易が、たとえばウルグアイ史の大部分でそうだったように、またイランのシャーの買いつけも大部分そうだったように、現金で支払われるときには、少なくとも、その取引によって先進都市の稼得の流出とその稼得で買う輸入品の流出は生じない。それら先進都市あるいはその交易相手都市は、羊毛、皮革、油等々、主として資源と農村的財を手に入れるが、それらは場合によっては都市製品で置換できるか、あるいは都市で置換された輸入品に組み入れることができる。言い換えると、先進―後進間交易の「先進」側の極では、財は必ずしも輸入置換にとって不毛ではないが、「後進」側の極では不毛なのである。

しかし先進―後進間交易が、後進経済の生産物で支払われずに、借款で維持されるときは、交易の「先進」側の極の都市では稼得を流出させているのである。かりに借款が返済される場合でも、さらなる先進―後進間交易のためにそれがくり返し更新されるなら、融資している諸都市では、限りなく流出をこうむる。借款がまったく返済できなかったり、交付金を受けている交易の場合には、それらの取引は補助金と同じように機能する。先進都市の稼得は不活性な経済へと方向をそらされているのである。借款（返済不能のことが多いが）または交付金による先進―後進間交易は、今日の国際貿易では決して無視できない要因である。一九八二年のなかばまでに、ブラジルとメキシコに対するアメリカ諸銀行の借款は、『ウォールストリート・ジャーナル』によると、アメリカの大手九銀行の資本金の九五パーセントに匹敵し、また次に大きい一五銀行の資本金の七四パーセントに匹敵した。もちろん、だからといって銀行の貸出能力の九五パーセントや七四パーセントが、ブラジルとメキシコに貸し出されているわけではない。というのは、銀行はその資本金の何倍もの貸付をするからである。しかし、もし借款の更新を限りなくくり返さず、それが債務不履行に陥るとすれば、銀行が破産するには充分である。他にもアルゼンチン、チリ、フィリピン、ベネズエラ、スペイン、ポーランド、ユーゴスラビア等々に対する先進―後進間交易促進のためのアメリカの借款を加えると、このような交易は、都市の稼得で継続的に補給されないかぎり、大変な怪物であることがわかる。西ヨーロッパ諸国、カナダ、日本、ソ連も、自国製品の「売上げ」のために先進―後進間交易に借款を供与しており、国際通貨基金や世界銀行も、主としてその主要構成国の「売上げ」のために、このような交易に融資しているのである。このような「売上げ」は、こうした衰退の取引において、都市にとってのトレード・オフとなっているのである。

衰退の取引は諸帝国にとっては不可欠である。たとえば、大英帝国を成り立たせていたもろもろの取引、それらなしには帝国の形成あるいは統一も不可能であった取引を考えてみよう。それらの取引は、トルコ、スペイン、ポルトガル、フランス、その他多くの帝国が、その時代時代に繁栄するもとになった取引と似ている。イギリスは、大英帝国の拡張期を通じて、公的にも私的にも、はるか遠方の供給地域の征服と形成に間断なく投資していた。そのトレード・オフとなったのは、慢性的に後進的な地域に対するイギリスの輸出の仕事の拡大であり、その大部分は現金払いであった。しかしそれでも、それはイギリスあるいは他のどこかで輸入置換されなかったイギリスの生産の大きさとその増大とを表わしていた。イギリスは、政治的、経済的装置全体の維持のために、はるか遠方の無数の駐屯兵を維持し、彼らのために武器その他の支給品を生産し、金のかかる王立海軍を増強し、間断なく維持しなければならなかった。そのトレード・オフとなったのは、帝国内の多くの都市と中小地域に対する海軍その他の軍事的な仕事だった。時がたつにつれて、イギリス諸都市は、慢性的に後進的で不活性な地域への輸出の仕事と軍事的仕事とにますます依存するようになり、都市相互の交易には依存しなくなった。これらの都市は、かつてはお互いに流動的交易の相手として産業革命を生み出した都市だったのである。しかし、徐々に、その発展能力は退化していった。これらの都市の既存の工業やサービスはますます陳腐化し、イノベーションは乏しくなり、互いに豊かな顧客となる力は弱まった。

インドの富のすべてをもってしても、イギリス諸都市の経済の停滞と衰退を補うことはできなかった。しかし、その停滞と衰退は、まさに、インドの富を獲得し保持し管理し利用するのに必要な取引の中にビルト・インされていたのである。かりにイギリスが、帝国に対してもっと寛大であり、交付金を与え、先進―後進間交易の促進・強化のために気前よく金を貸し出し、貧しい地域の貧しい人々を援助したとしよう。その場合には、大英帝国はより早期に、よりすみやかに衰退していたことであろう。

経済的観点からすると、帝国の類型としては、イギリス型とローマ型の二つのモデルが考えられる。イギリス型モデルでは、帝国は、ほとんどもっぱら、本国より後進的な地域の獲得とその支配に専念する。イギリスはまさにそうして、最初はウェールズ、スコットランド、アイルランドなど隣接する領土を獲得・保持し、次いではるかに遠い海外の領土を獲得・保持した。他のヨーロッパ大国がアジア、アフリカ、南北アメリカ、中東を征服した場合もこれと同じモデルに属しており、征服された領土は、征服者よりも経済的には後進的であった。また、アメリカが、メキシコ領土を征服したとき、南北戦争で北部がより後進的な南部を連邦の中に確保したとき、カリブ海および太平洋でスペイン帝国の名残りの領土を征服したとき、ベトナム介入に失敗したときにも、このモデルがあてはまった。

帝国主義のローマ型モデルでも、後進地域を支配下におさめているが、さらにそれに加えて、本国と同じくらい先進的な、場合によってはよりいっそう先進的な地域を組み入れ、そして支配する。ローマはまさにそうやって、古代地中海地域全体を支配下におさめたのである。スペインのフェルディナンドとイサベラはそのようにしてまず、経済的にはより先進的なイベリア半島のムーア人の領土を、カスティリアとアラゴンの支配下におさめた。中国の最初の統一国家である秦は、多くの経済的先進国とその都市を征服したが、そのような過程は、中国史上で、その大きな御しがたい集団が、崩壊してはまた武力によって再統一される際に、何度もくり返された。ロシアが、十九世紀にシベリア奥地へ進出したときには、イギリス型モデルに従っていたが、しかしソ連が第二次世界大戦後、東ドイツ、バルト海沿岸のいくつかの小共和国、チェコスロバキア、ハンガリーを支配下におさめたときには、ローマ型のモデルに従っていたのであり、これらの地域——特にチェコスロバキアと東ドイツ——は、ソ連の経済よりも先進的だった。

いずれの型の帝国主義が成功しようとも、それに必要な衰退の取引によって、都市は枯渇する。両者のちがいは、ローマ型モデルのほうが、後進的で不活性な地域だけでなく富を産出する都市をも獲得したために、衰退を一時的に引き延ばすことができるということである。しかし、いずれの場合も、帝国の諸都市は帝国のために枯渇する。

現在ソ連とアメリカ合衆国とは、互いに相手の経済の衰退を予測し、それを期待している。両国とも失望はしないであろう。

ソビエト政府は、そもそもその支配が始まったときから、諸都市の稼得が生じるやいなや、それを食いつくす存在だった。政府は、これらの稼得を農業向けのふんだんな、間断ない（そして効果もない）資本と運営補助金にふり向け、またさらに、農村地域への工業投資、社会福祉計画、そしてもちろん領土と国境の警備やアメリカとの長期にわたる大規模で長期化する軍事競争へとふり向けてきた。第二次世界大戦以前も以後も、都市間交易の余地はほんのわずかで、都市の輸入置換過程を育む余地はほとんど皆無に等しかった。たまたま輸入品を置換することができたとしても、ソ連の諸都市は自らが稼得する輸入の残余がいたって少ないために、意味ある輸入置換はできそうにもない。ソ連が、グダニスク、ワルシャワ、クラクフ、プラハ、ブラチスラバ、ブダペスト、ベルリンの一部とその他の東ドイツ諸都市を経済的に支配したとき、それは衰退の取引によって流出する都市の稼得の新しい供給源が増えたということであった。これらの諸都市にとっておもなトレード・オフとなったのは、ソ連内の不活性な地域向けの輸出の仕事であった。これらの諸都市の経済は、発展するどころか、成長を阻まれてきたのである。

一方アメリカは、もっとふんだんに国内の都市と都市地域を養ってきたが、それはアメリカの都市がソ連の都市より数も多く、より先進的で豊かなために、産出高も多いからできたことなのである。アメリカの都市は、兵器競争のための流出以外にも、不当に大きい部分を、全国的な年金計画（手当の規模と範囲を縮小しないかぎり、急速に破産状態に近づいているが）と、その他様々の国内補助金——それは一九七六年までは一〇〇〇以上の種々の連邦手当と交付金計画を通じて分配されていた——に貢献してきた。公的と私的とを問わず、対外借款によって、先進—後進間交易が促進されてきたし、借款が充分でない場合は、同じ目的のために交付金が出された。アメリカの多国籍企業と国内企業はさかんに工場移植騒ぎをくり返してきたが、決して順調にはいかず、多くは補助金が利用された。都市の稼得の流出のほどがわかろうというものである。アメリカ人の頭脳と技術は消えてなくなったわけではないのだが、アメリカ人が経済活動を拡大・発展させうる可能性は小さくなってきたのである。

サンベルト諸都市は、二つの意味でトレード・オフ都市である。その経済的基盤は、おもに衰退の取引によって諸都市に与えられたトレード・オフから成る。すなわち、軍事的仕事、イランのシャーに売った財・サービスのような先進—後進間交易のための財・サービス、農村の補助金によって一段階へだてて与えられた都市の仕事などであり、引退後の年金も、いくつかの都市にとっては重要な経済的基盤となっている。サンベルトの諸都市にとってのトレード・オフは、旧来の都市からその稼得を流出させることによってもたらされてきた。要するに、一組の都市は、別の一組の都市とトレード・オフされてきたのである。発展のダイナミクスがサンベルト都市を興隆させたのなら、アメリカの経済活動は拡大したといえるだろうが、しかしその繁栄は、アメリカの経済活動の純増にはならないのである。

いまやアメリカの旧来の都市の相当数が衰退し、その維持と不満の抑制のために自ら補助金を必要としているため、衰退の取引を支えるためには、皮肉にもますますサンベルト諸都市へとシフトしなければならない。サンベルト諸都市の稼得は、ますます衰退の取引のために使われるが、しかしそれらの都市は、そうした取引——軍事的な仕事、補助金、先進—後進間交易——を支えなければならない。さもないと、自分たち自身の経済的存在理由を失うからである。衰退の取引は強力なワナなのである。

フランスとイギリスとは、同じようなタイプの取引によって帝国の衰退を経験した。しかし、フランスの場合は、おそらく前例のない興味深いやり方で、衰退をしばらく引き延ばすことができた。フランスには都市地域が少なく、したがってフランス農村部は、主として供給地域、それもおもに農業的な供給地域から成っている。それらの地域は、EECの農業制度の大幅な補助を受けなかったら、とても貧しかったであろう。西ドイツ、オランダ、イタリア北部、ベルギー等の諸都市、そしてデンマークやイギリスの諸都市でさえもが、フランスの都市にはできなかったような規模で——それはフランスの大部分の都市が停滞しているためであり、それゆえフランスにはほとんど都市地域がないのである——そろってフランス農村を補助しているのである。要するに、フランスは帝国のローマ型モデルの一変種である。というのは、フランスは自分と同程度あるいはそれ以上に先進的な地域の収益を流出させているからである。仕組みの複雑さはあるとしても、フランスが、諸都市の稼得を流出させ、都市と不活性地域との交易を優先して流動的都市間交易を押さえつけ、輸入置換過程で利用できる生産物をそこから控除し、要するに、衰退の取引――この場合、西ヨーロッパの都市一般を犠牲にした上での衰退の取引――を行っているという事実は変わらない。

イギリスはEEC加盟が遅かったために、その基本的制度には影響を及ぼさなかったが、しかしイギリス側としては、共同体が不況地域一般に対して援助を行うだろうということはわかっていたし、あるいはそうみなしていた。ある論者が言ったように、「イギリスは農業政策による恩恵もなく、工業でもドイツほど効果的に競争を行っていない。イギリスは一人当り所得がEECの平均以下しかないにもかかわらず、EEC予算に大枚を支払った。イギリスがルール変更を望んだのも当然であった。イギリスは農業向け支出の削減、および自分たちに恩恵をもたらすはずの地域援助への支出増額を望んだ」。イギリスのEEC加盟後に、望んでいた地域援助政策の採用が延期(実際には中止)されたとき、イギリスは、エネルギー政策および次の段階として提案された経済・通貨統合の動議に反対することで報復しようとした。EECの論争は、ある程度は、フランスとイギリスという二つの疲弊した帝国が、自国の衰退を引き延ばすためにどちらがヨーロッパ諸都市からより多く搾り取ることができるかというかけ引きであった。これまでのところ、フランスに軍配があがってイギリスは敗れたが、いずれにしてもヨーロッパの経済活動の拡大・発展は、衰退の取引のために犠牲にされている。

現在、衰退の取引に対する余裕がある多くの国、およびその余裕がない多くの国で、不活性経済に対する補助金への依存度が強まっている。つまり、先進都市を枯渇させ後進都市を経済的に麻痺させる先進―後進間交易、巨額で間断のない軍需生産と兵器取引、さらに農村経済の行き過ぎた非経済的再編成、こういったものに依存する傾向が見られる。われわれは、発展を妨げるワナから脱け出す方途をもっていないように思う。なぜなら、多くの人々、多くの企業、多くの政府、またかつては活気のあった多くの都市でさえ、都市を不活性化する政策と取引を通じて捻出された所得に依存するようになっているからである。

衰退の取引が実施されてきたのは、発展に対して無関心だからではなく、また、政府が貧困や停滞を受け入れているからでもない。反対に、衰退の取引によって意図しているのは、発展をもたらし貧困を撲滅することである。このことは、部分的には軍需生産についてさえ言えることである。地域住民や企業は、純粋に経済的な理由から、軍事的な仕事の獲得競争を行い、軍事的な仕事を拡大するためのロビー活動を行う。悪魔は、手がすいている者のための仕事を見つけるのである。衰退の取引は、見せかけはどうあろうとも、停滞の救済策にはならず、また貧困の原因への対策にもならない。にもかかわらず、衰退の取引はまさに政府がばらまきやすいものであり、帝国への熱望を抱く帝国と国家がばらまかざるをえないものなのである。

第13章　苦境

日本のように繁栄している国でさえ、諸地域間の不平等という問題を抱えている。中央日本には、創造的な輸入置換都市と、たとえばシノハタのあるような充分に多様化した都市地域が、豊富に存在する。しかし、日本列島の北部および南部では事情が異なる。これらの地域は、地理的にはこの国の大きな部分を占め、多くの人口を有し、古くからある大小の村や町そしていくつかの都市が点在している。こうした周辺都市は、中央日本の都市とは異なっている。それらの都市は、広範な都市製の輸入品——もちろん主として中央日本からくる——の置換を得意としていない。輸入置換都市でないために、それらの都市は重要な都市地域を生み出さない。したがってこうした周辺地域は、他地域のためだけでなく地元の生産者と住民のためにも豊かに多様に生産することがない。また、広範な旧来の輸入品を置換する場合に新しい輸入品の購買へとシフトしないために、これら周辺地域は、中央日本の諸都市で創出されたイノベーションによる輸出品に対して、市場としての重要性がより小さい。

当然、これらの地域は、国内では、政府に対して農村的財に対する国の関税を維持し、賦課することを要求する。こうした地域の村の経済は、小さなシノハタよりもずっと単純であり、それほど多様化・分化していない。こうした孤立地域では、農業でさえ多様化は遅れている。なぜなら、そこに欠落しているのは、地域の輸入置換都市の爆発的にシフトする購買であり、シノハタの農業を驚くほどに多様化したような購買である。

輸入置換都市がないことの結果として、仕事を求めている若者の多くが、これらの地域を完全に出ていかなければならないということがある。日本の北部と南部の役人は、地元の仕事を増やすために、他の国の場合と似たような行動をとる。彼らは遠方の都市、主として中央日本の都市からの移植工場の誘致を競い、また最近は外国企業の子会社の誘致も増えている。世界中の他のどこも同じように、移植工場に対する需要は供給を上まわっている。

たしかに、北部および南部の日本の生活は、経済的には昔よりはるかによくなっている。にもかかわらず、それらは中央日本の経済に比べれば貧しく、しかもそういった状態がずっと続いてきたのである。地域の問題に悩む関係者たちによれば、何かわけのわからぬ形で発展が自分たちの脇をすりぬけたという。

そのとおりである。もちろん、その解決方法は、これらの地域においても、輸入置換都市が出現することであろう。しかし、現実にはそうなっておらず、ときとともにその可能性は小さくなっている。いまではもう、成長を阻まれた地域において輸入置換都市となる可能性のある都市は、中央日本の発展した大都市からきた製品に対する関税またはそれに相当するものを必要とするだろう。それはちょうど、かつては中央日本の都市自体が、当時の高度に発展した欧米諸都市からの輸入品を置換しつづけるために関税を必要としたのと同様である。

日本の北部および南部の諸地域がそれぞれ個別の通貨をもっていたならば、それによって関税や輸出補助金に相当するものを自動的に得ることができたであろう（第11章で都市のフィードバックについて説明したように）。これらの地域の農業輸出品によって、こうした通貨の価値が極端に歪められるなら——日本が近代的発展を開始したときの絹の輸出の場合と同様——実際に関税が必要ともなろう。しかし、個別的な通貨および関税を賦課する権力——当初はそれが必要であるとして——は、ともに新しい主権、すなわち単一の統一主権にとって代わる日本における複数主権を意味するだろう。しかし現実には、単一の統一主権が存在するということは、これらの地域が中央日本に比べていつまでも成長が遅れているのがほぼ確実だということである。私は日本を例に挙げたが、同じ分析は、輸入置換都市が出現しない都市地域や恒常的に成長が阻まれている地域を抱える他のすべての国にもあてはまる。

他のどこでもそうだが日本の場合にも、地域格差は不満を引き起こす。そして、何らかの方法で不平等を問題にし、できるかぎり是正すべきであるという国内の広範な感情をよび起こす。また、他のどこでもそうだが、政府の対応は、周辺地域に大規模に補助金を与えるということだった。こうして、なぜ国が最初に「衰退の取引」に手をつけることが多く、そうした取引がいったん始まるとなぜキリがなくなるかがわかる。それらは、地域的不平等を緩和しはするが、原因を除去することはできないのである。

一九五〇年代初頭から七七年にかけて、日本では数年ごとに、ほとんど当然のことのように減税が実施された。この期間は、富の生産が政府支出への需要を上まわっていた。しかし七七年以来、日本の税率は上昇し、財政赤字も拡大している。両者はともに、政府支出が富の生産を上まわり始めたというまぎれもない証拠である。おもに増大したのは社会的補助金、農業補助金、特定経済交付金および国鉄への援助であった。

日本は、急速に国内補助金を増やし始める一方で、後進国との交易をもますます促進した。その交易は、日本が低成長の外国供給地域から輸入する資源と農村的財に支払うだけではなく、それら諸国へ複雑高度な財を借款によって売るという形をとっていた。中央日本の諸都市は、これらの取引からいつものトレード・オフを得ている。すなわち、受け取ったものを自前の生産で置換できない不活性地域向けの輸出品の販売である。このような型の交易の促進は、他の先進国の場合と同じく日本でも必然的となった。なぜなら、中央日本の諸都市は、国内的にも国際的にも、活気に溢れた交易相手都市をほとんど見出せなくなったからである。しかし、またこの場合も、開始はされたもののこれらの衰退の取引は、事態の救済策にはならない。不活性で依存的な遠隔地域を、自力で発展するのとは逆に、ますます依存的にするからである。

歴史は細部においてはくり返さないが、しかし経済史のパターンにはくり返しも多く、あたかもそれが法則であるかのごとくである。もし通常のパターンが作用するとすれば、日本は、時がたつにつれて、慢性的に未発展の地域に対する補助金をますます増やし、国際的な先進―後進間交易をますます促進し、やがて大規模で長期にわたる軍需生産計画を取り入れるだろう。この軍需生産は、日本の平和主義的信念からするとありそうもないように思われるが、しかし目下のところ、日本の小規模軍事支出を、国内総生産の二・五パーセントにまで引き上げようとする圧力が高まっている（この圧力は、主としてアメリカからのものであるが、全部が全部そうではない）。そうなれば、日本は、軍需生産の純価値ではアメリカとソ連に次いで世界で第三位になる。

また、この通常のパターンが作用すれば、日本の各種の衰退の取引は全体としてその比重が増え、現在は創造的で活性的な日本の諸都市も、しだいに停滞し、こうした取引によるトレード・オフへの依存がしだいに強まり、各都市および都市相互の創造性と諸都市間の流動的相互交易は減少するであろう。

これから一〇〇年後に、もし歴史家が、日本の衰退の開始時点を知ろうとすれば、一九七七年が一つの目安となろう。それは、アメリカの一九三三年に匹敵する年である。この年に、アメリカは南部に補助金を出すことによって執拗な貧困との戦いを開始した。そして、続いて他の貧しい地域の補助をも開始した。そして、その規模はしだいに大きくなり、やがて、長期的軍需生産と国際的先進―後進間交易も促進された。要するに衰退の取引である。それから五〇年たったが、アメリカの諸都市はこの取引からのトレード・オフに大きく依存し、それぞれの都市および都市相互の創造性と流動的相互交易に依存することは少なくなっている。

衰退の取引は、それが相当程度に進んだときには、介入であり、突如とした不連続――つまり、しだいに高まる不安定な状況を、一時的に安定した新しい足場の上に置く――である。たとえば、自然界では、地球の地殻の様々なところで、ストレスと不安定性がしだいに増大する。集積するストレスがある点に到達すると、それは、突如として不連続によって処理される。この場合は、地震とか火山の爆発である。同じような現象が人間の事象にも働く。集積するストレス――たとえば、混雑、一時しのぎの空間、コストの上昇――のためにそこを出ていく企業は、突如不連続を経験するのである。もしもストレスと不利益が、解き放たれないままいつまでも集積するならば、その企業は取り返しのつかない点にまで悪化するかもしれない。しかし企業は、増大したかもしれないストレスを、不連続によって回避し、悪化を免れることができる。都市が輸出の仕事を失いつつあり、しかも輸入品のファンドを工面できないときには、経済的には悪化するほかない。あるいは、それに代わるものとして輸入置換の「エピソード」が突如爆発的に生じて、都市は救済されるかもしれない。それは、集積したストレスと不安定を解決するだけでなく、さらに輸出の仕事を生み出すための、別のよりよい足場を都市に与えるかもしれない。都市の地上交通が限界に達し、それが地下鉄によって解決される場合、その都市は不連続を頼みとしたのである。

不連続という難しい数学上の問題に取り組んでいる数学者たちは、私が右に述べてきたタイプの不連続を「分岐」とよぶ。あらゆる分岐に共通するものは、それらが直接の原因に対してではなく、それに先だって増大してきた不安定とストレスに対する反応だということである。それらは「フォーク状に分岐し」、その直前のものとは不連続であり、事態は根本的に変化する。

誰が悪いのでもなく、ただ事物の本性がそうなのだというだけのことだが、国とは本質的に不安定な経済システムなのである。最高の国あるいは最も運のよい国でも、思いどおりにはことが運ばないことが多い。なぜなら輸入置換都市は、それを必要としている地域に出現せず、その上、既存の都市が衰退してもその経済が修正されず、そのことが国全体の不安定とストレスをさらに強めることがしばしばあるからである。かりに、無私の天才か天使によって国が運営されていたとしても、フィードバックの欠如、またはまったく誤ったフィードバックによって、ストレスと不安定は集積するだろう。それらは状況そのものの中にビルト・インされているのである。

われわれはここで立ち止まって、表面上は混乱しているこうした状況をしばし熟考しなければならない。都市および潜在的都市は、二つの基本的な経済的ニーズをもっている。大国ないし帝国は、そのうち一つのニーズにはよく役立つが、もう一つのニーズに関しては役に立たない。

第一に、すでに見たように、都市は発展し始めたその瞬間から、そしてそれ以後も、他の都市との豊富で流動的な交易を必要としている。大国はこのニーズにはよく役立つ。なぜなら、国内交易における余計な障壁を取り除くことができるからである。それゆえ、国がより大きくて、より多くの都市を含んでいるほど、制約のない都市交易の機会が増す。これは、香港、シンガポールのような小さな都市国家、および台湾のような小さな国には望めない強みである。これら小国の場合は、他国が自分たちに対して設けた貿易障壁に対して、元来非常に脆いのである。

かりに都市および潜在的都市の繁栄のために必要なものが、相互に制約のない交易だけであれば、経済上の理想は、単一の世界政府ということになろうし、近代の帝国だけでなく、過去のほとんどすべての大帝国も、都市にとって永続的な素晴らしい環境であっただろう。しかし実際には、そうはならなかった。なぜなら、都市交易のネットワークは、野球やフットボールのチームに似たところがあるからである。たしかに選手はチームを必要としており、それがなければプレーできない。しかし、チームの各選手もまた自分自身の技術を維持する必要がある。もし選手がそうせず、交代もなければ、チームの成績は下がる。選手一人一人の質が低下すれば、チームはだめになる。国が、領土に付属するフィードバックの欠陥のゆえにあまり役に立たないのは、こうした都市の第二の基本的ニーズ、つまり、都市がそれぞれ一定の水準に達しているという必要を満足させないからである。

慢性的に低成長な地域があるために、また国内の停滞した都市があるために、一国内で不安定とストレスが集積するのに加えて、深刻な経済不況のために、不安定とストレスはさらに増大する。不況は景気循環の下降部分の誇張的表現であり、景気後退よりはもっと根が深く長期的である。

景気循環、すなわち繁栄している期間としていない期間を引き起こすものが何かは難しい。しかし、私には、経済活動の他のほとんどすべてと同様に、景気循環は輸入置換都市で生じたことがらの結果であると見るに足る理由があるように思う。一つには、都市から取り残された経済には景気循環がまったく見られない。循環のない長期の貧困期間を経験したヘンリーがそうである。景気循環は、むしろ都市化の進んだ経済においてのみ起こり、それが不活性地域に及ぶとしても、たとえば、アメリカの景気後退がコロンビアのコーヒー豆による稼得を押し下げるというように、第二次的な遠方からの反響としてのみである。

景気循環と輸入置換都市との関連を推測させる第二の理論的根拠は、輸入置換都市自体が、その独自な成長のゆえにビルト・インされた循環をもっているということである。広範な輸入品を急速に連鎖反応的に置換しているときには、その都市は爆発的に拡大する。しかし、通常これらの「エピソード」は、より小規模の拡大や拡大ゼロの期間と交互に現れ、その休止期間は、都市が将来の置換の連鎖反応にそなえて、潜在的に置換可能な輸入品のファンドを増強するのである。そしてもちろん、もし輸入置換都市が輸入品を置換する力が非常に弱くなったり、遅れがちになったために、経済を時代に即応させたり古い輸出品の損失を償う新しい輸出品を生み出すような経済を維持できなくなれば、その経済は衰退する。

もし国民経済全体が単一の活気ある輸入置換都市のように行動するのであれば、景気循環が生じざるをえないだろう。また、その単一の都市が現実に活力を失えば、その国は深刻な不況を回避できないだろうし、また、その不況は、自動的に終わるかどうかもわからない。

しかしながら、たいていの国にはいくつかの都市があり、また相互に大規模に交易している諸国ブロックには多数の都市があって、その多くは輸入置換都市である。すぐれたチームを形成している活気ある都市は、互いに異なるサイクルで機能する必要がある（荷を積むものがあれば、下ろすものもある）。活気ある都市を抱えた国、あるいは交易諸国ブロック内では、個々の都市のサイクルは同時進行はしない。しかし、それらが完全に同時進行していると仮定してみよう。この仮定は、もし諸国の通貨による統合的フィードバックが、ある交易ネットワークのいくつかの都市のサイクルを同時進行させているとすれば、充分考えられることである。たまたま通常よりも少数の都市しか輸入置換過程にないときには、自動的に一国あるいはいくつかの国の景気後退が生じることになるだろう。しかし、それらの都市のうち、置換可能な輸入品のファンドを増強中の都市が輸入置換の局面に入るやいなや、景気後退は自動的に終わりを告げるだろう。休止期間はすぐに終わるだけでなく、それほど大したことはないだろう。

大ざっぱに言えば、まさに以上のようなことが、急速に拡大し発展している国で生じるであろう。景気循環の下降局面は、早期に自動的に終わる傾向がある。さらに、景気後退は苦痛を伴うが、繁栄、拡大、発展が進んでいくという一般的傾向から見れば、それほど大したことはない。たとえば、イギリスの急速な工業発展期間中でもそうだったし、一九三〇年代の大不況以前のアメリカの状況もそうであった。第二次世界大戦後三〇年以上にわたる日本の状況もそうであった。それは目下急速に発展中のパシフィック・リム諸国の状況でもある。

景気循環が、私が仮定したような形で引き起こされるとすれば、自動的に終わらない深刻な国家的不況が現れたということは、その国の諸都市が全体として、輸入置換の力を弱め置換が遅れつつあるということ、つまり、バイタリティを失いつつあるということを意味するだろう。その場合には、やがて、貧しく後進的な経済の特徴であるスタグフレーションが生ずると見なければならない。というのは、都市経済が弱体化した国は、必然的に、貧しく後進的になる過程にあるからである。

深刻で広範かつ長期化した国際不況が、自動的に終わらなければ、それは数多くの国の都市がバイタリティを失いつつある兆しである。事実、それ以外の多くの兆しからもそのことがうかがえる。たとえば、都市市場が過少なための農村的財や資源の供給過剰の増大、また、都市の仕事の移植に対する需要に応じられる都市企業の不足、また、土地を出ていったりそこから排除された人々のための都市の仕事の不足などである。

私が推測したように、都市が景気循環の原因であろうとなかろうと、また、都市のバイタリティの著しい喪失が、深刻で長期化する不況の原因であろうとなかろうと、不況は、ときとともに、国内に集積するその他の経済的不安定とストレスを増大させるのである。

集積する不安定を、これまた集積する不満と怒りを伴って集積するがままにしておくだけで何もしなければ、国はそのストレスに屈してしまい、首尾一貫した政治単位としては機能しなくなるだろう。

衰退の取引は国にとって頼みの綱である。すべての分岐と同様、そうした取引は、それまでに集積した不安定の結果なのである。このことを理解するなら、国と都市との相互作用は、二つの異なった段階で生ずることがわかる。第一段階では、都市および潜在的な都市に与えられた誤ったフィードバックのために、不安定、場当たりの失敗、不平等、格差が、徐々にしかし容赦なく集積する。第二の段階では、衰退の取引がそのストレスを一時的に処理する。第一段階では、都市にとって国はあてにならない環境であり、第二の段階では死へと導く環境になる。

このことが都市および国にもたらす苦境を考えてみよう。最初のうちは発展のために、次には以後の繁栄を続けるために、国は輸入置換都市をもたねばならず、しかもかなりの数の都市をもたねばならない。国内の種々様々のもののうち、他のものでは用をなさない。供給地域、住民排除地域、労働者が見すてた地域、移植経済、人工都市地域、停滞した都市、これらのいずれもだめである。にもかかわらず、国は一つの体制として統一を保つためには、衰退の取引を優先して、都市を枯渇させざるをえず、また、輸入品を置換できない供給地域を優先して、流動的な都市間交易の活力をそぐことになる。その結果、都市経済は停滞する。都市経済の停滞によって、富、福祉、そして都市相互と国全体をさらに発展させる能力が蝕まれる。ついには、諸都市も国そのものも崩壊にいたるのである。

プリンストン大学の世界政治制度研究所の政治学者グループは、主権を有する政治単位——国、帝国、連合国——の最近あるいは過去における解体、崩壊の例を数多く研究してきた。その目的は、どのような共通の力が政治的崩壊をもたらしたかを発見することである。研究者たちは、失敗した政治単位が担った「負荷」が増大する一方で、「能力」が低下していたという結論を出した。しかし、「負荷」と「能力」とは、具体的には何なのだろうか。

致命的なまでに増大した負荷の通常の要因としては「過剰な軍事介入」がある。研究者たちは、「過剰」とは長期的な意味でのそれであると定義した上で、歴史的に見ると、短期間の戦争自体は解体の前兆ではなく（反対に、領土拡張と統一強化が多い）、軍事的重荷の長期化が、政治的失敗と崩壊の前兆となることが多い、と指摘している。そのほかに彼らが明らかにした増大する負荷の二つのおもなものは――長期化した軍事的重荷を伴うこともあり、伴わないこともあるが――「従来、政治的に受動的であった人々、地域、社会階層の側からの政治参加の大幅な増大」およびその政治単位に包摂される地域集団間の「少数民族としての、あるいは言語上の差異」に対する政治的自覚である。このいずれも、もちろん、補助金すなわち不満を抑止する力の利用と結びついている。減少する能力の低下のおもなものと判断されたのは、「経済的衰退あるいは停滞の長期化」であった。

国ないし帝国が、好んでこうした苦境に陥ったわけでないことは忘れてはならない。領土そのものに固有で、少々のことでは変えることのできない環境が、好むと好まざるとにかかわらず厳然として存在するのである。中央日本は、北部および南部日本を援助しなければならない。なぜならば、そこにニーズがあり、さもなければ地域の生活水準の不平等と公共サービスの格差が、政治的、道義的に容認しがたいほどになるからである。北部イタリアが南部を援助するのは、そこのニーズが非常に大きいために、平和を保ち国内の大きな地域の経済が全面的に崩壊するのを防ぐには、そうせざるをえないからである。ドイツがフランスの農業地域を援助するのは、もしそうしなければEECが崩壊するからであり、そして、フランスがその加盟の条件として補助金を主張するのは、そうしなければ、フランスは国内農家の怒りと南部の爆発寸前の分離独立の脅威をおさえることができないからである。カナダが率直に認めているように、貧しい州に対する全国均等支払制度は、国を統一しケベック州の分離独立志向をおさえるための支柱である。そしてこのやり方は、イギリスがスコットランドの分離独立志向をおさえるやり方と同じである。つまり、年金受給者やその他の移転支出の受領者、それ以外の経済的交付金の受給者に、その資金源を思い起こさせるというやり方である。年金受給者は年金を必要としており、経済的に衰弱した村や町は補助金を必要としている。アメリカ諸都市は、サンベルト諸都市のように、他が衰退している中で繁栄している都市をも含めて、軍事的な仕事、借款に支えられた国際的先進—後進間交易、国内補助金計画から得られる巨額のトレード・オフを必要としている。

さらに、衰退の取引に頼らないとしても、それは何の解決にもならない。中央日本にとって、周辺地域の同胞を援助しないこと、北部イタリアにとって南部を援助しないこと、ドイツにとってフランス農民を援助しないこと、カナダ諸都市にとって国内各地の高齢者、病人、失業者を援助しないこと、アメリカにとって武器を生産せず、先進—後進間交易を促進せず、またこれまで輸入置換都市を欠いていた地域、都市の衰退に悩んでいる地域を援助しないこと——こうした不作為は、これらの取引によって是正しようとする不平等、失敗、ストレス、不安定を解決しない。

ビルト・インされて集積する容赦のない不安定と闘うためには、各国がとっている衰退の取引以外に、根底的な介入あるいは不連続はないのだろうか。理論上は、別の解決策も考えられるが、それはあとでふれるように、あくまで理論上でのことである。しかし、この理論上の可能性を一瞥しておくことにしよう。

数学者が不連続を説明するのにしばしば用いる比喩に、前方から敵対的なものが接近して自分が標的にされていると感じた犬の話がある。そのとき犬は立っているが、そのままの姿勢をとりつづけるわけにはいかない。犬は何かそれとは根本的に異なったことをしなければならない。攻撃の構えをするか、逃げるか、いずれにしてもそれは不連続である。

原則的に、これは不安定とストレスとの高まりによって何らかの行動が必要となってきた国の状況と同じである。国は立ったまま何もしないわけにはいかない。衰退の取引を制度化することによって、その困難に立ち向かうべく跳躍するか、あるいは……ほかに何があるだろうか。

国はせっぱつまった解決困難な問題から逃げられるだろうか。もしできるとすれば、ど、う、や、っ、て逃げるのだろうか。逃げることによって、累積する不安定とストレスを処理し、事態を一時的にでもあらたな展望のもとに置くことができるだろうか。問題から逃げることは問題の解決にはならないとよく言われる。しかし、現実には、犬の比喩が示すように、また経験から知っているように、われわれが、大災害をもたらすかもしれない誘惑を、そこから逃げることで解決したり、あるいは、そうしたほうがよかったとあとで痛切に思ったりするように、逃げることによって解決できることもよくあるのである。

およそ政治単位たるものは、それを統一させるのをあえて避けることによって、衰退の取引の誘惑に抵抗すべきだろう。それゆえ、根底的な不連続とは、単一の主権をより小さな複数の主権の形に分割することになるだろう。しかもそれは、事態が崩壊と解体の段階に行きついてからではなく、そのはるか手前の、事態がまだ順調に進んでいる間になされなくてはならない。国がこのように行動すれば、分割による主権の複数化によって、経済発展にも、また増大する経済的、社会的活動の複雑さにも、無理なく対応できるだろう。次には、複数の主権のうち、いくつかの主権についてはその必要性が明らかになればさらに分割されるだろう。国がそういうふうに行動するとき、それは一つの大きな活動力を具えてただ生存しているというのではなく、もっと大きな活動力である再生産をもたらすだろう。このようなユートピア的幻想がもし実現するならば、もとの国から分離した新しい主権は、次のような励ましを受けるであろう。「独立おめでとう。これから創造的な都市と都市地域を生み出す（または場合によっては維持する）よう、しっかりがんばって下さい。そうすれば、みんなの暮らしがよくなります。われわれは、交易においてあなた方を差別することなく、またもしあなた方が出発にあたってわれわれの工業製品に対して関税障壁を必要とするなら、われわれは喜んでそれに耐えましょう」。

こうした、空想的ともいえる国家の行動のもたらすおもな利点は、通貨の複数化——利点はそれだけではないが——である。このことに伴う技術的困難と不便とは克服が可能であり、コンピューター、即時通信システム、およびクレジットカード・システムのような手段があれば、克服はいっそう容易になる。これらのシステムは、現在のような初歩的で限界のある使い方でさえも、種々の通貨を含む同時取引に有効性を発揮しているのである。カードを利用することによって、たとえば、私は、ポンドで買える本をロンドンから取りよせることもできれば、米ドルで買えるシャツをボストンの都市地域から取りよせることも、また私の住んでいるカナダのドルで買える野菜の種を取りよせることもできる。私に関するかぎり、すべての取引が便利になる。さらに、個々の経済の状態を正確に反映する多様な通貨は、国家の通貨あるいは固定化された国際通貨——えてしてこれらの通貨は、りんごやみかんやきゅうりを無意味な混乱に陥れ、しばしばその価格をひどく高騰させたり下落させたりするのだが——よりも後退することはないだろう。その反対である。

むしろ問題は、通貨の多様性が主権の多様性を意味すること、あるいは、スコットランド・ポンドがイギリス・ポンドのもう一つの顔であるように、国家の通貨が単なる形式上の通貨になることである。それゆえ、衰退の取引に代わるものとしてのこの種の不連続は、国家としての統一を犠牲にすることになる。それはもろもろの社会、文化、文明、都市が生き残ることを求めるが、国家を犠牲とするのである。

現代の国家は、ほとんど例外なく、まず血なまぐさい軍事力によって成立した。そして大部分の国家は、往々にして流血によって統一された。現在でも、そのようにして統一されている国家が多い。国家は、ローマ神話の鍛冶の神バルカンの申し子でもなく、使者であり治療術の保護者でもあるマーキュリーの申し子でもなく、ましてや肥沃と豊饒の母ケレスの申し子でもない。それらのごとくにふるまうこともしない。実際には、国家は、軍神マルスの申し子のようにふるまい、多くの国民は、そのことのゆえに国家を崇めるのである。

国家の神秘性は、人間の犠牲の上に成り立った強力で陰惨な魅力によるものである。国家とその統一を裏切ることは、血を流したすべての人間を裏切ることになる。経済的向上のために国家を裏切ることは、栄光ある民族の歴史のページをただの喧騒と狂暴とに変えてしまうように思われる。国民国家の政府のほとんど――と言ったほうが公正だろう――と、大部分の国民は、分断状態のまま繁栄し発展するよりは、国家の統一が維持されるための犠牲たらんとして、むしろ衰退し朽ち果てるほうを選ぶだろう。分離独立主義者でさえ、自分たちの主権を獲得しようとするとき、それがさらに分割されることには激しく抵抗する。おそらく、ほとんどの分離独立主義の歴史における主権がそうであろう。衰退の取引に代わるものへの私の提案が、理論上のものにすぎないというのはそういうわけである。

理論上でさえ、私が提案したことは、決して経済的万能薬ではない。単に小規模であることや主権を分割することそれ自体には何の魔力もないし、ましてそれが、負荷が政治単位の能力を越えてしまって最後の手段となった場合にはなおさらである。世界には現在、ひどく停滞している帝国と、停滞した帝国の哀れな断片とが、新旧ともども散らばっている。いずれにせよ私のユートピア的提案は、後進都市が発展しようとするとき互いに発展させ合わなければならない流動的交易の代用にはおよそならない。またそれは、創造性を保ち活力ある都市が必要とするものの代用にもならない。

私の提案の利点は、むしろ、衰退と腐朽を予防し回避する方法として役に立つということにある。さもないと、衰退の取引によって政治単位を統一しようとする国の住民は、確実に衰退と腐朽に見まわれるからである。その予防策として、私の提案は、まだ間に合ううちに、つまり衰退の取引が完全に定着して取り除けなくなってしまう前に、実施されなければならない。そしてまだ間に合ううちに分割された新しい主権は、自らの力で活力ある都市になるか、あるいは（必要ならば関税の力によって）輸入置換都市や輸出創出都市になる力を具えた集配センターないしその他の有望な原基的都市にならなければならない。

その時代ごとに、世界は新しい「パターン国家」を創出する。この用語は、十七世紀ヨーロッパを専門とするイギリスの歴史家サー・ジョージ・クラークのものであるが、彼が指摘したのは、フランスのルイ十四世の強力な君主国家が、当時のパターン国家になったということである。このパターン国家は、モデルとしては、ブランデンブルク・プロイセン——統一のための多くの戦いののちにドイツの中核となった領土である——の最初の国王フリードリヒ一世、イギリスのチャールズ二世、ジェームズ二世らによって採用された。イギリスは、名誉革命とスチュアート王家の男性二人の亡命と敗北ののち、影響力の大きい次のパターン国家となり、その議会は、多くの国に手本とされた。実際には、アイスランドとマン島の議会のほうが古いのだが、この二つの政治単位は、他の国にとってのパターン国家とはならなかった。アメリカ合衆国が偉大な成功を遂げた共和国として興隆したために、この国は影響力の大きいパターン国家となり、ある程度はEECのモデルにさえなった。EECはその結成に際して、「ヨーロッパ合衆国」であるという説明がよくなされた。最近まで、中南米やアフリカでは、「……合衆国」を擁護することによって、先見の明ある政治家として束の間の評判を得た名士が多かった。レーニンとその信奉者が、ロシア帝国の旧体制を継承したものの短命に終わった後継政府を打倒し、代わって強大な社会主義政権の樹立に成功したために、ソ連は他の国の革命家とその予備軍にとって大きな影響力を及ぼすパターン国家となった。スウェーデンもまた、移転支出やその他の国内補助金の完璧なシステムのために、影響力の大きいパターン国家となっている。

現存の、あるいは昔のパターンは、みなそれぞれ欠陥を抱えているために、今日では、その実績ではなく、これまでとは異なる展望さえあれば、充分新しいパターンとよばれるに足るのである。かくして、毛沢東の中国は、束の間ではあったが、第三世界にとって発展のパターンとして影響力をもったのである。ただし、モデルとしてのその説得性は、たとえつかの間とはいえ継続し機能した発展政策によるのではなく、単なる希望的観測、レトリック、そして情熱によるものであった。毛沢東は軍事的指導者としては非常な成功をおさめたが、経済学者としては惨憺たるものであった。軍隊によってその地位についた軍事的指導者や独裁者は、えてしてそういうきらいがある。おそらくその原因は、軍事技術は人間を駆り立て攻め入ることに由来しているのに対し、経済学は人間の活動を形成し交易することに由来しているからである。ある一つの側面でよく機能する仮定、直観力、徳の多くは、他の側面ではうまく機能しないのである。

現在のソ連と中国の政府はともに、政治単位を維持するために、あまりにも衰退の取引に依存しすぎている。ソ連や中国の諸都市が、いくら富を生み出そうとも、それはすぐさま、国内の他の地域への補助金にあてられたり、国家目的にあてられたりする。国と都市との有害な相互作用に関する私の分析にまちがいがなければ、ソ連と中国で見られるのは、経済発展の歴史における重要な新しいエピソードの夜明けなのではなく、何としても統一を保とうとする古い帝国の姿である。どちらの領土も、旧体制がそれまでの政治的負荷を背負いきれなくなった頃には解体寸前であったが、新しい体制が、武力によってそれらの再統一に成功したのである。大きく変わったのは、現体制がこれらの主権を統一するためにもたらした、能力と効率と厳しさの増大だけである。長期にわたって取り残された最低生存の経済が、原初的な経済活動の夜明けの状態を示しているのではなく、長期停滞の最終状態を示しているのと同様に、ソ連と中国に見られるのは、巨大で執拗に保持されてきた主権の最終状態であるように私には思われる。

いかなるパターン国家、あるいはむしろ同系列のパターン諸国家とでもいうべきものも、すでに述べたような理論的可能性——つまり衰退の取引に代わるものとして、主権（準主権や地方主権ではない）がより大きな主権から便宜上複数化する可能性——に都合のよい形で存在しているわけではない。一九〇五年におけるノルウェーのスウェーデンからの分離独立は、その方向へ一歩踏み込んだものである。なぜなら、それが生じたのは、ノルウェーとスウェーデンが衰退の取引に巻き込まれる前のことだったからである。それはスウェーデンの選択ではなく、むしろ、十九世紀ノルウェーが、非常に貧しくはあったが、補助金政策の動きに反対し、自分たち自身の予算だけでまかなっていくことに固執したからであった。スウェーデン側としては、分離独立をやむをえないものとして受け入れ、軍事力に訴えてそれを妨げるといったことはせず、以後、この旧領地が経済的に発展するにつれて、それとの流動的な都市間交易を続けたのである。しかし、スウェーデンは、衰退の取引に代わるものとしてこの交易をさらに活用し分割の経験を生かすということはしなかった。まったくその反対である。皮肉なことに、スウェーデンがパターン国家として模倣されたのは、衰退の取引に代わる唯一の例としてではなく、この国が国内で衰退の取引を徹底的に利用しているという点に関してであった。スウェーデンは現在も、国際的先進―後進間交易を大いに促進することによって、そうした取引を増大させている。それらの交易は、スウェーデンの多国籍企業による贈与、借款、海外の供給地域への再投資、すなわちストックホルムとイエーテボリに、例のトレード・オフを与える取引によって支えられているのである。

シンガポールのマレーシアからの分離独立は、衰退の取引に代わるものとしての、もう一つの小さな例である。分離独立したのは、マレーシア諸州が国内における衰退の取引に巻き込まれる前のことであった。分離独立によって、かつての集配都市シンガポールには、適切な、自前の個別的通貨ができた。そのことによって、シンガポールはモンテビデオのような変則的立場も免れることができたし、そういった変則性を回避するための関税によってマレーシア農村部を犠牲にすることも免れることができた。しかしながら、大問題に対するこの小さな実践的アプローチの例は、クラークのいわゆる「模倣国家」からは無視された。模倣国家が、アイスランドやマン島の議会を無視し、イギリスの議会制度のほうを気にしたことが思い起こされる。

かりにある国民が、世界の注目と関心をひくに足る大きさを具えた主権を、便宜上分割する実験をしようとするなら、これらのパイオニアたちは、自らの文化と力量について、相当の確信——集権的管理および集権的問題解決を処理できるだけの確信——をもたねばならないだろう。

このような国民は、その定義からして、政治上の創意に富み、現実的かつオリジナルな方法で自分たち自身の制度を進化させる能力をもたなければならないだろう。かりにそのようなパターンが現れるとすれば、それは、あまりオリジナルでない社会、確信を失った文化にも影響を及ぼすことは疑いない。もしこのパターンが、衰退の取引に代わるものとして成功するなら、それには当然の理由があるのである。

人類は、遅かれ早かれ、自分の能力の範囲内であらゆることを試みるだろうから、いつの日かどこかで、いずれかの文化や文明で、旧来のものに代わるこのような不連続性の形態が試みられることは疑いないだろう——もしも、行き詰まりの混乱に陥らないうちに巨大な主権を分割することが、人類の能力の範囲内にあるならばの話であるが。こういった状況のもとで、われわれは、経済的な死をもたらす現代の苦境を、当面はただ耐えるほかないのである。

第14章　漂流

日本の人類学者梅棹忠夫によれば、日本人は、歴史的には「確固たる目的」「決然たる意志」によって行動するときよりも、経験的、実践的な仕方でなりゆきにまかせて行動するときのほうがうまくいった、という（「明治の革命のときも、明確な目標は何もないし、いったいどうなるのか、だれにもわかっていない」）。梅棹は、いわゆる「漂流の美学」が日本人に特有のものであり、それが日欧の文化の大きなちがいの一つであると考えているのである。しかし、これは他の国民にもあてはまることである。彼が過去のヨーロッパやアメリカでなく、現在のヨーロッパやアメリカを見たなら、明らかに「漂流の美学」が西欧のものでもあり、それが、西欧文化にとっても「確固たる目的」や「決然たる意志」よりもうまく機能していることがわかっただろうと思う。

成功につながる経済発展は、その本性から言って、目的志向型であるよりは修正自在型にならざるをえず、発展過程の中で、そのときの都合や経験に応じて変わっていかざるをえない。それは、一つには、予測不可能な問題が発生するからである。農業を開発した人々には、土壌の消耗が予測できなかった。自動車を開発した人々には酸性雨が予測できなかった。私は前に、経済発展とは日常の経済活動の中にインプロビゼーションを取り入れることができるような状況のもとで、絶えず創意を加えて改良する過程であると定義した。これを敷衍して、発展とは、インプロビゼーションを伴う前例のない仕事への「漂流」であるということができよう。前例のない仕事は前例のない問題を伴うが、それに対してはインプロビゼーションによる解決への「漂流」が見られ、それにはさらに、前例のない仕事と前例のない問題が伴うのである。

「確固たる目的」「長期計画」「決然たる意志」によって「目標」に対処しようとする「工業戦略」は、軍事的な思考方法である。その考えの背後には、意識するしないにかかわらず、経済活動とは、戦争に臨むときと同じように、征服し、動員し、おどしをかけてことに処するという仮定がある。しかし、戦争をかまえるときはいざ知らず、拡大と発展を志向するときにはそんなことはできない。マサチューセッツ工科大学名誉教授のシリル・スタンレー・スミスの指摘によれば、歴史的には、必要は発明の母ではなかった。つまり、必要は、都合のよいときには発明を取り入れ、それを改良し、新しい用途を加えるが、しかし発明のルーツなどどこにでもあるのであり、好奇心や、とりわけ、スミスの言う「審美的好奇心」のような動機の中にそれが見出される。冶金学は銅をハンマーでたたいてネックレスのビーズその他の装飾品にすることから始まったが、それは「『有益な』ナイフや武器が銅や青銅でつくられるよりずっと前だった」とスミスは言う。合金をつくったり、金属を熱処理したりするのは、複雑な型で鋳造するのと同様、宝石づくりと彫金から始まったが、顔料（これは鉄鉱石の最初の用途であった）、陶磁器、ガラス、溶接技術は、ぜいたく品、装飾品から始まっている。多分、車輪でさえ、最初はちょっとした思いつきからであり、われわれが知っている最も古いものは、おもちゃの一部なのである。水圧応用機械や多くの精巧な機械的発明品や仕掛けは、最初はおもちゃや他の楽しみのために開発された。旋盤は「重工業がそれを使う一〇〇年前に」嗅ぎタバコ入れをつくるために用いられていた。可鍛鋳鉄《かたんちゅうてつ》は、見栄えのする錬鉄の門の安価な代用品として開発された。「化学工業はより精巧な繊維やガラスに用いられる多量の媒染剤、漂白剤、アルカリの必要性から成長した」。絵を複製するための版木は、印刷のための可動活字の版木よりも早くからあった。電気メッキは最初、卑金属でできている小さな彫像にまばゆい輝きを与え、銀の食器を買えない人々の食器に輝きを与えるのに用いられた。「興味本位のロケットは、軍事利用や宇宙旅行のロケットより前にすでにあった」が、さらに、通信衛星を宇宙に打ち上げる前に、と言ってもよかろう。

世界初の鉄道は、ロンドンで遊びとして運転されたものである。プラスチックが、象牙の安価な代用品として、大部分はおもちゃ、ちょっとした台所用品、ピアノ鍵盤に使われたことを覚えている人は多い。テニスラケット、ゴルフクラブ、釣り竿は、グラス、ボロン、カーボン等のファイバーで強化された強くて軽いプラスチック合成物を使う機会をはじめて提供した。いまやこれらの合成物は、組立部材の一部、ある種のスプリング、パイプライン、航空機や自動車の車体部品等で、金属を置換し始めている。コンピューターゲームは、業務用のパーソナルコンピューターの使用より先にすでにあった。人工音声が、コンピューター化された労働用具に組み込まれた装置の温度を音声で教えたり、説明的警告を発するようになる何年も前に、それらは子供向けのコンピューター化されたおもちゃや仕掛けの類（たとえば、音声発生装置つきの単語スペリング学習機である「スピーク・アンド・スペル」）に使われていたのである。コンピューターの「まじめな」開発家や利用者は、いささか早まって、それは気がきいてはいるが役立たずのものであるとみなしていたのである。私の住んでいる都市では、太陽熱温水器はおもに趣味人の興味の対象となっているようであり、また家庭菜園で労働、肥料、水、空間を節約して利用する細流灌漑も同様である。

「大きなことはすべて小さなことから成長する」とスミスは述べているが、それに加えて注意深く、「しかし、新しい小さなことは、実際的効用よりも審美的評価といった理由から大事に育てなければ、周囲の状況に打ち壊されてしまう」と述べている。梅棹の「漂流の美学」が思い起こされる。

科学者は、発見が、当初の意図とは異なる予期せざる副産物であることが多いという事実には慣れっこである。経済の「漂流」についても同じである。最初の油田掘削は、ランプの燃料を得るためだった。二〇〜三〇年後、電気の登場によって石油ランプは陳腐化した。しかし、ひとたび油田の存在が明らかになると、石油のそれ以外の用途が次々と現れた。砂を紙に粘着させる接着剤は、サンドペーパーよりはるかに多様な用途と、はるかに経済的な有効性をもつことがわかった。初期の貨物鉄道は、運河に貨物を運ぶためだけのものと思われていた。初期の無線は、有線通信網の補いをするにすぎず、たとえば船上のような、電報・電話回線が引けないところに用いられるものとしか考えられていなかった。蓄音機の発明者であるエジソンは、この装置の主たる用途は口述筆記だろうと考えていた。

経済活動は修正自在の「漂流」によって拡大・発展するが、その中にも秩序はある。しかし、その秩序は、軍事的思考や、トインビーの言う、文明が時代の挑戦に応えられないために滅びるという思想に見られるような「挑戦」と「対応」の秩序ではない。むしろ、そこに存在する秩序は、生物学的進化に似たもので、かりにそこに目的が存在するとしても、われわれにはそれが見えず、目的はわれわれ自身だと考えて満足するほかないようなものなのである。

自然の生態環境と経済の中の基礎過程の多くとは、驚くほど似ている。たとえば、自然の生態環境において生態的位置がよりよく満たされているほど——他のものは不変であるとして——その生態環境はより有効に自らのエネルギーを利用し、そしてその生命と生命維持手段はより豊かになるということがわかる。こうしたことから、われわれは、経済的仕組みの成功と失敗について多くを学ぶことができるのである。経済についてもそれと同じことが言える。つまり、経済における様々な役割がより完全に満たされるほど、経済の生命維持手段はより豊かになる。言い換えると、他地域のためだけでなく、地元の住民と生産者のために多様に豊かに生産する経済は、供給地域、住民排除地域、移植工場地域の経済のような特化された経済よりも、暮らし向きがよいということである。自然生態環境では、多様性が存在するほど柔軟性も増大する。つまり、生態学者が「ホメオスタシス・フィードバック・ループ」の増大とよぶもの、すなわち、自動的修正のためのフィードバック・コントロールの増大が、環境中に含まれることによって、柔軟性が増大するのである。経済についても同様である。私がこれまで論証しようとしてきたように、ホメオスタシス・フィードバック・ループがあまりに少ないということは、まさに、その国を経済的に著しく不安定化し、諸都市の経済的自己修正能力を貧弱化させるということなのである。

人間以外の動物は、自在に修正しつつ旧来の活動に新しい活動を付加するということがない。しかし、われわれは動物とは異なる。人間にとっては、これまでの仕事の上に、さらに新しい仕事をつけ加えることはごく自然なことである。なぜなら、われわれには生来その能力が具わっているのであり、同じことは、自在に修正しつつことばを理解し用いることができるという能力の場合にも言える。これまでの仕事に新しい仕事をつけ加え、これまでの技術に新しい技術をつけ加える能力——普通の人間はみな、個人としては子供の頃からそうしたことを行っており、集団としては、発展する人間の経済活動の中でそれを行っている——なしには、他の何物かにはなりえても、それは人間とはいえないのである。

都市は修正自在型の経済であって、そこでは、経済的創造に対するわれわれの修正自在な能力によって「新しい小さなこと」を確立することができるだけでなく、それらを日常生活の中に取り入れることができるのである。あいにく、国と都市の間の有害な相互作用のために、経済発展においては一時的な噴出——散発的に短期的な「エピソード」があちこちに生じ、その後に停滞と悪化が続く——しかないということになる。このような事態は有害な相互作用そのものを克服する手段をわれわれが見出さないかぎり、なくならないだろう。その意味で、われわれ人間は、修正自在な創造と発展の能力を行使するという点では、まだまだ初期の段階にあるのである。

にもかかわらず、たとえわれわれが経済的苦境に直面しても、有利な「漂流」をうまく利用すれば、都市経済の創造性をいましばらく保つことによって、さらに延命することができ、一国全体のためにも、時間をかせぐことができるのである。この有害な相互作用が続いたとしても、崩壊の速度をゆるめる何らかの手立てはある。小さな多くのことをなしうるのである。

そういった見地から、ヨーロッパのテクノクラートが得意とする付加価値税(value

added tax）を考えてみよう。その頭文字をとってVATとよばれるこの付加価値税は、EECの加盟国にとっては、実施の義務があるが、その内容は国によって異なる。現在最も高率なのはアイルランドの三五パーセントで、国内で製造される大部分の財に適用されている。VATは、ほかの税金と同じように、最終的には消費者が支払うことになるが、形式上は生産者に対する売上税であり、消費者には生産コストの構成要素としてのみ影響を及ぼす。

VATの仕組みは、一連の生産過程で、生産者が自分の財・サービスを売るときに、その売上税を付加するのであるが、他の生産者から購入する際にすでにVATとして支払ったものはそこからさし引くというやり方である。それゆえ、その差額は、自分自身の生産過程で付加された価値に対する税であり、この税のよび名もそこからきている。したがって、関連する生産者数の多少にかかわらず、ラインの終点における総税額は、生産過程を通ずる総付加価値に対して課される。富が生産されるまで待たなくとも、富が生産過程にある間にその一部を得ることができるため、政府はVATを好むのである。

製品が、自社のニーズの多くを内部調達する大規模な統合企業で生産されるのか、あるいは、多品目にわたる日常的ニーズを互いに販売し合っている多数の共生的独立生産者によって生産されるのかで、この税の作用は異なってくる。第一のケースでは、この税は、その企業の数多くの内部取引には登場しない。第二のケースでは、この税は、生産過程をとおしてつねに登場し、その過程にある間中コストとして支出しなければならない。おそらく些細なことなのだろう（三五パーセントというような高率にまで達しない以上は）が、多国籍企業のような、子会社も多く内部取引も多い大規模で相対的に自給的な企業には有利な一方で、共生的な生産者に対しては不利な、これ以上巧妙で精細な仕組みはまずない。VATは、都市経済の核心部分を容赦なくナイフで切りさくのである。生産財やサービスに対する他のいかなる売上税も同じような作用を及ぼす。

EECの形成期には、加盟国間の貿易障壁を取り除く目的は、単一の巨大な統合市場をつくること、とりわけ巨大な統合企業に規模の経済を授けることだった。そういう関連からすれば、もちろん、VATは大いに意味がある。この点に関しては、ブリュッセルのEC事務局提案になる多くの規格化案の一つである、規格化された成分によるパンのユーロローフも意味はある。しかし、幸いにして、ユーロローフは加盟国の反対を受けたのである。

原則として、全国的規模ないしは国際的規模の製品規格は、健康と安全のために厳格に要求される比較的少数のものを除けば、一般に経済的拡大と発展を阻害するだけでなく、諸都市を容赦なくいためつける。規格からの偏差が認められなかったり禁止されたりすれば、都市の生産者は、どのようにして、地元の市場とその都市からの輸出のための製品差別化を行うことができるだろうか。そして生産方法、原材料、目的がさらに多様化する展望がなければどうなるであろうか。

同様に、全国的規模ないしは国際的規模で義務づけられる実際問題への解決方法は、輸送にしろエネルギー生産にしろ公害防止にしろ、あるいはその他いかなる分野にしろ、発展に対しては配慮もなければ方向もまちまちである。たとえば、汚染源に対する規準は、汚染が空気にも水にも拡散しているため、全国的規模でも国際的規模でも重要であり必要である。しかし、そのような規制は、規準に見合った製品や生産方法を命ずることとはまったく別のことなのである。このような規準は、実験と多様化が進むほど望ましいのである。ちなみに、新しい問題が全国的ないし国際的規模になる頃には、それは諸都市が創造性をなくし弱体化していることの徴候なのである。たとえば、アメリカで有害廃棄物が非常に広範な問題――全国的な問題――になったということは、予防の問題や処理の問題を含めて、廃棄物にかかわる問題が、表面化した時点では国内諸都市で放置されていたことを意味している。もしアメリカの諸都市が、過去において水道の水を下水による汚染から守る問題を同じように放置してきたとすれば、人間の廃棄物によって汚染された水道水は、全国的な大問題であろう。都市は急を要する現実的問題を解決し、次いでその解決方法を都市相互間と農村地域に輸出するのであるが、もしそうしなければ、問題は未解決のまま山積するだけであろう。

独占は著しく都市を害し、都市経済が達成できるものを押さえ込む。通常独占に対する反対理由は、それが法外な価格をつけ、市場を独占することによって不当な利潤を得ているということである。この考え方からすれば、独占は、もし価格と利潤が規制できさえすれば無害にすることができるということになる。同時に、独占を競争から保護することによって規模の経済を確保できるならば、独占は有益であると見ることもできる。しかし、価格が法外に高いのは有害であるにちがいないが、独占の不利益はそれがすべてというわけではない。というのは、独占は既存のものに代わる新しい方法、製品、サービスを買い占めることがあるからである。このことは、独占が崩壊したときにしばしば明らかになる。アメリカ議会が、電気事業の独占体に対して、独立に生産され供給された電力を買い、それを当時の最も高額の発電コスト率で支払いをすることを義務づけたときに、数多くの新しい小規模の電力業者が参入した。そのうちのいくつか、特にボストンとサンフランシスコの都市地域の企業は、実験的なエネルギー生産を行っていた。また他の企業は、それまで見すてられていた小規模水力発電ダムにもどった。それらのダムは、いまでは相当の電力を生産し、同じ規模の巨大な火力発電所よりも環境破壊がはるかに少なく、生産コストも低いものが多かった。アメリカの裁判所が、通信用設備の生産に対するベル電話会社の独占を打破したときには、ただちに新しい製品が現れ、いくつかの新しい非独占的生産者による新しいサービスが可能になった。これらは、政治単位としての国家はそのままで、その内部で修正自在な経済の「漂流」が作用した例である。

たとえ経済活動が衰退に向かっていようとも、諸都市は修正自在な「漂流」のチャンスを見つけることができる。ボストンは、歴史的には二〇〇年間にわたって創造的な都市であったが、二十世紀の初頭には停滞していた。昔ながらの繊維、靴、鉄道の衰退は型どおり投資信託と結びつき、市は全体として資本の輸出者になっていて、資本が生産的かつ多様に利用される場所ではなくなっていた。もちろん、ボストンもご多分にもれず、旧来の輸出の仕事を失いつつあり、その損失分をうめ合わせる新しい輸出の仕事も生み出さず、また輸入品を広範に置換することもなかった。ボストンの経済が先細りになり衰退するにつれて、その都市地域も衰退した。ボストンおよびニューイングランド全般の苦境を説明するのによく引き合いに出されるのは、この地域の力のとうてい及ばない問題にその原因があるとする見方である。すなわち、ヘンリー・グラディの頃のジョージア州のような地域の安価な労働、外国との競争、全盛期を過ぎた産業といった問題がそれである。

しかし、一人の男がそれとは別の見方をもっており、幸いにもそれに基づいて行動することができた。のちにバーモント州選出の上院議員になったラルフ・フランダースは、ボストンの問題は彼の言うところの企業出生率の低さにその原因があると考えた。フランダースは、金のあるいく人かの同僚に自分の考えを説き、彼らは一九四六年に、マーチャント・バンクとよばれるようになった小さなベンチャー・キャピタル企業を設立した。その目的は、新しい小規模企業、とりわけボストンのそれに投資することだった。この目的のために、彼らはほぼ四〇〇万ドルの資本を保有していたが、それは、その後生じたインフレーションを考慮すれば、現在なら二八〇〇万ドルに相当する。

フランダースとその同僚は、ボストンの企業出生率の改善という目的を別とすれば、自分たちがやっていることについて前もって確固とした考えをもっていたわけではなかった。彼らの念頭には、いまで言うハイテク都市経済などおよそなかったのである。そうしたものが存在しなかったのだから当然でもある。実際、そのようなビジョンが頭に浮かんだところで、彼らはそれを嘲笑しただけだったろう。地元の大学は、大量の技術者と科学者を生み出したが、この地域自体の工業はそれまでにまったく陳腐化し、後進的で時代おくれになっていた。さらに当時は、科学者は普通、大学で教鞭をとるか、デュポンやイーストマン・コダックのような大企業に雇われていた。科学者兼企業家という存在はきわめてまれで、銀行家やそれ以外の融資家や投資家の通念では、高等教育を受けた科学者や技術者は、象牙の塔の住人であって、「従業員名簿にはない」存在だったのである。

しかし、たまたま、最初に融資を申し込んだのは三人の若い科学者だった。彼らは自分たちと家族の貯えを使って小さなハイテク企業を発足させたばかりだった。彼らは追加投資なしには仕事を継続できず、ボストンやニューヨークの投資家が貸付をしてくれないために、閉鎖寸前であった。彼らにとって最後の頼みの綱であったこのフランダースのグループは、この巣立って間もない企業への投資に同意し、続いて申し込みのあったいくつかの小規模なイノベーション企業に次々に投資した。フランダースとその同僚自身は科学者でも技術者でもなかったが、その必要もなかった。彼らは融資先の人々を支配したり、黒幕として指揮したり、結果を見てとやかく言おうとしたのではない。どんな仕事であれ、その方向がどうであれ、人々に仕事を創造するチャンスを与えようとしていただけなのである。

彼らが融資した企業は、分割によって増え始めた。なぜなら、それらの企業は現れるべくして現れたのであり、目的に対する経営者の熱意は現実に即したもののように思われたからである。従業員は、分離してあらたに自分たちの企業をつくったが、それらの多くに対しても、フランダースとその同僚は融資を行った。これを基礎として、またそれ以後何回もの分化と分離によって、さらにまた原材料、機器、道具、サービスなど、新しい企業に役立ちそれゆえそれらの企業にも支えられ相互にも支え合う供給業者の増大によって、ボストンの地域経済は驚くほど回復した。ボストンの都市地域の経済は、活気に溢れて拡大・強化したアメリカの数少ない地域の一つである。そこで生じたことは、われわれに多くの教訓を与えてくれる。

第一に、諸都市はその経済のつまずきが修正されさえすれば、立ち直ることができるということである。歴史的には、停滞した都市が回復したことはめったになく、現在でも同様である。しかし、それは、それらの経済が適切なフィードバックによって自動的に修正されたり、あるいは、ボストンの場合のように適切な援助によって修正されたりといったことが、めったにないからなのである。

第二に、自力修正が難しい都市経済も、適切な手さえ打てば、自力修正できるということである。

第三に、適切な修正は、それがある都市である時期にどのような形態で現れるにせよ、創造性を育むかどうかにかかっている。どのような形態で現れるか前もって知ることは不可能であり、せいぜい言えることは——とりわけ重要なことであるが——えてしてそれが予期せざるものであるということである。逆説的ではあるが、フランダースのグループが達成したことを他の都市が真似ようとしても、現在ではそれは不可能だろう。ボストンでの出来事は、およそ四〇年も前のことなのである。同じことをくり返しても、成功するのはせいぜい、修正自在な「漂流」の過程、すなわち、どんなものであろうと、どんな方向であろうと、あらゆる機会を利用する過程だけであろう。その「漂流」は、既成のものを信じ込むこととはまさに正反対のものである。しかし、都市経済の救済案が、他の都市からの工場移植に頼ったり、軍事契約のためにロビー活動をすることであったり、交付金を前提にしてプロジェクトをつくったりということである場合には、それは既成のものによりかかっているのである。フランダースのグループの活動の様式ないしは形式は、実質的な成果を生み出しそれを容れる核心部分であった。形式と実質とはつねにそうした関係にある。梅棹の「漂流の美学」ということばは、それゆえ、形式あるいは様式を含意していて、要を得たものといえる。

ボストンの回復は、そのかぎりでは望ましいことだったが、全般的に衰退しつつある経済の枠内でボストンが達成できるものには限界もあった。技術者や科学者たちは、ボストンでたびたび会議を開き、自分たちが開発したアイディアを披露したが、その中には、実践的問題に有益なものも多かった。しかし、これらのアイディアの大部分は、実際に試みられるにはいたらず、ましてや日常の経済活動には取り入れられなかった。期待どおりに運び、生産過程には取り入れられたが、経済過程にはほとんど入り込んでいない多くの貸付金についても、同じことが言える。アメリカでは、消防士の負傷や死亡を防ぐ設備、あるいは火事をもっと早く消す設備があるが、実際にはほとんど使われてない。それを買う余裕のある都市がほとんどないのである。アメリカはもう、このような新しい製品が市場に出まわるとすぐに使ってみるというような国ではなくなった。たとえば、操作の難しいホースを扱う消防士の数を減らしたために、発見しにくい場所の燃え殻を素早く発見できる新製品が実際に役に立つ可能性があると見込まれるときでさえ、それらの設備はほとんど購入されないのである。なぜなら、それらを購入した場合に排除される消防士のための代わりの仕事がないからである。

このような事実は、都市経済の回復が例外でしかないことを示している。交易ネットワークの多くの都市がそれぞれの経済を発展させないかぎり、都市の創造性は抑制される。輸入置換過程が減少するのと対応して、イノベーションによる産物の市場も減少し、ニーズのある日常の新しい仕事も過去のものとなってしまう。ボストンのような創造的な都市でさえ、これらの市場の代わりとして、「衰退の取引」によるトレード・オフに、部分的には依存しなければならないのである。たとえば、ボストンは現在、軍需生産によるトレード・オフに部分的に依存している。

歴史的には、都市経済が滅びつつあり、諸都市も衰退の取引によって枯渇しているような国では、いちばん長く活気を保てるのは首都である。それは、首都が衰退の取引によって栄えるからである。ある都市の主要な機能が首都としてのそれである場合——たとえば、アメリカのワシントンやカナダのオタワのように——移転支出、補助金、交付金、軍事契約、国際的先進—後進間交易の推進が大きいほど、首都の仕事と繁栄の程度が大きくなるのは明らかである。しかしながら、その首都が、ロンドン、パリ、リスボン、マドリード、ストックホルム等々のように、たまたま、現在あるいはかつての主要な工業都市や商業都市でもあった場合には、このような関係はそれほど明確ではない。

その場合には、衰退の取引による繁栄の増大は、それと同時に都市の他の機能の縮小、陳腐化、貧困化をおおい隠してしまう。たとえば、ワシントンの経済が過去四〇年以上にわたって成長してきた間に、ニューヨークの、かつてはきわめて多様で創造的であった製造業経済は、陳腐化しまったく先細りになってしまった。ニューヨークのサービス業および金融業の増大によっては、旧来の輸出品と雇用の損失は補償されていないし、ましてや急を要する実践的問題の解決能力の損失は補償されていない。しかし、かりにアメリカの首都がたまたまニューヨークにあったと仮定しよう（事実ニューヨークは、初期アメリカ史において、短期間ではあるが、首都であった）。つまり、ニューヨークが、事実上、ニューヨークとワシントンとを兼ねていたとするのである。その場合には、衰退の取引によって政府の仕事がいっせいにブームとなり、ニューヨークの衰退はおおい隠されるだろう。

それゆえ、首都は普通、国内で経済の回復と修正を最も必要としない場所のように見えるが、しかし、えてして外見は人を誤らせる。一国あるいは一帝国の首都は、統治という仕事のゆえに最後まで活発ではあるが、最終的には驚くほど不活性で後進的でみじめな場所となる。リスボン、マドリード、イスタンブールがそうであった。しだいにそうなりかけているのが、ロンドン、パリ、ストックホルム等々であろう。

われわれすべてを包摂する巨大な実験システムを想像してみよう。情報は、システムにフィードバックし、そのフィードバック情報は、かくかくしかじかの社会ではその都市が苦しんでおり、かくかくしかじかの文明においては、都市がすでに枯渇しているということを知らせる。そのフィードバックは、創造的都市を保つという文明のわざを放棄する人々には、さらなる発展のためのリスクはゆだねられないという前提で動いているように見える。こうした想像はまったくの比喩とばかりは言えない。かりにわれわれが「ゆだねられる」という価値判断的部分をそこから取り除くなら、残るのは、冷厳で単純な真実である。すなわち、都市が停滞している社会や文明には、さらなる発展、繁栄はなく、あるのは衰退のみである。

謝辞

私が本書を捧げた編集者であり、発行人でもあるジェーソン・エプスタインには、あらゆる段階で絶大な援助を受けた。彼に渡すべき原稿が何もないときには、信頼と励ましを、渡すべき原稿があったときには、私の知力を刺激するような質問と示唆を、本の形が整ってきたときには、その敏腕で明快な編集ぶりを発揮することによって。

貴重な時間をさいて、批判的読者として誤りやあいまいさを発見してくれたパトリシア・アダムズ、トシコ・エーデルマン、デッカー・バッナー、ジョン・D・バッナー、ニコラス・グラハム、ジェームズ・K・ジェイコブズ、ロバート・H・ジェイコブズ、デニス・メイチー、スー・パリラ、ローレンス・ソロモン、グラント・ウジフサの寛大さにお礼をいいたい。もし誤りやあいまいさが残っているとしたら——そうでないことを望むが——それは彼らのせいではなく、私の責任である。ランダムハウスのバーバラ・ウィルソンの注意深い原稿編集ぶり、ビバリー・ハビランドの編集と製作の過程における目配り、ハワード・ベントリーの細心で思慮深いインデックス作成、私の仕事時間延長を援助してくれたメアリー・マルファラ、また、最終稿締切を促してくれたケイトリン・ブロムス・

ジェイコブズに、感謝したい。私の夫、ロバート・ジェイコブズは、私の誤りに注意してくれただけでなく、彼の関心、はつらつとした態度、援助は私にとって大きな支えであった。

私は、可能なときはつねに（たとえば、都市地域で展開される経済パターンの観察とか、軍事基地に入っていく貨車の観察のときには）自分の目と耳を使ったが、しかしまた現存のあるいは過去の多くの観察者にも多くを負っている。註に挙げられた項目には、わたしが直接に教示や示唆を受けたリポーター、研究者、ライター、発行者を掲げたが、個人的に様々のことを手伝ってくれた人も含まれる。しかし、間接的援助については、名前は挙げないが、過去と現在の非常に多くの人々に負っている。多年の間私の思想の中に蓄積したそれらの人々の観察、証明、洞察の断片は、水滴となり、砂つぶとなって、経済活動に関する私の心象風景をしだいに形成してきたのである。私はとりわけ、トロント、ニューヨーク、リッチモンド、バージニアの公共図書館の司書とレファランスに負っている。

原註

第1章　愚者の楽園

カンティヨンの引用に関しては、Richard G. Lipsey, "The Place of the Phillips Curve in Macro-economic Models," in *Stability and Inflation*, edited by Bergstrom, Catt, Peston and Silverstone; (New York, John Wiley, 1978) に負っている。

アダム・スミスの見解は *An Inquiry into the Nature and Causes of the Wealth of Nations* (1776) で述べられている。ジョン・スチュアート・ミルは生産者信用に関する見解を *Essays on Some Unsettled Questions of Political Economy* (1844) および *Principles of Political Economy with Some of Their Applications to Social Philosophy* (1848) で述べている。

物価と失業の関係に関するマルクスの理論を要約するにあたっては、便利な参考図書 *Marx on Economics*, compiled and edited by Robert Freedman (New York, Harcourt Brace, 1961) を利用した。これは、『資本論』『経済学批判』『剰余価値学説史』『ゴータ綱領批判』『ドイツ・イデオロギー』『共産党宣言』その他のマルクスの論文の抜粋である。

ケインズは、政府の財政介入理論を *The General Theory of Employment, Interest and Money*

(London, Macmillan, 1936) で述べている。

アービング・フィッシャーは、そのマネタリスト理論を *100% Money: Designed to keep checking banks 100% liquid; to prevent inflation and deflation; largely to cure or prevent depressions; and to wipe out much of the National Debt* (New York, Adelphi Company, 1935) で提示している。

A・W・H・フィリップスの伝記的資料とフィリップス曲線の生成については、右の Lipsey の論文集の Bergstrom による。

ケインズ主義への失望に関する報告と註釈は数えきれないほどある。私は特に "Stagflation Reminds Economics Professors How Little They Know," by Laird Hart, *Wall Street Journal*, September 6, 1974 および "Economists at Meeting Voice Self-Doubt, Criticism After a Year of Bad Forecasts," by James P. Gannon, *ibid.*, December 30, 1974 に負っている。マネタリズムおよびサプライ・サイドの処方箋の結果に対する失望を表明している註釈も数えきれないが、時期はもっと最近である。私が特に負っているものとしては "Milton Friedman's Protégés in Chile See Influence Declining Because of Recession," by Everett G. Martin, *ibid.*, July 27, 1982; "Rumors of Stockman's Departure Persist as Other Reagan Aides Rise in Influence," by Kenneth H. Bacon, *ibid.*, September 15, 1982; "The Outlook," by Bacon, *ibid.*, October 10, 1983 を挙げておく。

M_1（取引貨幣）、M_2（取引貨幣にすぐに転換できる貯蓄）、M_3（M_2プラスより流動性のない貯蓄）、L（連邦流動資産量）のちがいについての簡潔な解説については "Confused by All the Money-Supply Talk? Here's a Guide to What the Figures Mean," by Christopher Conte, *ibid.*,

June 17, 1982 に感謝する。

現代のマネタリストのことば（「貨幣と産出量と同一歩調で成長するときは……」）は、バージニア科学技術研究所教授の David I. Meiselman の "Deficits, Money and the Causes of Inflation," *ibid.*, July 21, 1981 からの引用による。

オーカンの「不快指数」は、"The Outlook," by Richard F. Janssen, *ibid.*, January 29, 1979 および Janssen による追悼論文 "Art Okun: The Economist as Philosopher," *ibid.*, March 26, 1980 で述べられている。

オランダ在住のイギリス人作家兼翻訳者とは James Brockway である。彼の発言の引用部分は "Undervalued," *New Statesman*, July 23, 1976 に出ている。

マルクス主義経済におけるスタグフレーションを示す報告書は数えきれない。私は中でも、"Sharply Rising Prices, Other Economic Woes Plague Eastern Europe," by Jonathan Spivak, *Wall Street Journal*, November 29, 1979 および "Czechoslovakia, a Showpiece of the Eastern Bloc, Shows First Signs of Going the Way of Poland," by Spivak, *ibid.*, May 4, 1982 に負っている。また、社会主義政府の欧米の銀行からの負債については、"Add the Soviet Union to the List of Those with Cash Problems," by David Brand, *ibid.*, March 18, 1982 に負っている。

アメリカの所得と住宅価格との関係の大きな変化については、"Rate of Home Ownership Falls, Possibly Signaling Big Change," by Robert Guenther, *ibid.*, August 11, 1982 に示されている。「自然失業率」という便宜的な考え方は、多くのマネタリストその他にすぐに受け入れられた。私の気づいた中で最も早いものは、"The Tory Government's Budget," *ibid.*, June 14, 1979 所収の

Walter Eltis オックスフォード大学エクセター校特別研究員の論文である(「政府は「自然」失業の高さを現在の一四〇万から、九〇万程度まで下げることによって、インフレーション……と失業率の両方を引き下げることができる」)。

最近また、マーシャル・プランの効果についての、人を惑わすような発言があった。一九八三年になっても、マーシャル・プランは停滞と後進性の救済策と思われているのである。たとえば、"Mrs. Kirkpatrick Urges U. S. to Adopt Latin Marshall Plan," by Bernard Weinraub, *New York Times*, March 6, 1983 は、こういう書き出しで始まっている。「ジーン・J・カークパトリック国連アメリカ大使は、今日、ワシントンは中米に対して、第二次世界大戦後のマーシャル・プランのような大規模な経済援助を行うべきであると語った」。

第2章　現実にたちもどって

バルドーの叙述については、"Life of Escape in Private Village," by Alan Bayless, *Toronto Globe and Mail*, March 5, 1976 に負っている。

ヘンリー・グラディのピケンズ郡についての叙述は、*The New South, Writings and Speeches of Henry Grady* (Savannah, Ga., Beehive Press, 1971) によっている。これは、この年グラディがボストンとニューヨークで行った演説に基づいたもので、最初一八八九年十一月、十二月のニューヨーク *Ledger* 紙の五回連載の論文の第三回目として掲載されている。

東京の自転車業の発展と日本全体の経済発展方法の重要性については、*A Short Economic*

History of Modern Japan（1867-1937), by G. C. Allen に負っている。（これは著者の没後一九四六年にロンドンの Allen & Unwin から出版された。）

共生的諸企業についてのセーベルの叙述は、そのエッセイ "Italy's High Technology Cottage Industry," in the journal *Transatlantic Perspectives*（Washington, The German Marshall Fund of the United States, December 1982）による。これは、彼の著書 *Work and Politics*（London, Cambridge University Press, 1982）を書き改めたものである。

輸入置換がなぜ連鎖反応を引き起こすかということ、およびそれとイノベーションの経済的支えとの関係を含めて、都市の輸入置換に関してもっと知りたい人のためには、その過程をより詳しく述べた私の著書 *The Economy of Cities*（New York, Random House, 1969; paperback edition, Vintage Books, 1970）がある。

第3章　都市地域

シノハタとその近隣地域に関しては、すべて、*Shinohata: A Portrait of a Japanese Village*, by Ronald P. Dore（London, Allen Lane, and New York, Pantheon Books, both 1978）によっている。この本には著者の直接体験による鋭い観察と、思いやりのある註釈が随所に見られる。

第4章　供給地域

ウルグアイの経済、移民、社会政策の歴史的背景は百科事典その他の参考文献を見ればわかる。この国の最近の経済社会史については、私はとりわけ、"A Country Dying on Its Feet," an essay by V. S. Naipaul, *New York Review of Books,* April 4, 1974 および、"The Decline and Fall of Uruguay," by Everett G. Martin, *Wall Street Journal,* July 18, 1975; "The Former Switzerland," by Philip Berryman, *Commonweal,* November 21, 1975; "Now It's Official: Uruguay Is Brutal," New York *Times,* "The Week in Review" section, July 2, 1978; "Bitter Pills Help Uruguay's Economy," by Martin, *Wall Street Journal,* July 3, 1980 に負っている。

中世およびルネッサンス期の供給地域その他の地域について、すぐれた指摘を行っているものに、*The Mediterranean and the Mediterranean World in the Age of Philip II,* by Fernand Braudel, English-language edition translated by Siân Reynolds (London, Collins, and New York, Harper & Row, both 1972) の第一巻がある。供給地域の歴史的註釈の多くについては、これによっている。

香港の薬用人参とアメリカのアパラチア地方へのその影響については、"Hong Kong Will Get Its Ginseng If Snakes Don't Get the Digger," by Chester Goolrick, *Wall Street Journal,* March 3, 1983 で報告されている。

カナリー諸島の農民のことばは、大カナリー島の故 David Leacock of Galdar の引用である。

タンザニア、バングラデシュ、フィリピンが麻の繊維の輸出市場を失った理由については、"There Are No Islands Left in the World's Economy," by Leonard Silk, New York *Times*, December 12, 1976に負っている。

ニュージーランドの苦境については、"New Zealand Staggers from Two Hard Blows to Its Economic Base," by Barry Newman, *Wall Street Journal*, January 22, 1979に簡潔に描かれている。

植物油の競争に関しては、"Ivory Coast's Palm-Oil Output Gains; U. S. Gives Aid, Irking Soybean Growers," by Robert Prinsky, *ibid.*, April 7, 1976から引用した。

ベトナムの植民地的再編成に関する引用は、*Fire in the Lake*, by Frances Fitzgerald (Boston, Little, Brown, 1972; paperback edition, Random House, Vintage Books, 1973) による。

イブン・ハルドゥーンの引用は、*The Muqaddimah: An Introduction to History*, translated from the Arabic by Franz Rosenthal, edited and abridged by N. J. Dawood (Princeton University Press, 1967; paperback edition, Bollingen Series, 1969) による。一三八一年に出版されたこの本の存在を教えてくれたのは、Carol M. Bier である。この本は編者の Dawood によれば、「人類の政治的、社会的組織に起こる変化のパターンを発見しようとする歴史家の試みの最初のものとみなしうる」。

第5章　労働者に見すてられる地域

「年寄りが年寄りの面倒をみる」というのは、トロント大学の行動科学研究所教授の Elizabeth

Cape が、"Ontario Villages Become Homes for Aged," by Geoffrey York, Toronto *Globe and Mail*, April 7, 1983 の中で、さびれた農村地域について述べたことばである。

ナピサロとそこの住民については、すべて "Mexican Men Illegally Working in U. S. Leave a Void in Their Homes," by George Getschow, *Wall Street Journal*, October 7, 1980 によっている。

ロッテルダムのエジプト人ソーシャル・ワーカーとは Ahmed el Haddad のことである。彼の観察報告は、"Foreign Workers Still Flock to West Europe Despite Current Slump," by Bowen Northrup, *ibid.*, February 26, 1975 に掲載されている。

映画『パンとチョコレート』*Pane e cioccolata*（一九七四年）は Franco Brusati, Jaja Fiastri, Nino Manfredi の脚本、Franco Brusati 監督、Turi Vasile 制作によるものである。

第6章　技術と住民排除

スコットランドの住民排除については、*The Highland Clearances*, by John Prebble (London, Secker & Warburg, 1963; paperback edition, Penguin Books, Harmondsworth, England, 1969) によっている。

カーター元大統領のことばは、彼の自伝 *Why Not the Best?* (Nashville, Tenn., Boardman Press, 1975) によっている。

ジョージア州の農業の変化について生き生きと語っていて、私がそこから引いたものは、この州の他の事情も含めて、"I-From Rabun Gap to Tybee Light," by E. J. Kahn, Jr., "Profiles," *The*

New Yorker, February 6, 1978 に含まれている。

南部の農業における住民排除の結果については、私はとりわけ、*Small Cities: How Can the Federal and State Governments Respond to Their Diverse Needs?*, a report by the Subcommittee on the City of the Committee on Banking, Finance and Urban Affairs, House of Representatives, 95th Cong., 2nd Sess., 1978 および "The Farmer's Political Clout," an essay by Robert Spaulding, lecturer in economics, San Diego, *Wall Street Journal*, October 8, 1979; "Black Teenage Unemployment," by Lindley H. Clark, Jr., *ibid.*, March 17, 1981 に負っている。

ソ連農業の苦境とソ連の商業的、工業的、官僚的な仕事の過剰人員については、とりわけ、"Will Russia Ever Feed Itself?" by Alec Nove, director of the Institute of Soviet and East European Studies at Glasgow University, *New York Times Magazine*, February 1, 1976; *Stabilizing the USSR's Rural Population Through the Development of the Social Infrastructure*, by B. N. Khomelyansky, Soviet economist (Geneva, United Nations' International Labor Office, 1982); "Soviet Food Shortages Persist as Harvest Lags Fourth Year in a Row," by David Brand and David Satter, *Wall Street Journal*, August 23, 1982; "Andropov's Economic Dilemma," by Leonard Silk, *New York Times Magazine*, October 9, 1983 に負っている。

緑の革命の困った結果については、とりわけ、"Asia's Green Revolution Not Helping Those in Poor Countries Find Food, Expert Says," by David Van Praagh, Toronto *Globe and Mail*, September 24, 1970 の中に報告されているグンナー・ミュルダールの批判、および、"Green Revolution: A Just Technology Often Unjust in Use" and "Green Revolution: Problems of

Adapting a Western Technology," by Nicholas Wade, *Science*, December 20 and 27, 1974; "The 'Greening' of Java Produces More Rice, but Problems Persist," by Barry Newman *Wall Street Journal*, June 14, 1978; "Landless and Poor, Indonesian Villagers Get By on Ingenuity," by Newman *ibid.*, June 7 1979; "Farm Machinery Reducing the Role of Women in Developing Countries," report of an address by Zena Tadesse sociologists and rural development worker in Africa, by Kathleen Rex, Toronto *Globe and Mail*, September 28, 1979 に負っている。

農村の労働集約的な仕事によって農村の貧困を克服することについてのミュルダールの期待は、*Asian Drama: An Inquiry into the Poverty of Nations* (New York, Twentieth Century Fund 1968) で示されている。

世界銀行の政策と計画については、とりわけ、"World Bank under McNamara," by Clyde H. Farnsworth, New York *Times*, June 10, 1980 および、"Recession Prompts World Bank to Review Policies as Fewer Poor Nations Seek Loans," by Art Pine, *Wall Street Journal*, February 8, 1983 に負っている。

第7章　移植工場地域

グラディのことばは、第2章の引用の続きである。

ロッキード航空機会社のマリエッタ工場の規模については、"What Price Lockheed?" by Berkeley Rice, *New York Times Magazine*, May 9, 1971 に負っている。ロッキード社創設については、一九四〇年八月の『フォーチュン』誌で述べられている。

移植経済における移植工場の喪失についての報告は数えきれない。私はとりわけ "U. S. Textile Industry Beset by Imports and Labor Woes," by Wayne King, New York *Times*, May 15, 1977; "Slack Bootstraps," *Newsweek*, November 10, 1975; "In a Lagging Economy, Puerto Rico Is Trying to Chart New Course," by Karen Rothmyer, *Wall Street Journal*, April 6, 1976; "Puerto Rico is Hurt by Investment Slump and Reagan Cutbacks," by Chester Goolrick, *ibid*., February 3, 1982 に負っている。

シチリアの役人のことばは、"Sicily Where All the Songs Are Sad," by Howard LaFay, *National Geographic*, March 1976 から引用したものである。

ギリシャの苦境については、ボストンで一九八〇年九月二十一〜二十七日に開かれた世界大都市会議における Adonisk Tristis のことばによる。私は彼の論文とあとで本人から聞いた論評に負っている。

地元企業の創造と高雄の経済成長を目指した台湾の計画は、"Taiwan Feeling Pains of Industrial Growth," by John Fraser, Toronto *Globe and Mail*, June 20, 1979 において描かれている。（この見出しは、論文の内容からすると奇妙である。）私はまた、"Taiwan: Business Is Booming Despite the Politicking," by M. N. Tsuji, *ibid*., October 12, 1976; "Taiwan Still Thrives a Year After the Loss of U. S. Recognition," by Barry Kramer, *Wall Street Journal*, February 8, 1980; "Taiwan Seeks Move to High Technology; Plan Could Pose Threat to U. S. and Japan," by Art Pine, *ibid*., January 20, 1983 にも負っている。

アメリカ国内の移植工場に対する需要についての様々な引用は、"Domestic Feud: War Among the States for Jobs and Business Becomes Ever Fiercer," by Timothy Schellhardt, *Wall Street Journal*, February 14, 1983 からのものである。

モスクワと崩壊寸前の都市に関する女帝エカテリーナのこのことばは、*The Memoirs of Catherine the Great*, edited by Dominique Maroger (New York, Collier, 1961) の補遺に入っている。

ソ連の経済計画担当者が、地元の失業と闘うのに移植工場に大幅に頼っていることについては、"Soviet City Planning: Current Issues and Future Perspectives," by Robert J. Osborn and Thomas A. Reiner, *Journal of the American Institute of Planners*, November 1962 でふれられている。

第8章　都市のない地域に向けられた資本

ガーナのボルタ・ダムについては、トロントの第三世界エネルギー研究所の Patricia Adams、および "Aswan Dam Is Found to Hurt as Well as Aid Egyptian Agriculture," by Ray Vicker, *Wall Street Journal*, September 24, 1976; "Once the Showpiece of Black Africa, Ghana Now Is Near Collapse," by Steve Mufson, *ibid.*, March 28, 1983 に負っている。アメリカのアルミ精錬工場とは、カイザー・アルミニウムの保有率が九〇パーセント、レイノルズ・メタルの保有率が一〇パーセントの Valco 社である。引用した国連食糧農業機関の関係者とは、H. M. Horning のことで、右記論文からの引用による。

ＴＶＡに関する資料については、そのときどきの様々な報道をもとにしているが、とりわけ私が負っているのは、"This Valley Waits to Die," by the late William O. Douglas, Associate Justice, U. S. Supreme Court, *True for Today's Man* magazine, May 1969; "Mississippi Whites Found Deprived," by Roy Reed, New York *Times*, July 25, 1971; "TVA Coal Buying Criticized Anew," by George Vecsey, New York *Times*, April 1, 1972; "TVA Swept by a Flood of Criticism," by Reginald Stuart, New York *Times*, January 12, 1975（本文中の「われわれがまちがってないと言うつもりはない」云々というAubrey J. Wagner局長のことばはここから引用している）、"U. S. Supreme Court sides with fish, halts building of $100 million dam," Reuters, Toronto *Globe and Mail*, June 16, 1978; "TVA May Restrain Its Nuclear Effort," by Howell Raines, New York *Times*, May 8, 1979; "How to Kill a Valley," an essay by Peter Matthiessen, *New York Review of Books*, February 7, 1980; "UAW's Failure to Organize GM Facility Leaves a Residue of Red Faces and Ill Will," by Janet Guyon, *Wall Street Journal*, February 24, 1981; "TVA Is Overbuilding Nuclear Reactors, Staff Report Says," *ibid.*, January 7, 1982; "TVA, at 50, Drafting New Role in Region's Future," by Wendell Rawls Jr., New York *Times*, May 15, 1983である。

イタリア南部への援助については、とりわけ *From Caesar to the Mafia*, by Luigi Barzini, (Freeport, N. Y., Library Press, 1971; paperback edition, Bantam Books, 1972)；"Italy's South Gaining, but Still Lags Far Behind," by Marvine Howe, New York *Times*, December 29, 1971; "A Port Project Goes Awry in Italy," by Paul Hofmann, *ibid.*, March 11, 1979; "Italy's Disenchantment with State Industry," by Jonathan Spivak, *Wall Street Journal*, January 24, 1980によっている。

アーメド・ベンベラの苦渋に満ちた総括は『ル・モンド』紙のDaniel Junquaのインタビュー

に答えたもので、"North-South Dilemma," Toronto *Globe and Mail*, January 13, 1981 に再録されている。

第9章　取り残された地域

ハッサン・ラガブのパピルス紙の例は、その由来についての話とともに、*Ancient Egypt: Discovering Its Splendors*（Washington, The National Geographic Society, 1978）に収録されている。より詳しい話については、前述の協会会員に送られたハッサン・ラガブの署名入りの、カイロのパピルス研究所からの本の販売の案内に負っている。

ヘンリーに小さいのと大きいのと二種類の石造りの建築が残っているかどうか、また、ロビンソンさんがそこに行った年度の記録文書の確認については、James I. Butzner に負っている。

現在の世界には、昔からずっと停滞し衰退した地域と文化が多いにもかかわらず、衰退現象は驚くほど知られていない。たとえば、"Early Man in the West Indies," by Jose M. Cruxent and Irving Rouse, *Scientific American*, November 1969 のなかで、著者は、自分たちの推論の基本前提は、「低位の物質文化は、高位のそれからは出てこない」ということであると述べている。

第10章　なぜ後進都市は互いを必要とし合うのか

イランにおけるベル社のヘリコプター工場については、"Many U. S. Firms Felt the Shock

When Iran Dropped One Contract," by June Kromholz and Steve Frazier, *Wall Street Journal*, March 8, 1979 に負うところが大きい。それより前のイランの幻想上の発展については、"Despite Its Oil Money, Iran's Economy Suffers from Many Shortages," by Ray Vicker, *ibid*., April 11, 1977 があり、背景の説明のために多くを負っている。マサチューセティというよび方は、*Fall of the Peacock Throne*, by William Forbis (New York, Harper & Row, 1980) に出てくる。

怒れるイラン人教師にインタビューした記者は、"Letter from Iran," *The New Yorker*, December 18, 1978 を書いたJoseph Kraftである。

ピョートル大帝の発展計画については、*Peter the Great: His Life and World*, by Robert K. Massie (New York, Knopf, 1980) に負っている。

中世ヨーロッパ経済の復活におけるベネチアの役割と、その結果としての交易の分化のパターンについては、*Medieval Cities: Their Origins and the Revival of Trade*, by Henri Pirenne, translated by Frank D. Halsey (Princeton University Press, 1925; paperback editions, Doubleday Anchor Books, 1956, and Princeton University Press, 1969) で述べられている。素晴らしい姉妹編として、*The Guilds and Companies of London*, by George Unwin (London, Methuen, 1909) がある。この交易をコンスタンチノープルから見たものとして *Byzantium: An Introduction to East Roman Civilization*, edited by N. H. Baynes and H. St. L. B. Moss (Oxford, Clarendon Press, 1948; paperback edition, Oxford University Press, London, 1961) がある。著者たちは、コンスタンチノープルの富裕な階級が、「海上冒険による損失の危険をおかすのではなく」土地に投資することを好んだために、十一世紀のベネチアの海運業がコンスタンチノープルとベネチアの交易を支配する結果とな

ったと考えている。

自転車が、近代技術と自転車の発展そのものに対してもつ重要性については、"Bicycle Technology," by S. S. Wilson, *Scientific American*, March 1973 に負っている。

インドの自転車動力による紡ぎ車の変則的な発展については、『ロンドン・エコノミスト』のニューデリー特派員の無署名論文からとった。この論文は、トロントで"India Making Work for Village Industry," *Globe and Mail*, March 2, 1979 に再録された。

コロンビア農村部の技術者チームによるインプロビゼーションについては、"Colombian Gadgetry Seeks to Entice Poor to Hot Grasslands," by Everett G. Martin, *Wall Street Journal*, October 26, 1979 で述べられている。

現在の先進国で増大している変化と発展の障害となっているものの例は、頻繁に報告されている。たとえば、"Windmills, Solar Homes Face Hurdles in Old Building Codes," by John Curley, *ibid.*, September 3, 1980 がある。

第11章　都市への誤ったフィードバック

呼吸におけるフィードバックの役割については、Decker Butzner に、また、フィードバック一般の機能については、James K. Jakobs に負っている。また、"The Organizing Principle of Complex Living Systems," by A. S. Iberall and W. S. McCulloch, *Journal of Basic Engineering*, American Society of Mechanical Engineers, June 1969; "The Origins of Feedback Control," by

Otto Mayr, *Scientific American*, October 1970 にも負っている。

ウェッジウッド社のサー・アーサー・ブライアント社長のコメントは、"The Fading Fortunes of Wedgwood," by Sandra Salmans, New York *Times*, March 30, 1980 に載っている。

老子の引用は、*Science and Civilization in China*, Vol. II, by Joseph Needham (London, Cambridge University Press, 1956) によるものである。

日本列島の南部および北部の受動性に関する引用は、"Japan's Rural Regions Hustle to Attract Foreign Companies," by Eugene Carlson, *Wall Street Journal*, April 26, 1983 によるものである。また、"Japanese Farmers Fight Proposals to Ease Curbs on Food Imports, Claiming Inability to Compete," by Urban C. Lehner, *ibid*., June 10, 1982 にも負っている。

第12章　衰退の取引

ヨーロッパの常設軍隊については、まず、*The Seventeenth Century*, by Sir George Clark (Oxford, Clarendon Press, 1929; paperback edition, Oxford University Press, London, 1960) に負っており、また、10章で挙げた *Peter the Great* および "The All-Consuming Monster," a review by Paul Johnson of the biography of a seventeenth-century warlord, Albrecht von Wallenstein, *New Statesman*, September 24, 1976 に負っている。

米軍PXの驚くべき規模と地理的広がりについては、"Hands in the Till at the 'Big Store'," by Walter Rugaber, New York *Times*, November 7, 1971 に負っている。

米軍施設と請負契約をめぐる競争の報告は数えきれない。また地方や企業から、経済的利益を得るための予算の増大をめぐってロビー活動や意見衝突があることについての報告も数多い。William Proxmire 上院議員は、*Report from Wasteland* (New York, Praeger, 1970) のなかで、その途方もない浪費を「兵器生産者に対する福祉システム」とよんでいる。

ＥＥＣにおけるフランスとイギリスの補助金をめぐる小ぜりあいの報告（フランスは農業に対する補助金を、イギリスは工業地域に対する補助金を主張した）について、私はそのときどきの報道によったが、しかしとりわけ、"The Common Market's Dishevelment," by Robert D. Prinsky, Common Market Correspondent of AP-Dow Jones News Service in Brussels, *Wall Street Journal*, February 7, 1974; "The EEC Is Beset by the Blues," by Jeffrey Simpson, Toronto *Globe and Mail*, April 1, 1982; "New Disputes Glut Europe's Farm Agenda," by Paul Lewis, New York *Times*, April 4, 1982 に負っている。

既存の福祉計画に応じられなくなっている諸国についての報告も数多い。たとえば、失業保険ファンドの支払不能によって連邦の無利子貸与を要求している二二州の報告を行っている "States May Force Federal Bailout of Jobless Funds," by Byron Klapper, *Wall Street Journal*, March 28, 1977; "In a Deepening Slump, West Germany Droops from Big Welfare Load; Recipients March to Retain Lofty Benefit Programs, Shaking the Kohl Regime," by Roger Thurow, *ibid.*, December 3, 1982; "In Western Europe Some Countries Owe Big Sums to Foreigners; Unlike Many Poor Nations, Their Borrowing Is Laid to Huge Social Programs," by David Brand, *ibid.*, December 14, 1982 がある。

決してうまくいっていない移植工場への投資——それはいずれの場合も、移植工場を設立する多くの企業の側での補助金獲得競争から推測できる——については、"Many U. S. Firms Find Foreign Subsidiaries Are Major Headaches," by William M. Carley, *ibid.*, January 22, 1975 に負っている。

第13章　苦境

日本の周辺地域の経済的受動性は、11章に引用した移植工場をめぐる競争によってうかがえるが、他にも、"Japan's Tough Restrictions on Imported Oranges Endanger Settlement of U. S. Trade Agreements," by Greg Conderacci, *Wall Street Journal*, November 1, 1978; 金林正義同紙記者による "Japanese Town Faces an Economic Crisis as Steel Industry Pushes 'Rationalization';" *ibid.*, February 14, 1979 がある。大きな企業の喪失あるいは縮小の脅威にさらされているというのは、釜石である。

一九七五～七六年に始まった日本の赤字財政への転換について論じているのは、"Clouds Forming across the Japanese Sun," by Peter F. Drucker, *ibid.*, July 13, 1982 である。

一九七七年以降の減税から増税への日本の転換について論じているのは、経団連、つまり経済団体連合会の糠沢和夫理財部長による "Now Japan Frets About Taxes and the Deficit," *ibid.*, May 9, 1983 である。

日本の軍事支出の増大に対する圧力については、片岡鉄哉埼玉大学政策科学研究科教授の

"Japan's De Facto Rearmament," *ibid.*, May 4, 1981 および "Nakasone Stirs Pride of the Japanese as He Firms Up Ties to West," by Urban C. Lehner, *ibid.*, September 1, 1983 に負っている。

分岐の原理の説明については、アメリカ運輸省のシステム分析部門および、Robert W. Crosby, Arthur S. Iberall, David Kahn に負っている。

政治単位の解体の分析を行った政治学者というのは、Karl W. Deutsch, Sidney A. Burrell, Robert A. Kann, Maurice Lee, Jr., Martin Lchterman, Raymond E. Lindgren, Francis L. Loewenheim, Richard W. Van Wagenen である。彼らの研究成果は、*Political Community and the North Atlantic Area* (Princeton University Press, 1957, and reprinted in *International Political Communities*, a paperback anthology, Doubleday Anchor Books, 1966) に要約されている。

犬の比喩は、*Catastrophe Theory: Selected Papers 1972-1977*, edited by E. C. Zeeman (Reading, Mass., Addison-Wesley, 1977) からとっている。前著 *The Question of Separatism: Quebec and the Struggle over Sovereignty* (New York, Random House, 1980; paperback edition, Vintage Books, 1981) で私はスウェーデンからのノルウェーの分離独立の経緯を詳述したが、それは *A History of Modern Norway 1814-1972*, by T. K. Derry (Oxford, Clarendon Press, 1973); *A Brief History of Norway*, by John Midgaard (Oslo, Johan Grundt Tanum Förlag, 1969); *A History of Norway*, by Karen Larsen (Princeton University Press, 1948); *One Hundred Norwegians*, edited by Sverre Mortensen and Per Vogt (Oslo, Johan Grundt Tanum Förlag, 1955) に負っている。

カナダでは、移転支出およびその他の経済援助が国を政治的に統一させるということが絶えずいわれている。いつもくり返されるのは、それらが「接着剤」であり、「経済的支柱」であるということである。それらの補助金の支払が資源の経済的に有効な利用であるか否かにかかわらず、「国としてのアイデンティティ」を保つためのそれらの重要性は、*Comparing Provincial Revenue Yields: The Tax Indicator Approach,* by James H. Lynn (Toronto, Canadian Tax Foundation, 1968) の中で明白な事実として述べられている。

パシフィック・リム経済についての報告書 "The Secret of Success: Mutual Action against Danger," *Observer,* reprinted in Toronto *Globe and Mail,* February 24, 1981 において、Anthony Sampson は、インドのある政府エコノミストのことばを引用している。「インドからボンベイを分離させることができれば、もちろん、シンガポールのようになれる。またかりにパンジャブ地方を分離すれば、韓国のようになれる。しかしそうするわけにはいかない。それらはインドの一部なのだから」。

第14章　漂流

国立民族学博物館名誉教授の梅棹忠夫は、一九七三年十月の京都でのインダストリアルデザイン国際会議での基調講演（これには、他にも多くの興味深い発言が含まれている）の中で、「漂流」について語っている。これは、*Soul and Material Things,* Vol. I, *Six Speakers,* Congress Report Committee, Japan Organizing Committee for ICSID '73, Kyoto, 1975 として英語版で発行されている。〔『地球時代の日本人』〈中公文庫、一九八〇年〉所収。〕

スミス教授の発言は、"Aesthetic Curiosity-The Root of Invention," New York *Times,* August

24, 1975による。発明と発見の予測不可能性についてと、経済発展と資源利用との関係についての非常にすぐれた見解を述べているのは、"A Historical Approach to Future Economic Growth," by Glenn Hueckel, *Science*, March 14, 1975である。

自然生態学における多様性の意味についての厳密な説明については、"Man's Efficient Rush toward Deadly Dullness," by Kenneth E. F. Watt, *Natural History*, New York, February 1972に負っている。

ユーロローフの提案に対する反応は、"Common Market Delay on Oil Decisions Puts Chill on European Unity," by Richard F. Janssen, *Wall Street Journal*, December 17, 1973でふれられている。

ボストンの経済的回復に関する経緯の一部は、"Venture Capital," *Fortune*, February 1949; "General Doriot's Dream Factory," by Gene Bylinsky, *ibid.*, August 1967で述べられている。

生産されたままほとんど利用されない設備について報告しているのは、"Fire-Fighting Gear Improves, but Cities Can't Afford to Buy It," by Jeffrey A. Tannenbaum, *Wall Street Journal*, January 30, 1975である。

訳者あとがき

本書は、Jane Jacobs, *Cities and the Wealth of Nations: Principles of Economic Life*, 1984の邦訳である。著者のジェイン・ジェイコブズは一九一六年、ペンシルバニア州スクラントンに生まれた。高校卒業後、ジャーナリズムの世界に入り、新聞や雑誌への寄稿のかたわら、都市問題に関するユニークな分析と提言を発表し、すでに一九六〇年代から関係者の間ではその名が知られた研究者であった。ただし研究者とはいっても、彼女は、いわゆるアカデミズムの中でのそれではなく、在野の自由闊達な発想とエネルギーに裏打ちされた探求者、自分の目で現実をとことん観察し既存の学問体系や権威にとらわれることなく独創的な分析と提言を続けてきたユニークな書き手であった。

その彼女の名を一躍有名にしたのが、*The Death and Life of Great American Cities*, 1961〔黒川紀章訳（抄訳）『アメリカ大都市の死と生』鹿島出版会、一九七七年、山形浩生訳、鹿島出版会、二〇一〇年〕であった。疲弊した街区をブルドーザーで壊し、巨大な高層ビルを建てるといった類いの都市再開発を批判し、コミュニティの多様性に基づいた生き生きとした街づくりを提唱したこの本は、その後の都市研究に絶大な影響を与え、

「二〇世紀を代表する著作」の一つとまで言われたこともあった。著書や論文・記事を通じてだけではなく、彼女は市民活動家としても知られている。一九六〇年代にマンハッタンを横断する高速道路建設計画を阻止する運動に参加し、「都市計画の帝王」と呼ばれていたR・モーゼスを糾弾したそのいきさつは、A. Flint, *Wrestling with Moses*, 2009（渡邉泰彦訳『ジェイコブズ対モーゼス――ニューヨーク都市計画をめぐる闘い』鹿島出版会、二〇一一年）に詳しい。

Death and Life 以外にも、ジェイコブズには刊行年順に以下のような作品がある。農村よりも先に都市が存在したとする都市起源論を問題提起した *The Economy of Cities*, 1969（中江利忠・加賀谷洋一訳『都市の原理』鹿島出版会、一九七一年）、カナダのケベック分離独立運動を支持する議論を展開した *The Question of Separatism: Quebec and the Struggle over Sovereignty*, 1980、子供向けの童話 *The Girl on the Hat*, 1989。さらに、人間の社会的道徳には、市場の倫理と統治の倫理があることを論じた *Systems of Survival: A Dialogue on the Moral Foundations of Commerce and Politics*, 1992（香西泰訳『市場の倫理　統治の倫理』日本経済新聞社、一九九八年）、大叔母のH・ブリースのアラスカでの教師生活を描いた *A Schoolteacher in Old Alaska*, 1995、経済学と生態学との関係を論じた *The Nature of Economies*, 2000（香西泰・植木直子訳『経済の本質』日本経済新聞社、二〇〇一年）。そして、現代欧米文明の危機を予測的に読み解いた最後の著作 *Dark Age*

Ahead, 2004（中谷和男訳『壊れゆくアメリカ』日経BP社、二〇〇八年）。さらに二冊の著書を準備中であったというが、二〇〇六年、八九歳で他界した。『地域開発』（日本地域開発センター）二〇〇六年八月号が、特集「J・ジェイコブズの都市思想と仕事」を組み、九本の論文でジェイコブズの全体像を浮かび上がらせていることも付け加えておこう。

本書は、*Cities and the Wealth of Nations* という書名が象徴しているように、アダム・スミス以来の経済学の伝統的な考え方に挑戦した問題提起の書である。スミスの『国富論〔諸国民の富の本質と原因に関する研究（*An Inquiry into the Nature and Causes of the Wealth of Nations*, 1776）〕』以降J・M・ケインズおよび現代の経済学にいたるまでの経済学の基本的な分析枠組は、「国民」ないし「国家」であり、それを前提としてマクロ経済学が彫琢・精緻化されてきた。ジェイコブズは、この基本的な分析枠組に代えて「諸都市（Cities）」を軸に分析を展開するのである。*Death and Life* 以降の研究を通じて、彼女の関心は、しだいに「諸都市」が外部世界にいかに大きな影響力を及ぼしているかという点に収斂してゆき、そして本書が誕生したのである。

一国が経済的に発展したり衰退したりするそのダイナミクスは、都市のダイナミクスに起因するのであり、諸都市が相互に創造的、共生的なネットワークを具え、とりわけ住民の創意を活かす過程（インプロビゼーション）を経験する場合には、その国は成長・発展するのに対して、それらを欠く場合には衰退を免れえないというのである。しかも、そうした議論を机上の抽象論として書き記すのではなく、きわめて具体的にたたみかけるように説き語るところに本書の特徴がある。

たとえば、紀元前五世紀のエチオピアの事例をはじめ、アメリカ、ヨーロッパ、ソ連、中国、東南アジア、アフリカそして日本をも含めて、現代の世界各国の諸都市の事例まで、文字どおり古今東西にわたってたどりつつ、都市のダイナミクスが国の経済的発展および衰退とどう連関してきたかを、描いているのである。そして、いかに強大な帝国も、自らの中に創意に富み生産的で活力のある諸都市をもっていない場合には衰退の過程をたどらざるをえなかったし、逆に、いかに小国であっても、自らの中に諸都市が望ましい関係をもちえている場合には、発展と豊かさをもたらしたことが示されている。すなわち、「諸都市」が「国」の経済のあり方を規定するのであって、その意味で『諸都市と諸国民の富』という原タイトルは本書の内容を象徴的に示しているといえる。

したがって、たとえば第一章で示されているように、先進資本主義国を襲ったスタグフレーションへの処方箋も、「国民」ないし「国家」のレベルからのそれではなく、「諸都市」の視点からとらえ直すことが必要だという興味ある考え方が示されている。ここから、スタグフレーションをめぐる経済学論争にも厳しい批判が展開されることになる。すなわち、ケインジアンもマネタリストもサプライサイダーも、いずれも、経済を見る枠組が「国民」ないし「国家」のそれ、マクロ経済学のそれであって、「諸都市」のダイナミクスへのまなざしを欠いているというわけである。

また、国内の後進地域への援助の問題にしても、国際間の援助の問題にしても、その援助がその地域の諸都市の創造的、共生的な関係をつくりだすようなものでなければ有効とはいえないだけでなく、しばしば当初の意図とは逆の悲惨な結果をさえもたらすことが示されている。この点は、たとえば日本の補助金行政のあり方を考えるとき、さらに累積債務に悩む発展途上国の進路を考えるとき、われわれに多くの示唆を与える。とりわけ、当初の意図に反した結末をもたらした様々の援助計画を具体的に追跡しているのが、印象的である。

また、本書では、日本の都市と経済発展についても随所で分析を加え、日本の経済発展をもたらしたものも、諸都市の創造的、共生的関係が根づいていたことであったと指摘している。しかし、同時に、そうした関係が将来も維持・発展されるか否かについては、疑問を呈し、日本経済の先行きにある種の懸念を表明してもいる。

最後に訳語について補足しておくことにする。本書の重要な概念の一つである improvisation は、ジャズ用語で即興演奏や即興曲を意味する。ジェイコブズはこの語を用いることによって、住民が状況に応じて臨機応変に創意を働かせて共生的な関係を創り出してゆく過程を表現しているのであるが、それに相当する適切な日本語が見当たらないために、あえて「インプロビゼーション」とカタカナで表示することとした。もう一つは、import replacement である。経済学の通常の用語としては「輸入代替（import substitution）」があるのだが、ジェイコブズがあえて substitution ではなくて replacement を用いていることを考慮して、「輸入置換」と訳すこととした。

ところで、本書では、「サノ」市近郊の「シノハタ」についての立ち入った記述が見られるが、これは、ロナルド・P・ドーアの著書 *Shinohata: A Portrait of a Japanese Village*, 1978 に依拠したものである。ジェイコブズはそこで、日本における都市地域がどのような発展を遂げたかを分析しているが、「シノハタ」と「サノ」という地名自体は住民のプライバシーを守るための仮名である。邦訳でも、ドーアに倣ってあえて仮名のままにしておいた。

本書の著者の驚嘆すべき関心領域の広さと自由闊達な問題展開をたどりつつ翻訳作業を進めるのは、楽しみと悩みとが相なかばする印象深い体験であった。今回の「ちくま学芸文庫」化にあたっては、編集部の藤岡泰介さんに大変お世話になった。お礼を申し上げたい。

中村達也

二〇一二年九月十三日

解説　ジェイコブズ経済学とその実践

片山善博

　この本の原著が刊行されたのは一九八四年であるが、その中で著者ジェイン・ジェイコブズが述べていることはすぐれて今日的であり、現在のわが国が抱える経済停滞や地方都市の活力減退、地域間格差問題などをあまりにも的確に記述していることに驚かされる。筆者のように鳥取県というわが国の中では経済的活力に乏しい地域において、知事として地域経営を実践した者にとっては、自分自身の経験に照らして符合し、共感するところが実に多い。

　まず、経済単位として都市に着目すべしと著者は強調する。もちろん国家を単位として経済政策や金融政策を考えたりすることの重要性を忘れてはならない。しかし、地域経済を真剣に考える場合には、国家単位の思考を離れて、都市ないし地域に着眼することによってものごとの本質がよく見えてくることはたしかである。

　例えば、景気対策としての公共事業を取り上げてみよう。わが国は一九九〇年代初頭のバブル崩壊後、景気回復をはかるための需要創出策として毎年度巨額の公共投資を行ってきた。景気対策などのマクロ経済政策は本来中央政府の仕事なのだが、わが国は以前からの慣習で都道府県や市町村も総動員され、公共事業の実施主体となっている。公共事業を大量に実施することによって、それが地域経済を活性化し、地域での雇用を創出する効果があるというのが、自治体が景気対策に乗り出す際の触れ込みだった。

鳥取県でもこうした考え方のもとに、国が慫慂《しょうよう》する景気対策としての公共事業を全面的に受け入れ、精一杯実施してきていた。その額は県の総予算の三分の一を上回ることすらあったほどだ。しかし、筆者は鳥取県知事に就任して以来それまでの方針を変更し、公共事業を思い切って削ることとし、数年後にはその額を半分以下にまで縮減した。

その理由は、鳥取県が一生懸命公共事業に取り組んでみても、地域の経済や雇用に及ぼす効果があまりにも小さかったからである。それまでの長い間、分不相応に大量の財政資金を公共事業に投入してきたにもかかわらず、事態が一向に改善されていないことは誰の目にも明らかだった。しかも効果が見られないだけにとどまらず、この間の地方債に依存した財政運営の結果、県財政は大量の借入金を抱えて火の車状態に陥ってもいた。

公共事業の例は、国家を単位として経済を論ずることと、都市や地域を単位としてそれを論ずることとの違いをよく教えてくれる。公共事業は需要を創出し、さまざまな分野にその効果が波及し、雇用を増大させると言われる。たしかに、公共事業が国全体の経済を下支えし、あるいは公共事業を実施しなかったとした場合に起きるであろう雇用情勢のさらなる悪化を防ぐという効果はあるのだろう。

しかし、鳥取県という単位でこれを見た場合、その効果は極めて限定的であり、かつなんとも頼りない。公共事業の代表は道路整備である。道路を整備する際に必要となる「資源」は、土地のほかにはセメント、鉄（橋梁やガードレールなどに用いる）、アスファルトなどの資材や建設工事用の機械、工法上の技術（橋梁やトンネル工事には高い技術を必要とする）、それに工事に従事する土木作業員である。これらの資源を調達することで、鳥取県という地域の経済や雇用にいかほどの影響を与えるかがポイントとなる。

はじめに土地であるが、土地をその所有者から買収しても、それが景気や雇用に影響することはまずない。土地が売れたからといって起業したり、人を雇ったりする人はいないからだ。稀に、土地の売却代金で豪邸を建てたり、酒場で豪遊したりする人たちがいないわけではないが、決して一般的ではない。通常、売却代金はそっくりそのまま地元の金融機関の口座に預けられ、これまでそれらはもっぱら国債の購入に充てられていたことからすると、地元経済や雇用への影響はほとんどないとみていい。

さらに、買収する土地の大半は農地や山林であり、それらを所有していたのは総じて高齢者である。その高齢者が亡くなると、それを相続する子どものほとんどは東京などの大都市に住んでいるので、地元の預金口座の金も、いつの間にか大都市の人たちの資産に変わってしまうという非情な現実が待っている。

次に機材とセメントや鉄、アスファルトなどの資材であるが、これらを生産ないし製造する企業は鳥取県内には一つもない。したがって、これを調達することによって発生する需要創出効果はすべて域外に流出し、県内への波及はない。鉄で言えば、国内の他県の製鉄所の従業員やオーストラリアの鉱山労働者の雇用を増やすことにはつながっても、鳥取県内の雇用には何の変化も及ぼさない。

工法上の技術についていえば、橋梁やトンネルなどを建設するための高度の技術は概ね大手のゼネコンの独占領域であって、地場の中小の土木建設会社はそれを持っていない。そこで、こうした工事はだいたいにおいて大手ゼネコンに発注し、残念なことだが地元企業はその下請けに入るほかない。下請けの利幅が極端に少ないことは言うまでもない。

最後に残ったのが土木作業員である。公共事業を実施することによって、土木作業員に対する需要は確実に増える。しかし、公共事業に投じる資金の中で、この土木作業員の給与などの人件費に回る割合はさほど高くない。しかも、大規模事業の場合には総じて下請企業の従業員として働くことになるので、給与などの雇用条件には誠に厳しいものがある。

以上総括すると、公共事業に巨費を投じてみても、現時点ではその投資効果は極めて限定的でしかない。地域を富ませたり、地域の雇用を目覚ましく増やしたりすることにはほとんど縁がない、という結論に達するのである。地域での雇用創出を考える上では、公共事業に巨費を投じることよりも、より賢明なやり方がありうる。

この本を通じて著者が強調する都市の輸入置換ないし輸入代替の考え方は、まさしく〝わが意を得たり〟である。筆者が鳥取県知事として力を尽くしてきたことそのものだからだ。

県知事として地域の経済を見た場合、その弱点を明確につかむことができた。それは、あまりにも多くの財やサービスを域外に頼っているという事実だった。もちろん、域外からの調達に見合う財やサービスを域外に提供しているのなら特段の問題はないが、域外との間の「輸出入」のバランスは著しく不均衡だった。

そこで、その不均衡を是正するために取り組んだことの一つが、著者の言う輸入置換ないし輸入代替である。そのことを県の政策としては、「県経済の自立」とか、「地産地消」などと表現していた。

地産地消の手始めは学校給食だった。給食に用いられる食材の調達先を調べたところ、そのほとんどが域外だった。鳥取県は農業を主要産業の一つとしているにもかかわらず、食材の多くを県外に求めていたのである。

学校給食の地産地消を促したところ、当初は反発もかなり強かった。栄養士が作成した献立表に基づいて、ある程度まとまった量の食材を地元で調達することは困難だというのである。たしかにそれは一理ある。

しかし、世の中には賢明な栄養士がいるもので、ある学校でこんな実践が始まった。その栄養士は、それまでの献立の作成方法を改めたのである。まず地元の農家が何をどれほど作付けしているかを調査し、ということはどんな野菜がいつどれほど収穫されるのかを頭に入れた上で献立を考えるようにしたのである。その献立表をもとに必要な食材を農協が確保することに困難はないから、その学校の地元食材調達率は一挙に上昇した。

話はこれで終わらない。今度は地元の農家のみなさんが実に賢明な方策を考えた。学校がいつどんな食材を域外から購入しているかを把握し、そのうち地元で生産できるものはできるだけ自分たちが作り、給食の需要に応じることにしたのである。ミカンやリンゴなど気象条件によって産地が左右される作物は無理だが、学校給食で使用する野菜なら大概のものは地元で作ることができる。その結果、地元調達率が一段と高くなったことは言うまでもない。

鳥取県を含めてわが国の多くの地域では、使用するエネルギーのほとんど全てを域外からの「輸入」に頼っている。鳥取県は化石燃料を産出するわけでもなく、原子力発電所も火力発電所もない。地域で生産できるエネルギーは、いくつかの規模の小さい水力発電を除くと他に見るべきものはない。

その鳥取県もその昔はエネルギー供給基地だった。中国山地では薪炭《しんたん》業が盛んで、それが電気や石油にとって代わられるまでは、域内の消費を賄うだけでなく域外に「輸出」することで多くの雇用が維持され、経済的にも潤っていた。

薪炭がエネルギー市場から駆逐されて以降、中国山地の山林地帯や中山間地は見る影もないほど活力を失い、衰退した。活力を失ったのは山林地帯や中山間地にとどまらず、都市部も同様だった。かつて鳥取県の都市部に資本を供給したのは山林地主で、彼らが交通やエネルギー、流通など都市基盤の整備に大きく貢献していた。のみならず、豊かな山林地帯は、力強い購買力として都市部の経済をも支えていた。

ところが、山林地帯はいまや域外への資本の提供どころではない。逆に、山林地帯を維持し、存続させるために自治体は多額の出費を余儀なくされ、それが自治体財政を疲弊させる原因の一つともなっている。また、山林地帯を含む周辺地域の購買力の低下は、規模の小さい都市の経済に対し致命的な打撃を与えることにもなった。

ともあれ、エネルギーのほとんどを域外からの「輸入」に頼らざるを得ないのが鳥取県の現状であり、これを今直ちに変えることが不可能なことは明らかである。ガソリンで自動車を走らせ、ガスと電気で快適な日常生活を営んでいる住民の生活様式が急に変わることとは考えられないし、さりとていまさら大型発電所の建設に取り掛かることも現実味がない。

そうであれば、この先ずっと地域が産み出す富の多くを中東やインドネシアあるいは国内の他の地域から「輸入」するエネルギー代として、域外に流出させ続けなければならないのか。「働けど、働けど、わが暮らし楽にならず……」といえばいささか大袈裟かもしれないが、地域経済にとって大きなハンディを背負い続けなければならないことだけはたしかである。

一気にこの現状を変えることは無理だとしても、少しずつエネルギーを地域で自給する割合を高くすることはできないか。鳥取県ではこれを県政の重要課題の一つとして取り上げることとした。それは風力発電であったり、小水力発電であったり、木質バイオマスエネルギーであったりした。

原子力発電所の過酷な事故に苦しむ今日では、風力発電が再生エネルギーの旗手として脚光を浴びているが、その当時はさほど期待もされず、どちらかというと冷ややかな視線を浴びていた。電力会社にとっては厄介者だったし、地域においても、プロペラの回転による騒音や低周波振動の影響、鳥の飛行への障害などへの懸念から根強い反対もあった。それらを一つ一つ克服して、県内に風力発電施設を増やす方針を打ち出し、その手始めに県庁が自前で発電施設を建設したりもした。

その頃のことである。この本で著者が訴えていることと関係するのだが、風力発電施設ができても、それが故障したとき（実はしょっちゅう故障する）、いちいち遠方から技術者が駆けつけなければならないとすると発電効率は落ちるし、修理に伴う部品の調達に手間取るようでも困る。そこで、これから数多くの風力発電施設が設置されるのであれば、地元にこれらをバックアップする関連産業を興し、必要な技術者を養成することはできないか、という意見が出されたのである。輸入置換をエネルギー生産だけに止めず、それを支える広範な分野に波及させようとする考えである。

この問題を提起したのは地元鳥取大学の研究者たちだった。それはそのとおりなので、難しい課題かもしれないが、是非産官学の連携でこれを緒につけようではないかということになった。実際に取り掛かってみると、やはり困難なことだらけでその後もはかばかしくは進展していないようだが、着想自体は実に的を射ていたものだと、この本によってあらためて確信させられた次第である。

木質バイオマス導入の一環として、ペレットストーブの普及にも努めた。燃料のペレットは県内のどこでも生産できる。これが県内に普及し、冬場の暖房の燃料が石油からある程度転換できれば、これまで原油産出国と精製設備のある国内他地域に流出し続けているお金が、これからは県内の中山間地に向かうことになる。ささやかではあっても、それが中山間地での雇用を創出し、地域を維持するよすがともなるし、まわり回って中心都市の経済の下支えにもなるはずだ。

まず隗より始めよで、県庁知事室にこのストーブを導入し、来客には必ずその効用を説き、導入を勧めることとした。併せて、機械生産に携わる中小企業の経営者が来られた時には、このストーブをさらに改良した上で県内で製造し、県民に販売するとともに、他県に「輸出」することも考えてみてはどうか、とその企業家精神をくすぐってもみた。

実際に使ってみると、煙はほとんど出ないし（もちろん排気はダクトで室外に排出するのだが）、灰もごく微量しか出さない。何よりほのぼのとしたぬくもりが炎から感じられるのがいい。まだストーブの価格が多少高いことから、必ずしも急速に普及するには至らないが、いずれ量産効果による価格低下も期待される。長い目で見て、是非全国に広がってほしい「新エネルギー」である。

先に、公共事業は地元にわずかの雇用しか生まないと述べた。しかし、大幅に減額したといっても公共事業には毎年多額の資金を投じるのであるから、それが少しでも地域の産業に裨益し、地元の生産活動を活発にすることにつながってほしい。

そのための施策が公共事業の地産地消であり、限界はあるものの地元での資材調達率を高める取り組みも試みた。その一つがガードレールの材料を木材に転換することだった。すべての個所を木材にすることはできないが、場所によっては鉄ではなくて木でもいい、いやむしろ木の方が優れているケースもある。今はもてあまし気味の間伐材であるが、ガードレールに用いることによって、多少なりともその市場が拡大するよう期待した。

橋梁やトンネルの建設に不可欠である水準の高い技術を、地場の土木建設業者に身につけてもらいたいとも願っていた。そうすれば技術の地産地消が可能になるし、それに応じた技術者が養成されることによって、鳥取県の外でもその技術を生かしたビジネスチャンスにつながるからだ。

そのために、いくつかの工事の発注に当たり、地元の業者に少しばかり背伸びをしてでも受注してもらいたいと考え、それができる環境を整えたりしたのだが、これはうまくいかなかった。一応地元の業者が受注するのだが、それをそっくりそのまま大手ゼネコンに丸投げし、折角の地元の受注業者は事実上その下請けに回るという便法をとることが多かったからだ。これでは肝心の技術が地元の業者に伝わることはない。もう少し努力と研鑽を積んでほしいと歯ぎしりするばかりだった。


国全体を通用範囲とする単一通貨では、国内の地域間の格差を自動的に調整することはできない。都市を単位として通貨を発行することができれば、豊かな地域から貧しい地域に対して補助金や交付金という手法を使わなくとも地域間格差を解消することができるとする著者の主張には頷ける面もある。

通貨が都市や地域を単位に発行されることになれば、地方の経済的に疲弊した都市や地域の通貨価値は相対的に低くなり、そこで生産される財貨やその生産に携わる労働者の賃金も実質的に下がることになる。そうすれば、その地域の産物は他地域に対して価格競争力を持つに至るし、企業は低賃金や物価水準の低さに魅かれて生産拠点を移転することを考える。それによって、疲弊していた地域の経済は再び立ち直り、労働者の賃金も徐々に上昇する。

地域単位通貨構想は地域間格差の是正という面だけに着目するととても魅力的ではあるが、それが果たして現実にわが国において容認されるかといえば、とても無理だろう。給与や所得の水準が地域によって著しく異なることに、政治も国民も決して耐えられないからだ。

ただ、近年全国各地で地域通貨が発行され、それが地元の商店街などの活性化に多少なりとも貢献している情報がしばしば伝えられる。もとよりその起源や発想は、著者が着想したこととは異なるが、地域経済の疲弊を少しでも回復させようとする動機においては共通するところもある。今後この地域通貨に改良が加えられ、地域間格差を埋める手立てとして機能することにならないか、大いに関心の募るところではある。

最後に、通貨発行権に絡んで、著者が国家主権をより小さな複数の主権に分割することを提唱していることも、わが国の現状を踏まえると実に示唆的である。現在のわが国の地方の疲弊を回復させるには、国家と地方との関係を大胆に変えなければならないことは明らかだからだ。

中央が何でも決めて、地方はそれを咀嚼し、それに従う。長い間のこうした「生活習慣」の結果、いまや小中学校のいじめ問題一つとっても地元では解決することができず、国が乗り出さざるを得ない状況に陥っている現実も露呈した。総じて地方が、自ら考える力も、自ら判断し行動する力をも低下させていることは否めない。

これを是正し、正常化するには、国が何でも決めるという仕組みを改め、財政運営や税制などを含む困難で厄介なことも、地域のことは地域に住む住民が責任を持って決める仕組みに変えることから始めなければならない。それが地方分権であり、地域主権改革なのであり、わが国が当面する最重要課題である。

通貨発行権を分割するまでの分権は現実的でないにせよ、著者の主張を敷衍《ふえん》した大胆な判断権や決定権の分割・移譲はもとより、自治体の税制や財政の自主権を確立させる方策などはもっと真剣に取り組まれていい。

以上述べたように、本書は都市の活性化や地域の再生に携わる人にとって、これまでの惰性や固定観念を見直すきっかけを与えてくれるはずである。国の政治家、政府の官僚、自治体職員、地方の議員や経済人はもとより、この分野に関心を持つ多くの市民や学生のみなさんにも是非読んで頂くようお勧めする。

解説　ジェイコブズ経済学の現在的意義

塩沢由典

ジェイン・ジェイコブズは、経済学者ではない。医者の娘というから比較的裕福な家庭に育ったに違いないが、一九三〇年代という時代状況も関係して大学も卒業していない。見習いで編集者になり、都市計画や再開発の現実とそれへの反対運動に携わるなかから、都市に関する考察を深めた。いわば自己形成・自己教育の人である。しかし、小さな事実をつなぎ合わせて、大きな意味を見いだすことに彼女は特異な才能をもっていた。その能力によって、ジェイコブズは、都市計画思想においても、経済学においても、大きな足跡を残した。

一九五〇年代までの都市計画思想は、ハワードとル・コルビュジエに代表される。それは、機能ごとに地域を分けることを基本としており、それをハワードは田園都市として主題化した。ル・コルビュジエは、垂直方向に積み上げられた田園都市ということができる。計画としてはきれいであったが、生活の現実を踏まえているとは言えなかった。ジェイコブズは、強行される再開発に反対する市民として考える中から、都市の働きとあるべき姿とを考察し、処女作『アメリカ大都市の死と生』(一九六一)を出した。これは二〇世紀の都市計画思想を反転させる一つの契機になったと評価されている。

原題が『都市と諸国民の富』(一九八四)と訳される本書は、都市の経済を論じた二部作の第二作目にあたる。第一作の『都市の経済』(一九六九)において、都市がいかに新しい仕事を生み出すか、都市の働きがいかに大切であるかを先史時代にまでさかのぼって考察したジェイコブズは、本書においては視野を横に広げ、発展する都市と衰退する都市、発展する地域と衰退する地域との違いがなぜ生ずるのかを考察している。

発展と停滞は、経済学の永遠の議題である。しかし、ジェイコブズによれば、経済学はその草創期から、基本の視角をまちがえてきた。重商主義のカンティヨンも、それを批判したアダム・スミスも、発展の単位を国民国家と考えている。経済学はその成立以前から現在に至るまで、国を単位と考え、それを考察することで対策を得ようとしている。そこに根本の問題がある、とジェイコブズは批判する。なぜなら、経済の発展を先導するものは、国ではなく都市であり、停滞や衰退も都市との関係において分析すべきものだからだ。

ジェイコブズの主張にはじゅうぶんな根拠があるが、経済学がそれを受け入れるのは容易ではない。主流の経済学も、異端派の経済学も、ほとんどいまだ国民国家を単位として考え続けている。『アメリカ大都市の死と生』が都市計画思想を反転させる効果を持ったとすれば、都市経済二部作は、それほどの効果は持ちえていない。しかし、それはジェイコブズの経済学がまちがっているとか、重要性を持たないことを意味しない。影響が小さく見えるのは、ジェイコブズの問題提起が経済学にとってそれだけ根本的な視点の転換を要求するものだからである。

本書翻訳が出るまで、わたしはジェイコブズのことを一切知らなかった。イギリス在外研究から戻ったとき、店頭でこの本を見つけた。当時わたしは大阪市立大学に勤めており、市立大学に勤務する以上、都市経済についても勉強したいと思っていた。その意味で本書は格好の本に思えた。読みはじめて衝撃を受けた。国民経済を単位として経済学を考えるということを、わたしは疑ったことがなかった。発展や停滞や衰退を考える基本の単位は、国ではなく都市である、というジェイコブズの論説は青天の霹靂であった。しかし、読みすすめると、すぐに痛快さも覚えた。重商主義以来の全経済学がばっさりと批判されていたからである。

ジェイコブズは、その後、わたしが経済学を考える際の大きな示唆となった。都市経済を研究することが、経済学全体の再建にもつながる。これこそ自分がやるべき経済学ではないか。こう大きな志を立てることができた。

しかし、志と研究とは簡単には比例しない。大きなヒントにはなるものの、ジェイコブズの指摘を経済学の枠組に載せ、具体的な議論や分析を行なうことは難しかった。一九八七年秋にこの本を読んで以来、ジェイコブズは、つねに念頭にあったが、論文等で主題として取り上げることはできなかった。大学外の調査委員会・諮問委員会などで、ジェイコブズをヒントに考えたり提言したりするのが精一杯だった。

出会いから二〇年後の二〇〇七年春、わたしは大阪市立大学を定年退職した。退職前の数年間は、同大学大学院創造都市研究科の設計と初期運営に取り組んだ。その関係もあってか、退職と同時に、京都大学経営管理大学院の「関西経済経営論（関西アーバン銀行）寄附講座」の担当教授（客員）に就任することになった。この寄附講座は、三年有期のものであったが、関西経済を対象とする（人員の付いた）講座としては、たぶん唯一・最初のものであった。経済団体や行政・マスコミ・シンクタンクなどに勤める方々に参加してもらい、関西活性化研究会を組織するとともに、関西経済論の「創始」に取り組んだ。あえて「創始」というのは、日本経済論に匹敵するような、原理と現状分析、政策分析を含むような体系は、存在しなかったからである。

地域経済論という講座は各大学にあり、東北経済論とか北陸経済論といった著書もあったが、前者は固有名詞のない地域経済研究であり、後者は歴史記述に終始していた。講座終了ぎりぎりに『関西経済論／原理と議題』（二〇一〇）という本を出版できた。理想像からはほど遠いが、地域経済を論ずるための原理と関西経済の大きな位置づけ、地方の経済発展を考えるにあたり必要な議題については、大枠を作ることができた。

ジェイコブズは、都市の多様性が経済を発展させる基礎であるとしている。そのことは、アメリカ合衆国におけるいくつかの実証研究によっても追認されている。しかし、多様性がいかに作用するか。なぜ小都市でなく、大都市が先導者になるのか。この点についてジェイコブズでは、例示があるだけである。学問的枠組としてはもう一歩すすめる必要がある。

『関西経済論』では、ふたつのことを試みた。一つは、都市人口の大きさとその都市が支えられる産業の多様性との関係の分析である。この議論の基礎になる統計的事実がほとんど得られないため、アマゾンの本の販売数ランキングと同様の分布（ベキ分布）を仮定して、産業の多様性と需要制約経済における所得水準の格差を調べた（第二章第八節）。もう一つは、人々が交流することによるアイデアの交換が新しい発想を生み出す機会を増やすのではないかという仮説の検討である（第二章第七節）。前者は、あるていどうまくいったが、後者は否定的な結果（つまり、都市規模は関係しないという結果）を得た。

このようなことを紹介したのは、ジェイコブズの考え方が、ひじょうに魅力的であり、地域経済の教科書等にもかならず名前が引用されているにもかかわらず、その考えを中核にすえた研究・分析がほとんどないという現状があるからである。本書を読まれる方の中には、経済学の研究を志す方もいると思われる。そういう方には、ジェイコブズの考えを理論的・実証的に展開することをぜひ目指してほしい。三〇年近く前に出版された本書ではあるが、都市経済二部作の豊かな内容は、ほとんど手付かずのまま残されている。それだけ困難な課題ともいえるが、大きな挑戦課題が目の前に置かれていると考えることもできる。真に先端の研究を志すなら、ジェイコブズは、そうした研究課題の宝庫である。

理論面での展開は紹介したとおりであるが、それはジェイコブズの影響が小さかったことを意味しない。ジェイコブズの本は、いずれも世界的なベスト・セラーとなり、日本にも強い固定ファンを持った。いちぶの経済学者や都市計画者・同コンサルタントたちには大きな示唆を与える存在でもあった。先に「創造都市研究科」について触れた。都市計画に関する研究科と誤解されることが多いが、この研究科名は「創造都市を担う人材を育成する」という目標を表している。「創造都市」は、これからの都市の理念・方向を表す概念として、日本やヨーロッパで注目されているが、この考えの源流にジェイコブズがいる。「創造都市」がヨーロッパで唱えられ始めたのに対し、北米ではリチャード・フロリダにより「創造階級」という概念が唱えられている。かれが各都市の創造階級の存在比率と多様性に注目して、発展する都市・停滞する都市の指標を作成するようになったのもジェイコブズの影響である。合理的期待形成で一世を風靡しノーベル経済学賞までもらったロバート・ルーカス・Jr.が経済の内生的発展を考える方向に進んだときヒントにしたのもジェイコブズであった。

「創造都市」や「創造産業」、「創造階級」は、現在、都市を考える鍵の概念とされている。しかし、それらを単なるキャッチフレーズに終わらせないためには、ジェイコブズの原点に立ち戻ることが必要であろう。地域の現場にあって、これからの方向を考えたい方にも、本書はいくつものヒントに満ちている。

ジェイコブズは、ベトナム戦争期に、息子たちが徴兵されるのを嫌って、一家を挙げてカナダのトロントに移り住んだ。本書は、トロント期の作品であり、Wall Street Journal 紙とともにトロントの Globe and Mail 紙からの記事がいくつも引用されている。新聞記事からの引用が多いことは、ジェイコブズが身近な記事や観察からいかに大きなストーリーを編み上げる構想力を持ったひとであったかを示している。ジェイコブズは、トロントにあっても、市の計画に反対する住民運動に参加するなど、闘う一市民として生涯を送ったが、ジェイコブズの死後、トロント市は、ジェイコブズの誕生日（五月四日）をジェイン・ジェイコブズ・デイとして公式に宣言し、市民たちはジェイコブズの思想と行動を糧とするさまざまな行事を行なっている。この日に行なわれるジェイン・ジェイコブズ・ウォーク（ジェインズ・ウォークとも）は、トロント市に限らず、世界のさまざまな都市にも自主的な行事として広まりつつあり、日本でも初となる「第一回東京ジェインズ・ウォーク」が二〇一四年五月四日、東京都中野区で開かれた。

補足（二〇一五年八月）

ジェインズ・ウォークは、日本でも少数ながら始まっている。東京では二〇一四年に明治大学の肝いりで始まっている。二〇一五年には京都でも開催された。トロントの本部に登録するには、一都市一団体ということになっているが、ジェイン・ジェイコブズの精神からはもっと自由にどんどん開催してもよいものだろう。

本書は一九八六年九月三〇日に、ＴＢＳブリタニカより刊行された『都市の経済学――発展と衰退のダイナミクス』を改訂し、文庫化したものである。

ちくま学芸文庫

発展《はってん》する地域《ちいき》　衰退《すいたい》する地域《ちいき》
地域《ちいき》が自立《じりつ》するための経済学《けいざいがく》

二〇一二年十一月十日　第一刷発行
二〇二四年　六月十日　第十六刷発行

著者　ジェイン・ジェイコブズ
訳者　中村達也（なかむら・たつや）
発行者　喜入冬子
発行所　株式会社　筑摩書房
東京都台東区蔵前二―五―三　〒一一一―八七五五
電話番号　〇三―五六八七―二六〇一（代表）
装幀者　安野光雅
印刷所　株式会社加藤文明社
製本所　株式会社積信堂

ISBN978-4-480-09502-2 C0133